高等职业教育新形态一体化教材
高职高专跨境电子商务专业（方向）系列教材

跨境电商物流管理
（第2版）

主　编　陈碎雷
副主编　陈再波　何　丹
主　审　蓝仁昌

电子工业出版社
Publishing House of Electronics Industry
北京·BEIJING

内容简介

本书围绕"互联网+国际物流"主题,介绍跨境电商物流的发展过程,并对跨境电商物流的概念、特征和发展趋势从不同视角进行了分析,让读者可以较为全面和深入地了解邮政物流、国际快递、专线物流、国际海外仓、保税进口与直邮进口、跨境电商供应链管理、跨境电商物流信息管理等领域的具体流程与运作。本书每个章节均以真实案例导入,以提高读者的职业素养和专业能力为导向,注重在跨境电商物流中融入"互联网+"思维,具有较强的操作性和前沿性。

本书面对的读者主要是跨境物流、国际物流、跨境电商行业的从业者,以及各高校物流管理、电子商务、国际贸易、跨境电商等商科相关专业的师生。

未经许可,不得以任何方式复制或抄袭本书之部分或全部内容。

版权所有,侵权必究。

图书在版编目(CIP)数据

跨境电商物流管理 / 陈碎雷主编. -- 2 版.

北京:电子工业出版社, 2024. 9. -- ISBN 978-7-121-48608-1

Ⅰ. F713.365.1

中国国家版本馆 CIP 数据核字第 20247FG124 号

责任编辑:贺志洪
文字编辑:杜 皎
印　　刷:三河市华成印务有限公司
装　　订:三河市华成印务有限公司
出版发行:电子工业出版社
　　　　　北京市海淀区万寿路 173 信箱　邮编:100036
开　　本:787×1092　1/16　印张:15　字数:336 千字
版　　次:2018 年 3 月第 1 版
　　　　　2024 年 9 月第 2 版
印　　次:2024 年 9 月第 1 次印刷
定　　价:48.00 元

凡所购买电子工业出版社图书有缺损问题,请向购买书店调换。若书店售缺,请与本社发行部联系,联系及邮购电话:(010)88254888,88258888。

质量投诉请发邮件至 zlts@phei.com.cn,盗版侵权举报请发邮件至 dbqq@phei.com.cn。

本书咨询联系方式:(010)88254609 或 hzh@phei.com.cn。

前　言

在"互联网+"发展趋势下，跨境电商物流已经成为影响消费者跨境电商购物体验的核心环节，跨境电商商家或企业越来越注重商品服务质量、客户满意度及对物流方式的选择。在销售端具备"健康"利润的情况下，商家或企业可以适当考虑采用成本稍高但服务质量更优的物流方式，以更加优质的客户体验来促进跨境电商销售增长。对跨境电商物流的合理运用，不仅能提高企业的利润率和客户的满意度，还能为商品拓展海外市场、塑造品牌形象奠定坚实的基础。面对种类多样的跨境电商物流方式，商家和跨境电商企业如何选择和使用不同的物流产品和服务，降低物流风险，提高客户购物体验显得尤为重要。

浙江工贸职业技术学院集结了优秀的跨境电商和物流管理的师资力量，参与本书的编撰工作。浙江工贸职业技术学院陈碎雷老师担任主编，负责全书的框架设计，拟定编写大纲；陈再波、何丹担任副主编。本书的第1章"跨境电商物流概述"、第7章"跨境电商供应链管理"由陈碎雷老师执笔，第2章"邮政物流"由王震宁老师执笔，第3章"国际快递"由江素薇老师执笔，第4章"跨境专线物流"由姜静老师执笔，第5章"国际海外仓"由陈再波老师执笔，第6章"保税进口与直邮进口"由王子成老师执笔，第8章"跨境电商物流信息管理"由何丹老师执笔。

本书在编写过程中得到了浙江大学管理学院、浙江工业大学物流工程研究所、温州市物流商会、温州港集团、温州市保税物流有限公司的指导和帮助，浙江大学管理学院霍宝锋教授、教育部全国物流职业教育教学指导委员会副主任蓝仁昌博士、浙江工业大学物流研究所金寿松教授、温州市物流商会会长（温州东风运输有限公司总经理）林晨杰、温州机场集团货运有限公司总经理郑炼、温州市物流商会执行会长（瓯海物流信息中心董事长）贾锡良、温州市道路运输管理局货运处主任李阳、浙江大学管理学院张羽博士、瓯海职业中专集团学校物流专业主任季小雄等对本书的编写提出了很好的意见与建议，在此表示诚挚的感谢。

本书内容围绕跨境电商物流现状和发展趋势展开，但由于"互联网+"高效物流的发展日新月异及平台的日益改进，也由于编者的水平有限和时间仓促，难免有不足之处，恳请各位读者不吝提出宝贵意见。让我们大家携手成长，共同进步！

编 者

2024年2月于温州

序言1

随着"互联网+"物流产业的发展、"一带一路"倡议的提出,以及跨境电商物流政策的实施,国内诸多物流企业,如菜鸟物流、中国邮政等,开始布局跨境物流。随着跨境电商的快速发展,消费者关注的焦点已不再只是商品的价格,对跨境电商物流整体的服务效率、服务质量和服务体验也提出了更高的要求。跨境电商的发展对提升国家经济和社会的发展水平贡献巨大。

本书围绕"互联网+国际物流"主题,介绍跨境电商物流的发展过程,并从不同视角分析了跨境电商物流的概念、特征和发展趋势,可以让读者较为全面和深入地了解邮政物流、国际快递、专线物流、国际海外仓、保税进口与直邮进口、跨境电商供应链管理、跨境电商物流信息管理等领域的发展战略与具体运作流程。本书的每个章节均以真实案例导入,以提高读者的职业素养和专业能力为导向,注重在跨境电商物流中融入"互联网+"思维,具有较强的前沿性和操作性。

本书面对的读者主要是跨境物流、国际物流、跨境电商行业的从业者,以及各高校内相关物流管理、电子商务、国际贸易、跨境电商等商科专业的师生。

浙江大学求是特聘教授、浙江研究中心(筹)主任　霍宝锋教授
2023年6月

序言 2

2022年，我国跨境电商市场规模达15.7万亿元，同比增长10.56%。随着跨境电商的快速发展，消费者关注的焦点已不再只是商品的价格，对跨境电商物流的服务质量和服务效率也提出了更高的要求。跨境电商物流在推动跨境贸易、提升消费者购物体验、降低商品成本等方面都具有十分重要的作用。选择使用不同的物流产品和服务，能够有效降低物流风险与成本，提升消费者购物体验，创造更为便利的生活环境。

温州现代物流学院由浙江工贸职业技术学院、温州市道路运输管理局、温州市物流商会多方共建，浙江大学管理学院提供教学、科研支撑。温州现代物流学院自成立以来，主要开展物流人才培养、行业培训、学术交流、课题研究等任务，取得了较好的业绩，也探索出了一条"政产学研用"的办学模式。

为顺应"互联网+"背景下跨境电商物流的发展趋势，温州现代物流学院教师团队在国际物流研究的基础上，通过案例搜集、实地调研等方式，结合跨境电商物流业务流程，编写完成了《跨境电商物流管理》（第2版）一书，该书以职业素养和专业能力为导向，重点分析邮政物流、国际快递、专线物流、国际海外仓、保税进口与直邮进口、跨境电商供应链管理、跨境电商物流信息管理等领域的具体流程与运作，具有较强的操作性和前沿性。

希望本书的出版，能够帮助更多的跨境电商物流从业者和高校学生更好地掌握跨境电商物流方面的知识，成为跨境电商物流行业的弄潮儿。

教育部全国物流职业教育教学指导委员会副主任　蓝仁昌博士
2023年6月

目 录

第1章 跨境电商物流概述

1.1 认识跨境电商物流 / 002
引导案例 / 002

相关知识 / 003

1.1.1 跨境电商物流特征 / 003

1.1.2 跨境电商物流现状 / 004

1.1.3 跨境电商物流商业模式 / 005

1.2 跨境电商物流分类 / 007
引导案例 / 007

相关知识 / 008

1.2.1 跨境电商物流类型 / 008

1.2.2 跨境电商物流类型选择分析 / 010

1.3 跨境电商物流优势与劣势对比 / 011
引导案例 / 011

相关知识 / 012

1.3.1 跨境电商物流优势分析 / 012

1.3.2 跨境电商物流劣势分析 / 012

1.3.3 跨境电商物流机遇分析 / 013

1.3.4 跨境电商物流威胁分析 / 014

1.4 跨境电商物流发展趋势 / 015
引导案例 / 015

相关知识 / 016

1.4.1 跨境电商物流发展趋势 / 016

1.4.2 共建"一带一路"倡议背景下跨境电商物流面临的机遇与挑战 / 019

实践项目操作 / 020

专业知识测试 / 021

第2章 邮政物流

2.1 邮政物流简介 / 026

引导案例 / 026

相关知识 / 027

2.1.1 邮政物流的定义 / 027

2.1.2 中国邮政概况 / 028

2.1.3 万国邮政联盟 / 030

2.2 邮政物流产品分类 / 032

引导案例 / 032

相关知识 / 034

2.2.1 邮政小包 / 034

2.2.2 e邮宝 / 038

2.2.3 e特快 / 039

2.2.4 e包裹 / 040

2.2.5 e速宝 / 041

2.3 邮政物流费用计算 / 042

引导案例 / 042

相关知识 / 043

2.3.1 邮政小包收费标准 / 043

2.3.2 e邮宝收费标准 / 045

2.3.3 e特快收费标准 / 047

2.3.4 e包裹服务内容与收费标准 / 047

2.3.5 e速宝收费标准 / 048

实践项目操作 / 048

专业知识测试 / 049

第3章 国际快递

3.1 认知国际快递 / 054

引导案例 / 054

　　　　相关知识 / 055

　　　　3.1.1　国际快递的概念 / 055

　　　　3.1.2　国际快递业务的特点 / 055

　　　　3.1.3　国际快递和国内快递的主要区别 / 056

　　　　3.1.4　五大国际快递企业简介 / 057

　3.2　国际快递业务的开展 / 060

　　　　引导案例 / 060

　　　　相关知识 / 061

　　　　3.2.1　国际快递企业快递业务优点与缺点对比 / 061

　　　　3.2.2　国际快递业务流程及业务环节分析 / 063

　　　　3.2.3　国际快递禁运物品及处理 / 066

　3.3　国际快递费用结算 / 068

　　　　引导案例 / 068

　　　　相关知识 / 069

　　　　3.3.1　基本概念 / 069

　　　　3.3.2　国际快递费用构成 / 071

　　　　3.3.3　国际快递费用计算方式 / 077

　　　　3.3.4　国际及港澳台快递运费分区 / 079

　　实践项目操作 / 079

　　专业知识测试 / 083

第4章　跨境专线物流

　4.1　认识跨境专线物流 / 087

　　　　引导案例 / 087

　　　　相关知识 / 088

　　　　4.1.1　跨境专线物流概述 / 088

　　　　4.1.2　跨境专线物流优势与劣势分析 / 090

　　　　4.1.3　跨境专线物流发展现状 / 091

　4.2　跨境专线物流成本与运费 / 093

　　　　引导案例 / 093

　　　　相关知识 / 095

　　　　4.2.1　跨境专线物流成本分析 / 095

　　　　4.2.2　跨境专线物流运费计算方法 / 095

　4.3　典型跨境专线物流服务商及产品 / 097

　　　　引导案例 / 097

相关知识 / 099
   4.3.1　燕文 / 099
   4.3.2　纵腾集团 / 100
   4.3.3　递四方物流 / 101
   4.3.4　货兜 / 102
   4.3.5　其他专线物流 / 102

实践项目操作 / 104

专业知识测试 / 105

第5章　国际海外仓

5.1　认识海外仓 / 110
引导案例 / 110
相关知识 / 111
   5.1.1　海外仓概述 / 111
   5.1.2　海外仓兴起的原因 / 111
   5.1.3　海外仓的优点与缺点 / 113

5.2　海外仓选品规则 / 114
引导案例 / 114
相关知识 / 116
   5.2.1　海外仓产品的定位 / 116
   5.2.2　海外仓产品选品基本思路 / 117
   5.2.3　主要平台选品介绍 / 119

5.3　海外仓费用结构 / 122
引导案例 / 122
相关知识 / 123
   5.3.1　如何计算海外仓产品运费 / 123
   5.3.2　海外仓产品如何定价 / 125

5.4　海外仓服务流程 / 125
引导案例 / 125
相关知识 / 127
   5.4.1　自营海外仓 / 127
   5.4.2　第三方公共服务海外仓 / 128
   5.4.3　海外仓的问题 / 129
   5.4.4　海外仓操作流程案例 / 129
拓展阅读 / 140

专业知识测试 / 142

第6章 保税进口与直邮进口

6.1 保税进口与直邮进口模式 / 146
引导案例 / 146
相关知识 / 147
6.1.1 保税制度概念 / 147
相关链接 / 148
6.1.2 保税进口与直邮进口概念 / 150

6.2 保税进口与直邮进口业务流程 / 151
引导案例 / 151
相关知识 / 152
6.2.1 保税进口业务流程 / 152
6.2.2 直邮进口业务流程 / 154

6.3 保税进口与直邮进口案例分析 / 155
引导案例 / 155
案例分析 / 157
6.3.1 青岛保税仓：巧用保税仓降低企业物流成本 / 157
6.3.2 宝贝格子海外直邮平台：完善供应链体系，提高服务质量 / 158
创新案例 / 159

实践项目操作 / 162
专业知识测试 / 163

第7章 跨境电商供应链管理

7.1 供应链管理 / 166
引导案例 / 166
相关知识 / 167
7.1.1 供应链特征 / 167
7.1.2 供应链分类 / 169
7.1.3 供应链管理的作用 / 170
7.1.4 供应链管理技术 / 171
7.1.5 供应链管理内容 / 173
7.1.6 供应链管理流程 / 174

7.2 跨境电商供应链管理 / 175
引导案例 / 175
相关知识 / 177
7.2.1 跨境电商供应链特征 / 177

7.2.2 跨境电商供应链管理流程 / 179

7.2.3 跨境电商供应链管理策略 / 184

实践项目操作 / 185

专业知识测试 / 186

第8章 跨境电商物流信息管理

8.1 跨境电商物流信息技术 / 190

引导案例 / 190

相关知识 / 192

8.1.1 条形码技术 / 192

8.1.2 射频识别技术 / 200

8.1.3 电子数据交换技术 / 202

8.1.4 大数据技术 / 205

8.1 跨境电商物流信息系统应用 / 208

引导案例 / 208

相关知识 / 210

8.2.1 国际物流信息系统管理 / 210

8.2.2 跨境电商企业资源计划系统 / 211

8.2.3 国际物流信息系统管理的作用 / 211

8.2.4 国际物流信息系统管理应用与发展 / 212

8.1 "互联网+"跨境电商物流平台应用 / 213

引导案例 / 213

相关知识 / 214

8.3.1 "互联网+"与互联网云计算 / 214

8.3.2 跨境电商物流平台的构建 / 215

8.3.3 跨境电商物流平台的作用 / 216

8.3.4 构建跨境电商物流平台的途径 / 216

实践项目操作 / 217

专业知识测试 / 218

参考文献 / 221

第1章

跨境电商物流概述

内容概述

跨境电子商务（简称"跨境电商"）是指通过互联网销售商品或服务，跨越国家或地区边界，实现国际贸易的一种商业模式。随着"互联网+"物流产业的发展、共建"一带一路"倡议的提出和跨境电商政策的实施，国内的众多电商平台开始进入跨境电商行业。跨境电商作为一种新兴的商务模式，因其环节少、周期短、成本低等优势得以迅猛发展。2016年，随着消费升级和海淘电商平台的普及，我国跨境电商交易规模继续扩大。《2022年度中国跨境电商市场数据报告》显示，2022年我国跨境电商市场规模达15.7万亿元，较2021年的14.2万亿元同比增长10.56%。2022年我国进口跨境电商用户规模为1.68亿人，较2021年的1.55亿人同比增长8.38%。

在这种形势下，天猫国际开始以B2C的模式进行跨境贸易；京东商城的"海外购"正式上线；国内开始涌现专做跨境贸易的电商平台，如洋码头、小红书等；同时，亚马逊直邮落户上海自贸区，eBay则联合万邑通等物流企业进入国内市场。伴随着跨境电商的蓬勃发展，与其相对应的跨境电商物流也随之迅速成长。DHL、FedEx、UPS、TNT四大国际物流快递企业无疑占据着大部分跨境物流市场。近几年，国内的许多企业也开始承办跨境物流服务，如中国邮政的"国际e邮宝"、顺丰的"SF Buy"。敦煌网推出"在线发货"，开始尝试国际专业物流服务模式。

随着跨境电商的快速发展，消费者关注的焦点已不仅是商品的价格，对跨境电商物流的服务质量和服务效率也提出了更为严格的要求。

在目前形势下，跨境电商物流呈现出怎样的特点？跨境电商物流在发展过程中又存在哪些困难与瓶颈？跨境物流企业应该怎么做？在"互联网+"背景下应采取哪些新的发展策略？这些都有待于我们进入一个全新的领域来学习跨境电商物流。本章在介绍跨境电商物流活动基本规律的基础上，让大家对跨境电商物流有一个比较全面的认识。

知识目标

1. 了解跨境电商物流的含义和特点。
2. 熟悉跨境电商物流的模式。
3. 了解跨境电商物流发展现状及趋势。
4. 掌握跨境电商物流不同模式的特点。

能力目标

1. 能够识别跨境电商的几种模式。
2. 能够分析跨境电商对跨境物流的影响。
3. 能够解读跨境电商物流发展存在的问题。
4. 能够结合实际提出跨境电商物流发展对策。

1.1 认识跨境电商物流

引导案例

物流对于跨境电商来说一直如鲠在喉，有着难以言说的痛楚。面对万亿元级别的进口消费市场，天猫、京东、苏宁易购等传统电商纷纷强势进入，洋码头、海蜜、蜜芽、小红书等创业型跨境电商也携巨资争相抢夺市场。然而，不成熟的国际物流体系让众多玩家叫苦不迭。有的电商加码自营物流，有的联合物流巨头提升物流效率，处于"青春期"的跨境电商在躁动与不安中极速向前。

以苏宁海外购为例，苏宁易购与中外运空运发展股份有限公司（以下简称"中外运"）签署战略合作框架协议。双方在保税仓代运营、海外仓储租赁及代运营、境内外清（转）关、境外本地配送服务、国际（国内）运力资源获取及运输等跨境物流项目上展开战略合作。据苏宁易购云商负责人介绍，目前跨境电商的时效性还比较差，如美国的商品发到国内可能要10～12天才能签收。凭借在美国的自采体系，苏宁海外购的报关业务都由苏宁易购自己完成，时效可以缩短至5～7天。中外运核心优势在于跨境物流，其不仅与DHL有近30年的战略伙伴关系，覆盖全球200多个国家和地区，同时也是国内唯一在7个跨境电商试点城市均有布局的跨境物流企业。

中外运现在的战略重点是海外仓布局，除日本、韩国、澳大利亚等地外，在美国东部和西部、欧洲、迪拜等地也已加速铺设海外仓。

思考：

1. 苏宁易购与中外运合作模式有什么特点？
2. 简要分析跨境电商物流发展遇到的瓶颈。
3. 分析跨境电商物流发展的趋势。

相关知识

1.1.1 跨境电商物流特征

1. 跨境电商物流概念

跨境电商物流是伴随跨境电商发展产生的。随着跨境电商发展，跨境电商物流迅速成长。跨境电商的发展需要跨境电商物流作为支撑。跨境电商物流是指位于不同国家或地区的交易主体通过电商平台达成交易并进行支付清算后，通过跨境物流送达商品进而完成交易的一种商务活动。在电商环境下，人们的交易主要依靠网络进行，作为线下主要活动主体的物流配送就显得十分重要，直接关系到电商交易能否顺利完成，能否获得消费者的认可。

2. 跨境电商物流的主要特征

相对于发达国家，我国的跨境电商物流还存在诸多问题，基础设施建设水平和物流运作水平尚不能满足电商发展需求，主要表现为以下特征。

（1）配送时间较长，配送效率低下。跨境电商物流需要从发出地经过本国物流发送到海关，经过海关检验检疫等环节后再发往目的国，再经过目的国海关商检，由当地物流配送到消费者手中，中间环节非常多，不可控因素大大增加。因此，跨境电商物流过程非常漫长。以当前全球比较发达的 eBay 平台为例，其通过国际 e 邮宝将货物送到欧美消费者手中的期限一般为 7～12 天，使用专线物流需要 15～30 天。我国跨境电商物流的配送期限更长，多数商家承诺的送达期限为 3 个月。物流配送效率低下在考验消费者耐心的同时，已经严重制约了我国跨境电商的发展。

（2）包裹无法实现全程追踪。在国内电商物流体系中，全程追踪包裹已成为各个商家的基本要求，但跨境电商物流全程追踪包裹基本不能实现，目前只有美国、英国、澳大利亚等电商物流发达的国家才能提供包裹查询。这主要是因为大部分国家的物流系统信息化水平不高，我国电商物流企业无法与其他国家物流企业建立物流信息共享网络，进而无法为配送出国的物品提供追踪服务。

1.1.2 跨境电商物流现状

与国内物流相比，跨境物流除具备其共性外，还具备国际性等特点，涉及范围更大，影响更深远。跨境物流不仅与多个国家的社会经济活动紧密相连，而且受多个国家间多方面、多因素的影响。物流硬件环境与软件环境存在国家差异，不同国家的标准不同，国内物流、国际物流与目的国物流在衔接上会存在障碍，导致顺畅的跨境物流系统难以构建。物流环境的差异，导致跨境物流在运输与配送过程中需要面对不同的法律、文化、习俗、观念、语言、技术、设施等，增加了运作难度和系统复杂性。此外，关税与非关税壁垒、物流成本、空间距离等都直接或间接地影响、制约着跨境物流。

目前，我国跨境物流还停留在传统的商品运输、配送、货运代理等层面，物流高端服务与增值服务缺失，无法提供物流系统集成、供应链优化解决方案、大数据物流、云计算信息平台、跨境物流金融、海外即时配送等服务。此外，国内物流、国际物流与目的国物流在衔接、可视化、信息透明度等方面表现较差，影响并降低了客户对跨境物流的满意度。

1.1.3　跨境电商物流商业模式

1. 阿里巴巴跨境电商物流商业模式：凭借互联网、大数据、云计算技术，整合物流优势资源

阿里巴巴成立菜鸟网络科技有限公司（以下简称"菜鸟"），用大数据、云计算技术聚集上百家物流企业，服务阿里巴巴商业生态系统。其物流体系构建属于轻资产模式，优点是占用资金少，占有大数据资源，具有很强的预测能力；缺点是其整合的物流企业服务水平良莠不齐，尤其在"双十一"期间会出现大量压单的情况，造成消费者体验不良。

近几年，阿里巴巴逐渐意识到这个问题，注资圆通、百世汇通等物流企业，在全国建有多处物流配送中心，提高对物流的控制能力。根据国内电商物流体系构建的经验，阿里巴巴在跨境电商物流体系构建方面，继续发挥整合能力，全球速卖通（以下简称"速卖通"）与新加坡邮政、澳大利亚邮政和巴西邮政等建立战略合作关系，通过对新加坡邮政的投资，共享万国邮政联盟资源。2015 年，阿里巴巴开始建立九大海外仓，依靠其大数据、云计算技术、网仓等核心资源，整合其他资源，构建起了跨境电商物流体系。

2. 亚马逊跨境电商物流商业模式：以遍布全球的 FBA 仓优势资源，提供集仓储、库存、配送于一体的多样化跨境电商物流解决方案

亚马逊系统是半开放式商业生态系统，允许商家在其网上开店，但拥有完备的自建物流体系。亚马逊在全球 65 个国家拥有 109 个运营中心和遍布全球的物流配送体系，能将商品配送到 185 个国家和地区。亚马逊最成功的案例是建立 FBA 仓，其存储方式为随机存储，依靠先进的信息系统，实现货找人的分拣方式。FBA 仓的特点是，只要把订单交给亚马逊，其他的事情（如库存管理、包装、配送等）均由亚马逊完成。其特点是，利用大数据分析技术，对客户的需求、商品的销量和库存量进行精准的计算，在实现客户便捷收货（跟踪）的同时，达到商家库存、物流成本均得到控制的目的。

亚马逊将配送业务委托给国际快递或当地邮政，将海运业务委托给国际海运企业。亚马逊在 2015 年推出"亚马逊全球货运"项目，以解决出口跨境物流难题，全面打通欧洲配送网络，旨在凭借多样化的全球跨境物流解决方案抢占跨境电商市场份额。

3. 京东跨境电商物流商业模式：以完善的国内电商物流体系，用整合资源＋自建物流体系的方式拓展跨境电商物流体系建设

京东物流系统是封闭式商业生态系统，其最大的特点是自建物流体系的重资产模式。京东在 2019 年突破收支平衡，开始实现盈利，物流服务在很大程度上维护了它的快速发展。截至 2022 年 12 月，京东物流已在全国运营超过 1500 个仓库，配送员为 29 万人，仓储网络总管理面积超过 3000 万平方米。在跨境电商物流体系构建方面，京东物流在全球拥有近 90 个保税仓、直邮仓和海外仓，总管理面积近 90 万平方米。京东采取"跨境直采"方式，充分利用国内自建物流体系，同时尝试在韩国自建海外仓，与澳大利亚邮政、俄罗斯邮政、DHL 等企业进行战略合作。从京东的跨境电商物流体系搭建上可以看出，京东改变以前在国内大手笔自建物流体系的做法，推进自建海外仓和整合资源并重的模式，但京东跨境电商发展的速度与速卖通有一定的差距。

4. 递四方跨境电商物流商业模式：以成熟的海外仓运营模式，灵活植入大型商业生态系统

做跨境电商物流的企业有很多小企业，如递四方，其与阿里巴巴、亚马逊、京东相比体量很小，优势是较早拓展海外仓模式，境外海外仓具有与跨境电商综合平台对接的网络信息系统。递四方的商业模式有以下特点。

（1）递四方凭借成熟的海外仓资源优势成功植入 eBay、速卖通等大型商业生态系统，成为这些大型商业生态系统中不可缺少的模块，而这些大型商业生态系统本身就是非绑定式、长尾式、多边平台式商业模式的复合体。递四方提供小而美的增值服务，在大型商业生态系统中共享平台资源。

（2）递四方具有灵活整合资源的能力。例如，递四方的头程为亚马逊海运或空运，充分整合了亚马逊的优质干线运输资源。在阿里巴巴和亚马逊不能合作的时候，递四方可以充当重要的资源传递角色。

（3）递四方问鼎平台式商业模式，其旗下的美胜商是 B2B 平台的雏形。

5. 跨境电商物流联盟商业模式：借鉴万国邮政联盟对跨境电商物流的垄断，以民营快递拓展联盟方式建立跨境电商物流体系

联盟在本质上是一种新型的商业生态圈，我国跨境电商物流出口业务的 60%～70% 是通过邮政系统完成的，其中 50% 业务是通过中国邮政完成的，其根本原因是中国邮政是万国邮政联盟的成员，万国邮政联盟具有共享的信息系统接口、便捷的支付通道、优先配送权限和强大的通关能力。目前,全国排名前7位的民营快递企业都在拓展跨境电商物流业务。民营快递企业要拓展海外市场,最好的商业模式就是成立联盟,如顺丰速运与俄罗斯邮政合作,圆通发起"全球包裹联盟"。一方面,民营快递企业建设国内物流联盟,如顺丰、中通、圆通、普洛斯等建立丰巢,打造社区智能储物柜,抢占社区"最后一公里",将其开放给所有的电商企业;另一方面,与境外邮政或国际快递企业建立联盟,在一定程度上较快实现跨境业务的拓展,实现资源互补。

1.2 跨境电商物流分类

引导案例

菜鸟网络联合速卖通打造菜鸟无忧物流

2015年9月,菜鸟网络宣布联合速卖通上线菜鸟无忧物流服务,提供跨境全链路一站式物流服务。

速卖通商家使用该物流服务后,可将揽收、配送、物流详情追踪、物流纠纷处理、售后赔付等系列服务打包整合成标准服务与优先服务两个选项。借助菜鸟网络大数据智能路由分单技术,出口商家选择该服务后,平台根据具体订单的不同需求(收货国、物品重量、品类等),优化物流服务,提供整合服务。此外,物流原因导致的纠纷退款将由平台承担。

目前,参与菜鸟无忧物流的菜鸟合作伙伴包括新加坡邮政、4PX、中外运、燕文、中国香港先达、西班牙邮政、英国邮政、芬兰邮政、瑞典邮政、DHL等近30家物流企业。

菜鸟网络速卖通出口物流负责人表示,菜鸟无忧物流推出的标准服务与优先服务,核心国家预估时效分别为13~35天与3~10天,比业界的平均效率提高40%。未来,菜鸟网络还会通过合作伙伴持续引进和共同建设物流线路,提高效率。

思考:

1.什么是跨境电商物流?

2. 跨境电商物流有哪些类型？
3. 跨境电商物流对跨境电商有什么影响？

相关知识

1.2.1 跨境电商物流类型

目前，我国跨境电商发展非常迅速，但与之匹配的国际物流发展较为缓慢，与跨境电商的物流需求存在一定差距。随着跨境电商的发展，跨境电商物流也将随之出现变革，物流产品在设计中会考虑时效、成本、安全、售后服务等要素，甚至还会出现定制化的物流服务。我国跨境电商物流模式主要有以下四种。

1. 邮政小包

邮政小包主要是通过万国邮政联盟来邮寄包裹的。它以个人邮包的形式发送。邮政小包最大的特点是价格便宜，覆盖面广，清关方便。万国邮政联盟成员国家之间的清关手续要简便很多，这也是很多人选择邮政小包的主要原因。但是，现在邮政小包的价格折扣几乎没有了，各个国家出于安全考虑纷纷对带有电池、粉末、液体等的物品禁止寄运，这就使一部分商品不能通过邮政小包来递送。同时，邮政小包还存在丢包率高、时效不能保证的缺点。邮政小包递送周期是 7~30 天，但 80% 以上的邮政小包超过这个时间，在旺季或者高峰期延迟两三个月也有可能。虽然如此，因为邮政小包本身具有的便捷性，所以目前仍然是跨境电商选择的主要物流配送模式，在将来的一段时间里仍然是主流模式。

目前，邮政网络覆盖全球 220 多个国家和地区，比其他任何物流网络覆盖都要广泛，只要设置有邮局的国家，就可以通邮。因此，邮政物流渠道是目前大多数跨境电商商家最频繁使用的发货方式。

2. 国际快递

国际快递企业有大家熟知的 DHL、UPS、FedEx、TNT 等，它们的特点是时效高、专业性强、丢包率低，但价格相对较高。国际快递渠道与邮政物流渠道最大的区别是计费标准与时效性。通过自有的货机团队、本地化配送服务，国际快递企业可以为消费者和商家提供良好的用户体验。然而，优质的服务体验伴随的是高昂的运费成本。

目前，跨境电商的竞争主要还是在价格上竞争，除非客户有要求，一般很少有商家会选择国际快递递送方式。而且，国际快递渠道对于商品有较高的要求，仿牌、含电池等特殊类的商品基本不能走国际快递渠道，因此国际快递在跨境电商物流行业中只占据很小一部分市场份额。国际快递渠道的时效性和专业性具有较大优势，如果价格能够降低，那将会对邮政小包造成较大的冲击。

3. 专线物流

专线物流服务主要依托发件国与收件国的业务规模。在此前提下，市场上最常见的专线物流产品是美国专线、西班牙专线、澳大利亚专线、俄罗斯专线、中东专线、南美专线、南非专线等。针对体量大的收件国，商家可能有多种专线物流服务可供选择。例如，俄罗斯人是目前速卖通最大的消费群体，在后台的线上发货系统有多种专线物流服务可供选择。巴西也是速卖通主要的访客来源，但当地海关容易扣留境外商品，而且当地配送效率低，可供选择的物流方案就不如发往俄罗斯的物流方案多。专线物流的特性就是性价比高。专线物流在尺寸与重量的要求上与邮政小包相同，时效不及国际快递，但比邮政小包提高很多。专线物流的时效通常为 7~14 天或 14~21 天。

专线物流对于只做某个国家或地区的跨境电商来说是不错的选择，缺点就在于地域局限性比较明显。

4. 国际海外仓

国际海外仓是结合跨境电商的特点，在专线物流的基础上进行了延伸，同时提供海外仓储服务、快递专业渠道、库存管理、销售策略，能够提升客户的体验满意度。"最后一公里"的难题通过国际海外仓得到缓解，因此国际海外仓是未来跨境电商物流配送的首选。随着国际海外仓市场竞争的日趋激烈，以及跨境电商物流需求的不断增长，国际海外仓目前得到了很大的发展。我国电商在俄罗斯的首个大型海外仓已经签约，可以为商家提供后续的运输、清关、入库质检等所有物流环节的服务，可以有效地解决商家对海外仓管控难、沟通难、库存积压等问题。中俄跨境电商物流时效将从目前的 20~30 天缩短至 2~7 天。国际海外仓的优势在于海外本土化运作和本土化销售，能够大大提高用户体验，同时降低物流成本。但是，如果商品滞销，就会造成巨大的仓储成本，这也是海外仓亟待解决的一个问题。

1.2.2 跨境电商物流类型选择分析

跨境电商物流正以高速增长的发展趋势引领潮流。中小企业资金有限，不能独立建立完整的仓储供应链，可以选择的跨境物流渠道主要有邮政小包、国际快递、专线物流、国际海外仓。图1-1为跨境电商物流类型比较分析。

邮政小包

运送范围广，基本能够覆盖全世界大多数国家和地区；手续便捷。投递商家根据要求在箱身粘贴航空标签、报关单、地址和挂号单号码后，就可以完成投递。商品投递之后所有的手续，包括保管、商检，都由邮政企业代为完成。

国际快递

国际大型快递公司有密集的地区航线、完整的物流配送链条和专属通关渠道，能够真正做到"门到门"服务；运送速度快，货物配送全球通常只需要3~5个工作日；安全性和服务质量高；能够实时跟踪物流配送情况。

专线物流

统一分拣、统一发货，能够大大降低成本，提高速度；跨境电商平台企业专线物流在国内建仓，能够为在平台内从事跨境电商的中小企业提供专业的物流解决方案，平台内B2C企业发货可以享受运费优惠，操作简便。

国际海外仓

大大缩短客户下单后的等待时间，使客户获得与国内网上购物相同的物流配送体验，能够很好地突破跨境物流配送时滞。由于是前期配货的，可以选择海运将商品运送至目的地，运输限制减少，有利于跨境电商的横向拓展。

图1-1 跨境电商物流类型比较分析

1.3 跨境电商物流优势与劣势对比

引导案例

国内跨境电商物流联盟成立

共建"一带一路"倡议国内沿线城市及企业、社会组织的58家代表在甘肃兰州发起成立跨境电商物流合作联盟（见图1-2），该联盟将建立以跨境电商物流为主要合作目标的城市电商物流联建、联通、联动发展机制。

该联盟将推动建立城市协同合作发展机制和跨境电商物流运输网络，优化跨境电商物流发展环境，推动跨境电商物流联合规划。此次成立的合作联盟将建立以跨境电商物流为主要合作目标的城市电商物流联建、联通、联动发展机制，通过共商、共建、共享，促进共建"一带一路"倡议国内城市在跨境电商物流空间布局、产业协作、交通网络、物流基础设施等方面的协调联动发展，强化资源整合，深化区域合作。同时，合作联盟成员单位将以扩大开放、规模效益为原则，推进共建"一带一路"倡议国内沿线城市间跨境电商物流大通道基础设施建设，完善城际交通网络建设，综合提升互联互通的城市铁路、公路、航空、信息服务，推进建立统一的全程运输协调机制。

图1-2 跨境电商物流联盟成立

思考：

1. 阐述跨境电商物流合作联盟的作用。
2. 分析跨境电商物流的优势与劣势。
3. 分析共建"一带一路"倡议背景下跨境电商物流的机遇与挑战。

相关知识

1.3.1 跨境电商物流优势分析

跨境运营已经成为众多电商企业的选择，跨境电商物流发展机会越来越多。近年来，我国跨境电商发展十分迅速。有统计数据显示，2022年我国出口跨境电商市场规模达12.3万亿元，较2021年的11万亿元同比增长11.82%。2022年，我国进口跨境电商市场规模达3.4万亿元。我国境内通过各类平台开展跨境电商业务的企业超过20万家，其中平台企业超过5000家。在这个背景下，我国跨境电商物流发展十分迅速，已逐渐积累了开展更大规模跨境电商物流的基础条件。

2013年，中国海关启动跨境贸易电商服务试点，同时明确了跨境电商发展的相关监管措施及政策，提出了一般出口、特殊区域出口、直购进口和网购保税等新型海关通关监管模式。跨境电商出口模式的实施将惠及更多企业，尤其对中小微企业跨境电商发展十分有利。跨境电商物流的快速发展可以有效地推动国内商品出口多样化，进而帮助更多小微企业加入跨境电商服务行列，反过来增加跨境电商物流业务量。

1.3.2 跨境电商物流劣势分析

我国跨境电商物流劣势主要表现在以下几个方面。

1. 物流成本过高

跨境电商物流需要从国内向国外拓展，整个物流产业链变得更长，环节较多，物流成本因此大幅上涨。值得注意的是，在海关与商检环节中，不可控因素非常多，操作难度加大，市场风险增加，这些都会提高跨境电商物流成本。

2. 物流配送周期过长

在国内，电商物流配送不到位往往是消费者投诉的重点；而在跨境电商物流发展中，物流周期过长是消费者最不满意的，原因在于跨境电商面临的产业链更长、物流环节更多。其中，海关清关和检验检疫等待时间必不可少，导致跨境电商物流平均周期往往是国内电商物流平均周期的5倍以上，严重影响了跨境电商的发展。

3. 物流的售后服务难以跟上

跨境电商物流涉及的环节众多，面临的退换货物流可能性非常大。从电商本身的特点来看，其退换货率比传统商务模式下的退换货率要高很多。跨境电商物流周期长、成本高，往往难以满足消费者的退换货要求。在欧美发达国家，存在退换货消费文化和消费习惯，我国跨境电商在进入这些国家的市场时，退换货率往往居高不下。但是，由于缺乏强大的物流支撑和顺畅的物流通道，退换货变得非常困难。退换货物流成本过高，有时甚至超过商品本身的价值。

1.3.3 跨境电商物流机遇分析

自2013年以来，淘宝、京东等电商巨头开始布局海外市场，积累了相当多的跨境电商运营经验，为跨境电商物流发展提供了很好机遇。

1. 我国跨境电商逐步明确发展方向，有助于新模式下跨境电商物流的发展

2023年6月，海关总署针对跨境电商的发展趋势，优化营商环境，出台了不同于传统贸易的通关制度，打造了适合跨境电商的海关监管模式。在新模式下，跨境电商物流是否能够提供有效支撑，将成为跨境电商发展的重要决定因素。目前，许多电商物流企业都在加大创新力度，配合国外消费者的消费习惯和消费文化，重整跨境电商物流运营模式。在不久的将来，我国的跨境电商物流模式将越来越固定、越来越成熟。

2. 发达国家跨境电商物流发展经验为我国相关行业的发展提供了有益借鉴

在欧美发达国家，退换货是突出的文化特征，而这一点恰恰是我国电商物流企业最不适应的。国外电商物流企业进驻我国市场，它们在解决消费者退换货方面的做法非常值得我们学习。事实上，近几年来，我国跨境电商物流企业正在尝

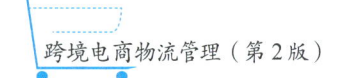

试通过海外仓业务模式来解决物流配送时间没有保障、消费者满意度不高等问题，已经取得良好的效果。

1.3.4 跨境电商物流威胁分析

目前，我国跨境电商物流面临以下威胁。

1. 渠道风险带来的威胁

与国内电商发展环境不同，国外电商发展环境比较成熟，消费者对产品质量的要求较高，电商物流企业一般都拥有统一的质量控制方法和质量控制标准。我国跨境电商物流企业走出国门后，必须采取措施积极应对国外消费者因产品标准差异、产品质量差异等问题而产生的退换货要求。

2. 跨境物流风险带来的威胁

跨境电商面临的物流环节众多，每个环节都存在巨大风险。例如，跨境电商在解决好国际快递问题的基础上，还要处理好海关通关、检验检疫、税务、保险等方面的问题。在成熟市场经济国家，发达的第三方物流可以很好地为跨境电商企业提供优质服务，甚至帮助跨境电商物流企业代理所有通关、发货手续。鉴于我国多数跨境电商物流企业尚未形成规模效应，选择第三方物流代理报关的技术条件还不成熟，尤其是众多小型跨境电商物流企业，在与国际跨境电商物流企业竞争中基本处于弱势地位。

3. 产品竞争风险带来的威胁

表1-1为国内部分跨境电商平台产品经营范围。由表1-1可以看出，国内几家规模较大的跨境电商企业的主打产品为婚纱、电子产品及电子配件等，产品组合方式比较简单。这种产品组合结构使跨境电商企业往往要在某一产品推介上付出高昂的广告费用，加之产品大多属于代营、代销产品，缺乏自主设计品牌，产品核心竞争力普遍不强。有些厂家喜欢模仿国外品牌设计，其生产的产品被他国海关查扣的风险非常大。

4. 政策风险带来的威胁

跨境电商物流往往面临国内政策与国外政策双重风险。从国内政策角度看，跨境电商物流面临的风险主要体现在海关政策不确定方面。我国的海关监管机制、货物通关机制主要是围绕大宗货物设计的，缺乏对大量小包裹的物流、通关、检验检疫制度设计，给国内跨境电商及相关客户造成不必要的损失。从国外政策角度看，许多国家的海关政策变化频繁，我国跨境电商企业往往面临产品质检及产品版权保护问题。其中最具代表性的是俄罗斯海关，其通关政策经常变化，执行人员往往拥有很大的自由裁量权。

表1-1　国内部分跨境电商平台产品经营范围

跨境电商平台	产品类型
兰亭集势	婚纱
敦煌网	电子产品
DX	电子产品、移动设备、电子配件
米兰网	婚纱

1.4 跨境电商物流发展趋势

引导案例

基于云物流的跨境电商物流模式

"云物流"这一概念是由星晨急便董事长陈平首先提出的，它是通过物流云计算服务平台，面向各类物流企业、物流枢纽中心及各类综合型企业的物流部门提出的完整物流解决方案，依靠大规模的云计算处理能力、标准的作业流程、灵活的业务覆盖、精确的环节控制、智能的决策支持及深入的信息共享来满足物流行业各环节需要的信息化要求。构建基于云物流的跨境电商物流模型的目的在于加快各个环节的货物流通，提高时效；保证货物的安全性，减少货损丢包等情况的发生；满足跨境电商消费者的需求，提升用户满意度；将物流资源进行整合，减少物流资源的浪费。

基于云物流的跨境电商物流模型如图1-3所示。

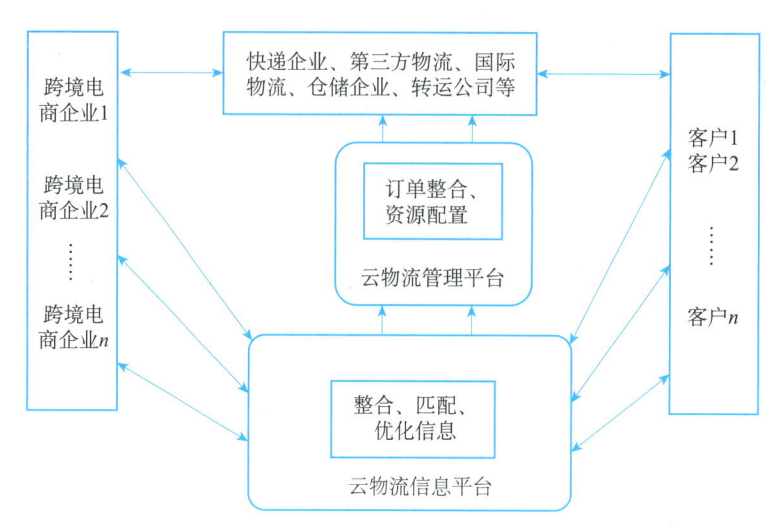

图1-3 基于云物流的跨境电商物流模型

思考：

1. 云物流的跨境电商物流模式有什么特点？
2. 分析跨境电商物流模式的优点。
3. 分析跨境电商物流的发展趋势。

相关知识

1.4.1 跨境电商物流发展趋势

1. 跨境电商物流模式创新面临新机遇

近年来，国家非常重视跨境电商物流的发展，出台了一系列政策支持其发展。2018年12月，国家发展改革委、交通运输部发布《国家物流枢纽布局和建设规划》，提出要引导国家物流枢纽系统对接国际物流网络和全球供应链体系，支持国家物流枢纽结合自身货物流向拓展海运、空运、铁路国际运输线路，为构建"全球采购、全球生产、全球销售"的国际物流服务网络提供支撑。2019年3月，国家发展改革委等部门联合发布《关于推动物流高质量发展促进形成强大国内市场的意见》，提出要推进通关一体化改革，建立现场查验联动机制，推动口岸物流信息化，压缩整体通关时间，提升通道国际物流便利化水平。2019年6月，国家邮政局发布《国家邮政局关于支持民营快递企业发展的指导意见》，指出要引导民营快递企业"走出去"，畅通快递企业国际网络布局通道，加快完善跨境寄递服务体系，提升跨境寄递服务网络能力，培育具有国际一流竞争力的快递企业。2020年6月，海关总署发布《关于开展跨境电子商务企业对企业出口监管试点的公告》，提出跨境电商B2B出口货物全国通关一体化，也可以采用"跨境电商"模式进行转关。2021年9月，国家发展改革委等部门联合发布《"十四五"电子商务发展规划》，倡导开放共赢，支持跨境电商和海外仓发展。2022年5月，国务院办公厅发布《"十四五"现代物流发展规划》，提出要积极推进海外仓建设，加快健全标准体系；鼓励大型物流企业开展境外港口、海外仓、分销网络建设合作和系统共享，完善全球物流服务网络。

跨境电商物流过程复杂，而消费者的期望是快速、透明、便宜、简捷。跨境电商物流企业一方面要满足用户的期望，另一方面要获取商业价值和利润，只有通过商业模式创新才能实现。国内消费者已被国内电商平台培养了物流便捷服务的期望值，面对跨境电商物流发展，国内消费者对跨境电商物流的速度、退换货便捷度、购买体验等具有较高的期望值，这种市场需求显然给跨境电商物流企业的发展带来新的机遇。

2. 跨境电商物流市场规模扩张迅速

跨境电商交易成功的关键是实现跨境通关平台、跨境公共服务平台、跨境综合服务平台的数据对接，其中跨境通关平台主要实现海关的监管放行，跨境公共服务平台主要实现关、检、汇、税等公共服务，跨境综合服务平台是商家和消费者交易的平台。以上三个平台中只有实现付款单、物流清单、订单的三单匹配，才能完成跨境进出口业务。

2022年，我国跨境电商市场规模达15.7万亿元，较2021年的14.2万亿元同比增长10.56%。2022年，我国跨境电商交易额占我国货物贸易进出口总值（42.07万亿元）的37.32%。跨境电商的快速发展推动跨境电商物流市场持续增长。《2023—2028年中国跨境物流行业市场前景预测与发展趋势研究报告》显示，2022年跨境物流市场规模达2.36万亿元，同比增长10.8%。2022年，跨境物流企业共有146661家，同比增长10.04%。根据运联智库发布的"2022年跨境电商物流50强榜单"，排名前十位的企业分别为纵腾、中外运、递四方、顺丰国际、燕文、港中旅华贸、菜鸟、万邑通、递一、申通国际。

3. 跨境电商物流成本不断上升

跨境电商物流由物流企业提供全程物流服务，使商品经历从商家发货、发出国集货、发出国海关、运输、目的国海关、目的国集货、分拨配送到消费者收货等物流环节。跨境电商物流环节多，流程长，空间跨度大，目前存在以下三个主要问题。

（1）跨境电商物流成本较高，在一定程度上限制了跨境商品的种类，压低了商品的利润，阻碍了跨境电商的发展。

（2）跨境电商物流货损高。据统计，跨境电商物流货损率一般为 0.5%～1%，有的国家高达 10% 以上，增加了跨境电商贸易的成本，降低了客户体验。

（3）跨境电商物流各环节的信息系统没有彻底打通，不同物流环节之间的物流数据不可追溯，运输过程不透明，影响消费者购买体验。

4. 跨境电商物流业务方式呈多元化发展

跨境电商物流按进出口方式分为跨境电商进口物流、跨境电商出口物流。

跨境电商出口物流发展比较成熟，主要有邮政 EMS 和邮政小包、专线物流、海外仓、国内快递、国际快递等方式。跨境电商进口物流发展时间短，目前主要有进口直邮、跨境直采集货模式、保税进口模式，对应的跨境电商物流有国际快递、国际物流＋海外仓、国际物流＋保税仓＋国内快递三种形式。随着跨境电商的发展，未来会出现更多创新的物流商业模式。

目前，从事跨境电商物流的企业有国内快递企业、传统货运代理企业、传统海运企业、邮政、国际快递企业等，未来进入跨境电商物流服务领域的供应主体会更加多样化。大的跨境电商平台（如苏宁易购、兰亭集势）开始以海外仓等形式建立跨境电商物流体系，大的制造企业（如海尔、海信、富士康等）也开始利用海外渠道加入跨境电商领域，中外运、中海运（全称"中国海运集团有限公司"）等海运企业与阿里巴巴合作，也进入跨境电商领域。

5. 海外仓成为跨境电商物流发展的重要平台

2015 年，随着国家对跨境电商利好政策的密集出台，海外仓爆发式发展。海外仓的供给主体发生了巨大的变化，其中有以出口易、递四方为代表的由传统货运代理企业或国际物流企业转型来的，也有大的跨境电商平台，如速卖通、苏宁易购等。我们可以得出结论，平台型跨境电商物流商业模式和小而美的跨境电商物流商业模式在海外仓布局上趋于同步。

1.4.2 共建"一带一路"倡议背景下跨境电商物流面临的机遇与挑战

跨境电商集中爆发式增长，成为我国外贸重要的增长点。共建"一带一路"倡议的提出更是给跨境电商带来了重大的利好消息。然而，在跨境电商火爆的同时，跨境物流成为短板，制约了整个跨境电商行业的发展。

1. 跨境物流依靠基础设施建设，打通国际大通道

共建"一带一路"倡议能够加强各国间的互联互通，强调实现沿线各国基础设施的互联互通。共建"一带一路"国家需要改善基础设施，其中涉及高速公路、铁路和海港的互联互通，以及公共设施和环境保护等。

国际大通道被进一步打通，基础设施实现互联，国际物流节点逐渐形成以港口、航空口岸为中心，以铁路、公路、水路为网络的立体化的国际物流基础设施体系。在基础设施连接能力加强之后，跨境物流迎来了振奋人心的发展新机遇。从上海到汉堡的海上运输需要30天，开通中欧班列以后，运输时间缩短一半，只需要15天左右，费用却没有多少改变，一个标准箱的运费也是1万元人民币左右。在没有增加成本的情况下，跨境物流能够快速送达货物，这是一个不可不重视的增值项目。

然而，共建"一带一路"倡议涉及的国家和领域众多，各国经济发展水平、文化、社会制度千差万别，这一过程的长期性和复杂性可想而知。实现基础设施的互联互通固然是基础，但仅靠基础设施并不能支撑"一带一路"的长远发展，国际通道相互连接更不是共建"一带一路"倡议的全部意义。跨境物流借力共建"一带一路"倡议走出去的关键是其信息整合和服务能力能否与基础设施的联通程度及速度相匹配，能否从传统物流向现代物流转变，是否具有抓住机遇瞄准潜力市场的敏感度。

2. 跨境物流整合信息资源，创建现代物流体系

随着互联网的发展，跨境物流要充分利用互联网技术和物流大数据增强信息的连接能力、客户的连接能力，拓宽服务范围，提高服务质量和能力。信息的不对称是阻碍跨境物流发展的重要因素。例如，由于信息不对称，我国与"一带一路"共建国家很难做到真正互相了解，节点国家不能切实地了解到我国跨境物流的发展状况及服务范围、服务质量等因素，我国也不能掌握节点国家有关跨境物流的相关政策规定、市场环境等信息。在这种状况下，为避免走弯路，整合"一带一路"共建国家的信息资源，运用互联网、云计算、移动互联网、大数据技术构建各类信息化技术平台，创建现代物流体系就显得异常重要。

同时，信息平台的构建具有重要意义，体现了我国与"一带一路"共建国家的信息能够实时交流，合作更为紧密，能够使跨境物流大大缩短时间，同时极大地增加进出口量。更重要的意义在于，从供应链来说，产品研发、原材料供应、制造流程工艺及商品流通过程中的仓配、运输和营销全过程对信息共享的要求极高，对各类信息平台的培育，能够提高跨境物流在供应链全过程中的效率。跨境物流的美好前景需要信息化平台与现代物流体系做支撑。

3. 跨境电商物流找准市场，创新价值

（1）跨境物流要找准一个区域中的枢纽。在共建"一带一路"倡议背景下，跨境物流企业要有找准枢纽城市的眼光，将其作为货物的集散地。只有确定好枢纽，才能规划好整个区域枢纽城市与枢纽城市、其他城市与枢纽城市之间的联系。

（2）"一带一路"共建国家的国情复杂，市场营商环境存在很大差异，有制度差异，也有经济发展与文化差异。在共建"一带一路"倡议的强力推动下，跨境物流企业必须找好方向走出去，找准最有发展潜力的地区。

共建"一带一路"倡议的提出，给跨境物流的发展带来了前所未有的机遇，只有充分利用已打通的国际大通道，建立信息化平台，创建现代物流体系，才能真正抓住此次机遇，实现跨境物流的创新价值。

实践项目操作

1. 实践项目

（1）联系实际情况，简要阐述跨境电商对物流业的影响。
（2）完成所在城市跨境电商物流发展现状及对策调研报告。

2. 实践目的

通过实地调研、资料收集、文献阅读，加强对跨境电商物流发展现状和趋势的了解。

3. 实践要求

举出现实中的两个跨境电商物流企业并加以说明，比较这两个企业在跨境电商物流发展模式上的异同并进行分析。

通过实地调研和资料收集，了解你所在城市跨境电商物流业的发展情况，形成一份调研报告。

4. 实践环节

（1）复习以前所学的电子商务与国际物流相关知识。

（2）复习本章有关内容，提出自己的问题。

5. 实践结果

以小组为单位，建议3～5人为1组，分工合作，共同完成调研报告。

专业知识测试

一、选择题

1. 以下哪个城市是国家跨境电商服务试点城市（　　）。
   A. 杭州　　　B. 成都　　　C. 重庆　　　D. 嘉兴

2. （　　）指位于不同国家或地区的交易主体通过电商平台达成交易并进行支付清算后，通过跨境物流送达商品，进而完成交易的一种商务活动。
   A. 跨境电商　B. 国际物流　C. 国际快递　D. 跨境电商物流

3. 我国跨境物流停留在传统物流层面上，（　　）服务缺失。
   A. 运输　　　B. 配送　　　C. 货运代理　D. 物流高端与增值

4. 跨境物流的特点不包含（　　）。
   A. 物流环境差异性　　　　B. 物流系统范围广
   C. 规则国际性　　　　　　D. 竞争手段相似性

5. 以下不属于比较常见的国际快递企业的是（　　）。
   A. DHL　　　B. UPS　　　C. FedEx　　　D. 宅急送

6. 下面不能有效体现国际物流市场竞争力的选项是（　　）。
   A. 信息化应用程度　　　　B. 国际合作网络
   C. 垂直业务能力　　　　　D. 企业业务规模

7.下面不属于不可抗力事故的是（　　）。
　　A.地震　　　　　　　　　B.火灾
　　C.暴风雨　　　　　　　　D.偷盗
8.以下（　　）差异不会增加跨境电商物流的运作难度和系统复杂性。
　　A.法律因素　　　　　　　B.文化因素
　　C.语言因素　　　　　　　D.物流自动化因素
9.以下哪种商业模式侧重通过互联网、大数据、云计算等技术整合物流优势资源（　　）。
　　A.阿里巴巴跨境电商物流　　B.亚马逊跨境电商物流
　　C.京东跨境电商物流　　　　D.递四方跨境电商物流
10.跨境电商物流的主要特征不包括（　　）。
　　A.配送时间较长　　　　　B.配送效率低下
　　C.包裹无法实现全程追踪　　D.成本较高

二、判断题（对的在括号中打"√"，错的在括号中打"×"）

1.海外电商直邮模式，即消费者从海外的购物网站上购买商品，直接通过国际物流，递送至境内消费者的模式。（　　）

2.跨境电商缩短了对外贸易的中间环节，提升了进出口贸易的效率，为小微企业提供了新的机会。（　　）

3.针对体量大的收件目的国，商家很难有多种专线物流服务可供选择。（　　）

4.邮政小包运送范围广，手续烦琐，基本覆盖国内外许多国家和地区。（　　）

5.在国际多式联运方式下，运输途中货物换装、转运等事宜均由多式联运经营人负责办理。（　　）

6.基于海外仓的优势，中俄跨境电商物流时效大幅缩短。（　　）

7.获得报关权的进出口货物收发货人既可以为本单位报关，也可以委托报关企业为其办理报关手续。（　　）

8.国际快递在跨境电商物流行业中占据了较大的市场份额。（　　）

9.国际货运代理人以自己的名义与第三人签订合同，往往被认定为当事人并承担当事人的责任。（　　）

三、简答题

1.什么是跨境电商？

2.什么是跨境电商物流？

3. 跨境电商物流主要包括哪些类型？
4. 分析跨境电商物流的优势与劣势。
5. 跨境电商物流面临哪些威胁？
6. 分析共建"一带一路"倡议背景下跨境电商物流面临的机遇与挑战。
7. 分析跨境电商物流存在的主要问题。
8. 简述跨境电商物流的发展趋势。

第 2 章

邮政物流

内容概述

随着跨境电商的发展，传统外贸"大单"正在逐渐被小而分散的"碎片化"订单取代，大量中小企业甚至小微企业在外贸订单中的份额逐步上升。邮政物流通道已经不是简单的物流服务，而是支持外贸流通转型升级的重要环节。作为我国跨境电商从业最早、市场份额最大的物流服务商，中国邮政积极贴近跨境电商商家需求，结合"互联网+"的发展趋势，开展国际e邮宝和邮政小包等业务，凭借时限、价格、信息化跟踪查询等优势，快速获得市场认可，连续多年保持高速增长。中国邮政工作场景如图2-1所示。

图 2-1 中国邮政工作场景

第 2 章 邮政物流

可以说，对于有志于从事跨境电商业务的商家而言，邮政物流是不得不学习的一大物流板块。那么，什么是邮政物流？为什么有那么多商家选择邮政物流？选择邮政物流，对应有哪些产品可以选择？这些问题都将在本章得到解答。本章在介绍邮政物流的概念之外，还梳理了当前中国邮政推出的物流服务，并对每个物流服务（产品）的费用计算，做了全面、细致的讲解。

目前，跨境电商物流呈现出怎样的特点？跨境电商物流在发展过程中又存在哪些困难与瓶颈？国际物流企业应该怎么做？在"互联网+"背景下应采取哪些新的发展策略？这些都有待我们进入一个全新的领域来学习跨境电商物流。

知识目标

1. 了解邮政物流的含义。
2. 熟悉邮政物流产品的特点与区别。
3. 理解邮政物流的费用构成。

能力目标

1. 能够根据货物重量、尺寸，选择合适的物流产品。
2. 能够根据货物重量、尺寸，计算货物的运费。

2.1 邮政物流简介

引导案例

中国邮政：四大优势助力企业出海

"中国邮政致力于打造跨境寄递物流龙头企业，为中国企业的产品走出去提供安全可靠的快递物流服务，保障跨境供应链畅通。"中国邮政集团有限公司（简称"中国邮政"）寄递事业部跨境电商处负责人向媒体介绍了中国邮政物流助力跨境电商的成绩。

中国邮政物流助力企业出海，具备较强的境内外渠道能力和广泛的客户基础，并积累了丰富的经营运营经验。中国邮政的能力和优势主要体现在以下四个方面。

1. 拥有完整的国际快递物流产品体系和覆盖整个跨境供应链的服务资源

中国邮政的产品涵盖邮政小包、e邮宝、e特快等。中国邮政可以为制造企业和外贸企业提供多元化跨境寄递解决方案，可以为客户提供邮政和商业两种清关渠道，为客户提供进口、出口不同的解决方案。

2. 拥有多渠道运输通道和覆盖核心节点口岸的资源

中国邮政通过组织自主航空专线、开拓中欧班列大通道、开辟"海运新丝路"等方式，实现了"海陆空"立体网络运输，保障了跨境电商出口运输渠道畅通，初步建成高效、稳定、可控的自主国际邮寄网络。

中国邮政依托912条国际航空邮路、68个国际邮件互换局、32个商业口岸、8个保税中心、多趟次"一带一路"中国邮政号班列、13个海外仓，寄递覆盖全球200多个国家和地区的174个口岸。中国邮政自主航空网络已经覆盖了东京、首尔、曼谷、法兰克福、莫斯科、叶卡捷琳堡等口岸。

近几年，中国邮政发挥网络通达全球的优势，利用包机或中欧班列打通国际物流"大动脉"，积极疏运邮件，保障邮路畅通，为全球恢复经济生产提供了坚实的物流保障。

"中国邮政下一步将继续加大重点口岸、自主航空网络、境外核心节点、海外仓的布局，稳步提升自主可控能力。"该负责人表示。

3. 积极探索海外仓发展，助力传统贸易企业出海

中国邮政为满足制造业和跨境电商海外仓配的市场需求，推出了中邮海外仓服务。截至2020年，中邮海外仓已经完成美国和西欧等主要电商市场的初步布局。在美国、英国、德国、捷克、澳大利亚、俄罗斯、日本等国家和地区建设了13个海外仓。

"下一步，将围绕'一带一路'实施各项目节点，积累海外仓储操作经验，增强信息系统开发、海外团队实施能力。"中国邮政负责人说，"继续加快拓展海外仓节点，拓展泰国（辐射东盟）、法国、西班牙、意大利等海外仓的建设布局，以境外仓库资源为点，以全面整合的物流渠道为线，规划'国际云仓'布局，搭建国际仓储物流网络。"

4. 拥有丰富的客户服务和运营经验

中国邮政在全国50个重点城市和100个国际集群市场建立了国际化、专业化的机构和团队，为客户提供从入仓到配送的全方位服务；与主要跨境电商平台实现了对接，客户可以快速完成下单操作；联合电商平台、高校、地方政府举办各种招商和培训活动，推动传统外贸企业和内贸企业转型跨境电商，支持高校培养跨境电商人才；在多个跨境电商试点城市搭建运营跨境电商产业园，为入园客户提供孵化、供销、培训、仓储、配送一体化服务。

中国邮政将继续发挥跨境寄递主渠道的作用，为稳外贸、稳供应链做出更大的贡献。

（资料来源：《中国贸易报》，2021年）

思考：

1. 什么是邮政物流？
2. 为什么说中国邮政拥有其他快递企业无法拥有的网络优势？

相关知识

2.1.1 邮政物流的定义

邮政物流，就是通过中国邮政的物流网络，将本地商品送交国外消费者的运输体系。从广义上讲，邮政物流可分为国内物流、国际物流、电商物流。在本章中，邮政物流特指跨境电商背景下的中国邮政物流体系。

2.1.2　中国邮政概况

1. 中国邮政集团有限公司简介

2019年12月，经国务院批准，中国邮政集团公司正式改制为中国邮政集团有限公司，简称"中国邮政"。中国邮政是依照《中华人民共和国公司法》组建的国有独资企业，企业不设股东会，由财政部依据国家法律、行政法规等规定代表国务院履行出资人职责，企业设立党组、董事会、经理层。企业依法经营各项邮政业务，承担邮政普遍服务义务，受政府委托提供邮政特殊服务，对竞争性邮政业务实行商业化运营。

按照国家规定，中国邮政以邮政、快递物流、金融、电子商务等为主业，实行多元化经营。其经营业务主要包括：国内和国际信函寄递业务；国内和国际包裹快递业务；报刊、图书等出版物发行业务；邮票发行业务；邮政汇兑业务；机要通信业务；邮政金融业务；邮政物流业务；电子商务业务；各类邮政代理业务；国家规定开办的其他业务。

经过多年持续发展，中国邮政已转型升级为实业与金融相结合、业务多元化的大型企业集团，竞争实力得到增强，企业效益明显提升，社会影响不断扩大。2021年，中国邮政总收入7005亿元，实现利润773.5亿元，在2022年《财富》世界五百强企业排名中列第81位，在世界邮政企业中排名第1位。

2. 中国邮政速递物流股份有限公司

中国邮政速递物流股份有限公司（简称"中国邮政速递物流"）是经国务院批准，由中国邮政作为主要发起人，于2010年6月发起设立的股份制企业，是中国经营历史最悠久、网络覆盖范围最广的快递物流综合服务提供商。

中国邮政速递物流在国内31个省（自治区、直辖市）设立分支机构，并拥有中国邮政航空有限责任公司、中邮物流有限责任公司等子公司。截至2020年底，该公司注册资本为250亿元人民币，员工近16万人，业务范围遍及全国31个省（自治区、直辖市）的所有市县乡（镇），通达包括港、澳、台地区在内的全球200余个国家和地区，自营营业网点近9000个。

中国邮政速递物流主要经营国内速递、国际速递、合同物流等业务，国内、国际速递服务涵盖代收货款等增值服务，合同物流涵盖仓储、运输等供应链全过程。中国邮政速递物流拥有享誉全球的"EMS"特快专递品牌和国内知名的

"CNPL"物流品牌。

中国邮政速递物流坚持"珍惜每一刻,用心每一步"的服务理念,为社会各界客户提供方便快捷、安全可靠的门到门速递物流服务,致力于成为持续引领中国市场、综合服务能力最强、最具全球竞争力和国际化发展空间的大型现代快递物流企业。

目前,中国邮政针对跨境电商提供的物流产品,主要来自该企业。

3. 邮政物流的现状、优势与发展趋势

随着跨境电商的兴起,物流配送问题逐渐成为跨境电商企业发展的瓶颈。中国邮政作为国家级的公共物流服务平台,在跨境电商物流方面具有巨大的潜力。

(1)邮政物流存在的一些问题。

邮政物流在跨境电商方面已经取得了一定的成绩,但仍然存在一些问题。

① 运营效率不高。邮政物流的服务范围较广,因此物流运营效率相对较低,需要进一步优化。

② 服务质量有待提高。虽然邮政物流服务安全可靠,但在服务质量方面有待提高,如配送时间较长,无法满足一些客户的需求。

③ 竞争压力较大。随着跨境电商市场的不断扩大,市场竞争压力不断加大,邮政物流需要加强创新能力,以提高在市场中的竞争力。

(2)邮政物流在跨境电商中的优势。

中国邮政是国家级的公共物流服务平台,邮政物流具有以下几个方面的优势。

① 覆盖面广。邮政物流网络覆盖全国,能够将货物配送到全国各地,同时可以实现对国际快递的配送。

② 安全可靠。作为国家级平台,中国邮政拥有完善的物流配送体系和质量监控体系,邮政物流能够保证货物的安全、可靠、及时配送。

③ 价格优惠。相较于其他国际快递巨头企业,邮政物流的价格更加优惠,能够为企业提供更经济实惠的物流服务。

(3)邮政物流在跨境电商背景下的发展趋势。

跨境电商邮政物流的发展趋势主要体现在以下几个方面。

① 加强技术创新。邮政物流需要加强技术创新,推动物流信息化、智能化发展,提高物流运营效率。

② 提高服务质量。邮政物流需要加强服务质量建设,提高配送效率和服务质

量，满足客户的需求。

③ 深化国际合作。邮政物流需要加强与国外快递企业的合作，扩大国际物流服务范围，提高国际物流配送效率和服务水平。

④ 推动绿色物流。邮政物流需要推动绿色物流发展，提高物流配送环保性，减少环境污染。

2.1.3 万国邮政联盟

万国邮政联盟（Universal Postal Union，UPU），简称"万国邮联"或"邮联"，其标志如图2-2所示。万国邮政联盟是商定国际邮政事务的政府间国际组织，其前身是1874年10月9日成立的"邮政总联盟"，1878年改为现名。该组织从1978年7月1日起成为联合国关于国际邮政事务的专门机构，总部设在瑞士首都伯尔尼。

1. 历史沿革

邮政早在远古时期就已出现。16世纪，邮政超越国界，出现了国际邮政业务。18世纪，邮政最终变成公务机构，并逐渐向现代邮政发展。

图 2-2 万国邮政联盟标志

最初，根据每个国家的特殊需要，国家间签订双边协定交换国际邮件，邮资千差万别，计价的货币种类繁多，重量单位与级别各不相同，使业务复杂化，阻碍了邮政的发展。汽轮机动船和铁路的出现，使邮政得到进一步发展。各国邮政主管部门认识到，为了加快国际邮件的交换，跟上运输工具发展的步伐，应简化交换手续，特别要降低资费并使之标准化。1840年，英国根据罗兰·希尔的提议，统一了国内信函资费，从此诞生了邮票。

1862年，美国邮政部长蒙哥马利·布莱尔提议召开国际会议。会议于1863年5月11日在巴黎举行，欧洲和美洲15个国家派代表出席。会议通过了一些一般性原则，供各国邮政主管部门在与其他国家邮政主管部门签订邮政公约时参考。

需要指出的是，在双边协定的范围内，依靠实施统一的规则来改善邮政业务，已经满足不了因国际关系迅速发展而日益增长的邮政业务的需要。

1868年，北德意志联邦邮政部门的高级官员亨利·德·斯特凡提出建立邮政联盟的设想。

1874年9月15日，22个国家的代表在瑞士首都伯尔尼举行会议，这些国家包括德国、奥地利、匈牙利、比利时、丹麦、埃及、西班牙、美国、法国、英国、希腊、意大利、卢森堡、挪威、荷兰、葡萄牙、罗马尼亚、俄国、塞尔维亚、瑞典、瑞士和土耳其。

与会代表签署了《关于创设邮政总联盟条约》（又称《伯尔尼条约》），根据该条约成立"邮政总联盟"，并批准了第一个国际邮政业务集体公约。该公约于1875年7月1日生效。3年后，邮政总联盟在巴黎举行第二次代表大会，将名称改为"万国邮政联盟"。

2. 宗旨和原则

赞成万国邮政联盟组织法的各国，以万国邮政联盟的名义，组成一个邮政领域，以便互换邮件，使转运自由在整个邮联领域内得到保证。

万国邮政联盟的宗旨在于组织和改善国际邮政业务，通过邮政业务的有效运作，发展各国人民之间的联系，促进文化、社会与经济领域的国际合作，在力所能及的范围内，为成员国提供邮政技术援助。

3. 主要特点

（1）全球覆盖。

邮政网络覆盖全球，确保世界各地的人们可以获得高效、可靠、安全和廉价的电子支付服务。

（2）全球网络。

万国邮政联盟的使命就是帮助各国建立一个全球电子邮政支付网络。在这方面，它已经开发出了邮政支付服务协议和法规形式的法律框架，通过邮政技术中心、国际金融系统，允许邮政运营商提供汇款服务。

目前，万国邮政联盟的网络已经覆盖220个国家与地区，比其他任何物流渠道的网络覆盖都要广泛，只要设有邮局的国家，就可以通邮。中国邮政是该组织的成员，意味着邮政产品的用户使用邮政物流，就可以享受便捷、通畅、高效的物流服务。

2.2 邮政物流产品分类

引导案例

浙江邮政深耕国际业务市场

2022年12月初，浙江省启动"千团万企拓市场抢订单行动"。浙江省邮政分公司（简称"浙江邮政"）积极助力跨境电商企业发展，为客户提供专业、高效、全面的国际寄递服务，助力国货跨境出海。2022年12月至2023年1月，浙江邮政日均发运国际邮件量超80吨。截至2023年4月底，累计发货总量达6298吨。

1. 推广中邮海外仓，提供"一站式"服务

经过细致的市场调研，浙江邮政以"集中调配货物、缩短物流距离"为切入点，组建海外仓项目团队，收集客户信息，走访潜在客户，为企业提供"海外仓储＋配送"的"一站式"服务，并制定精准的发货时间表与海外仓全环节流程图，有效地为企业解决了跨境物流时效长、邮件破损率高等难题，帮助企业在保产稳收的同时，开拓市场、增加销量，获得各大平台和企业的认可。

近年来，跨境电商平台日益发展壮大，客户对物流时效的要求也越来越高。为了更好地解决发货速度慢、等待时间长等问题，金威国际贸易公司尝试通过中邮海外仓发货。该企业接到海外订单后，直接从海外仓发货，在当地配送，邮件时效更快，破损率更低，资费也更便宜。

杭州市萧山区邮政分公司近年来逐步拓展海外仓业务，现有14家客户使用中邮海外仓业务，大多数为工贸一体规模型企业。这类企业往往对服务品牌、规范及服务覆盖程度和售后服务等方面有诸多考虑。多位企业负责人表示，中邮海外仓为他们的海外业务拓展提供了强有力的支撑，减少了企业的后顾之忧，也增强了企业继续拓展海外业务的信心。2022年，杭州市萧山区邮政分公司海外仓业务收入同比增长285%。

2. 开展国际集运服务，助力"逆向海淘"

随着跨境电商的蓬勃发展，海外人士通过国内电商平台购买中国商品的"逆向海淘"迅速兴起，价格较低的集运发货也成了首选的发货形式。随之而来的是，越来越多的经营集运业务的企业急切寻找性价比高的渠道发货。

与义乌市邮政分公司有多年合作关系的合道电子商务有限公司负责人胡志鹏表示:"公司自2016年开展跨境平台集货业务以来,就一直与义乌市邮政分公司保持紧密的合作关系。为满足各类采购商和消费者的需求,公司在选择物流渠道时更重视整体服务的稳定性、可靠性,也会着重考虑过往相互配合的默契程度。"胡志鹏坦言,近几年面对复杂的国内、国外环境,从义乌到日本大阪的国际货运邮政航线依然保持高频运行,解了公司的燃眉之急,这段经历加深了他们与邮政之间的信任。

为了能够更好地助力"中国制造"走向全球,浙江邮政因地制宜,充分发挥邮政渠道在清关、计泡等方面的优势,通过包机、包舱、包板等形式,为集运客户提供"收货—理货—打包—发运"一系列服务。同时,浙江邮政提供客服,全程跟踪邮件信息,并实时与客户保持沟通,遇到问题及时响应,积极妥善处理问题,确保让客户放心和满意。

3. 拓展渠道,提高运能,保障客户发运需求

面对激增的发运需求和国际运能紧张的局面,浙江邮政寄递事业部积极与承运商沟通,深度整合邮政渠道与商业渠道,在温州、义乌至日本邮政航运专线的基础上,在杭州、宁波口岸集采社会运能作为补充,在河南郑州口岸补充采购欧美线路运能,实现出口运能全覆盖。同时,为客户制定综合解决方案,选择最佳发运渠道,确保客户的货物能够及时发运、安全到达目的地。

宁波市邮政分公司联合当地20余家优质海运渠道供应商,建立宁波海运集拼中心,为本地客户提供中速快运"港到港"整柜、拼柜、海铁联运等服务。2022年10月,宁波市邮政分公司还推出发往日本横滨的海运包裹业务,打通了从宁波到日本的海、空渠道,拓宽了国际邮件发运渠道。"我们跟邮政合作已经3年了。邮政渠道既快捷又安全,我们肯定会长期合作的。"宁波诺达供应链科技有限公司总经理陈立成说。

2022年11月18日,宁波国际邮件互换中心开始运营,为宁波发展空港、海港、邮路、铁路等多式联运增添新动力。宁波邮政国际分公司总经理朱哲弘介绍,该中心在满足企业实际需求的同时,叠加商业快件、海运包裹、中邮海外仓宁波中转仓、跨境电商仓储等服务,助力本地消费者和企业"买全球""卖全球"。

(资料来源:《中国邮政报》)

思考：

1. 目前中国邮政主打的物流产品有哪些？
2. 针对跨境电商，中国邮政为什么有那么多物流产品与服务？

相关知识

中国邮政的产品可分为邮政小包、e邮宝、e特快、e包裹、e速宝几类。下面针对这些产品进行详细介绍。

2.2.1 邮政小包

1. 产品定义

"邮政小包"又称电子商务小包（见图2-3），是中国邮政专门针对国内轻小件寄递市场推出的全新产品，重点关注电商行业的各类寄递需求，向协议客户提供个性化服务，实行批量交寄、预约投递、上门签收，投递过程通过短信通知。通过邮政服务寄往国外的小邮包，称为国际小包。国际小包分为普通空邮和挂号两种。前者费率较低，不提供跟踪查询服务；后者费率稍高，可以提供网上跟踪查询服务。

中国邮政小包和中国香港小包、瑞士小包、瑞典小包、新加坡邮政小包等一样，是针对小件物品的空邮产品，可将商品寄达全球200多个国家的邮政网点。它是中国邮政作为专业的跨国电商物流供应商，为电商商家提供的一个服务全面、价格合理的邮递方案。

图2-3 邮政小包

2. 邮政小包的优势

在速卖通或其他平台的外贸业务中，在可以选择的几种物流方式中，邮政小包具有以下优势。

（1）通邮范围广。

邮政国际小包可以邮寄到全球200多个国家和地区，只要有邮政机构的地方都可以送达，大大扩展了商家的市场空间，有利于拓展国外市场。另外，其适用的货物范围很广，一般没有特别限制。

（2）邮寄便捷。

邮政小包免去了各种繁杂的手续和单证，计费方式全球统一，以"克"为重量单位计算费用，不计首重和续重，大大简化了运费核算与成本控制过程，交寄方便。

（3）价格优惠。

中国邮政是万国邮政联盟成员，相对于其他运输方式（如 EMS、国内民营快递等），邮政小包有绝对的价格优势，商家采用此种发货方式可以最大限度地降低成本，提升价格竞争力。

（4）通关能力强。

中国邮政是万国邮政联盟成员，而且是卡哈拉组织的成员，在海关清关时一般不会发生物品被扣的情况，通常也不会产生其他费用，通关效率很高。

3. 发货注意事项

（1）邮政小包必须按照规定包装。例如，不能使用塑料袋和塑料编织袋等包装材料。

（2）包裹面单上必须有清晰的收件人与寄件人的姓名、电话、地址、邮编等联系方式。收件人、寄件人的地址必须是英文的，不能是其他语言文字。

（3）在包装上粘贴中国邮政格式的报关单。

（4）邮政小包报关单上的物品、数量、重量及价值等信息必须由客户填写。

（5）不可以寄送国际航空条款规定的不能邮寄或限制邮寄的货物，如粉末、液体、易燃易爆等危险品。

（6）不可运送侵权产品、现金及有价证券等。

4. 发货时效

正常情况：16～35 天到达目的地。

特殊情况：35～60 天到达目的地，特殊情况包括节假日、政策调整、偏远地区等。

时效承诺：承诺货物 60 天内必达（遇不可抗力与海关验关除外），因物流商原因在承诺时间内未妥投而引起的纠纷赔款，由物流商承担。速卖通订单，按照订单在平台的实际成交价赔偿，最高不超过 300 元人民币。

5. 重量、尺寸限制

（1）重量限制：限重 2 千克。

（2）体积限制。

①非圆筒货物：长＋宽＋高≤90厘米，单边长度≤60厘米，长度≥14厘米，宽度≥9厘米。

②圆筒形货物：直径的两倍＋长度≤104厘米，单边长度≤90厘米，直径的两倍＋长度≥17厘米，长度≥10厘米。

6. 中国邮政小包与其他国家邮政小包的比较

邮政小包目前是跨境电商商家使用最广泛的物流产品，也是入门级物流选择方案。下面给出市场上主流邮政小包产品的特点和优势。

（1）中国邮政小包，价格优势明显，线路覆盖广。

中国邮政小包是市场上最有价格优势的小包产品，被广泛运用。有商家举例，发1千克重的邮政小包到南美洲、非洲，基础收费为120元，到亚洲邻国为80～90元，到其他地区均价为100元左右。在这个基础上加8元挂号费，乘以各地货运代理商提供的折扣，是最终的发货成本。相较之下，其他小包基础收费鲜有折扣，甚至会高一个档次收费，成本优势都不如中国邮政小包。

总体来说，中国邮政小包总体时效尚可。不过，无论是价格还是时效，它都不太稳定。当然，其物流信息上网速度是最快的，只需要1～2个工作日，在国内清关也有优势。目前，北京、上海、广州、深圳、天津、广州是中国邮政发货较快的城市，内陆城市的折扣则比较高。

（2）中国香港邮政小包，历史最长，综合质量较高。

中国香港邮政小包最早被用于跨境电商领域，综合质量较高，各个指标较稳定。

在普货配送方面，中国香港邮政小包是时效、价格、清关较为稳定的产品。另外，其丢包现象较少。就综合质量而言，中国香港邮政小包是各种邮政小包中的理想选择，主要市场发货都适用，客户体验更有保障，因物流引发的售后问题相对较少。

在价格方面，中国香港邮政挂号小包比中国邮政挂号小包略贵。不过，在所有邮政小包中，它还是价格较优的产品，其平邮的性价比尤高，几乎没有对手。

值得注意的是，通过中国香港邮政小包发货，需要将货物转运到香港，这和内地邮政发货不一样，物流信息上网时效是2～4个工作日，稍慢。当然，这不影响总体时效，也不排除个别货运代理商能做到承诺的物流信息次日上网。

（3）新加坡邮政小包：带电小包曾是其王牌，价格较优。

新加坡邮政小包是三大邮政小包之一，带电小包（货物带有电池）曾是其

"王牌"。新加坡邮政小包在东南亚地区有优势,在三大邮政小包中,成本优势仅次于中国邮政挂号小包。

中国邮政小包和中国香港邮政小包都限制带电产品,新加坡邮政小包是带电产品主要出货渠道,就成本优势而言,仅次于中国邮政小包。

对于东南亚市场而言,新加坡邮政的配送服务、时效及收费均具有优势。此外,根据官方资料,新加坡邮政小包发货到西欧国家时效为10~15个工作日。

(4)德国、比利时、瑞士、荷兰等国邮政小包:时效快,配送稳,是将货物发往欧洲的理想选择。

这些邮政小包产品促进了邮政小包整体服务水平的提升。其时效性和稳定性要好很多,所发物品可带有电池。

例如,使用德国邮政小包将商品寄到英国、法国、德国只需5~8个工作日,部分线路可发带电产品。瑞士邮政小包最快时效能做到10个工作日,也支持带电产品。对带电产品来说,由本土邮政承运,清关能力强,在欧盟境内一般无须二次清关,稳定性好,配送及时,丢包现象少。

这些邮政小包产品的价格优势不是那么明显,若商家想提升客户体验,则不失为理想的选择。

值得注意的是,瑞士不是欧盟国家,通过瑞士邮政发往欧盟国家的物品,需要二次清关。物品在一些欧盟国家(如意大利、德国等)较易卡关,时效也会打折。不过,发往比利时、西班牙、荷兰、瑞典、挪威、芬兰、丹麦,还有其他欧洲小国的物品,一般8~15天妥投。目前,比利时邮政小包和荷兰邮政小包都支持带电产品。

(5)瑞典、马来西亚邮政小包:支持带电产品,超平价。

瑞典、马来西亚邮政小包较中国香港邮政小包和新加坡邮政小包价格优势明显。官方宣传超平价,支持带电产品。

瑞典邮政小包发往美国、加拿大、欧洲的时效一般为20~30天,不算突出,但支持带电产品,无须特殊包装,增加了优势。马来西亚邮政挂号小包支持所有带电产品,无须特殊包装,同样是超平价邮政小包产品。对于注重成本的商家来说,这两个邮政小包产品提供了更大的选择余地。

7. 使用邮政小包的注意事项

(1)邮政小包没有不丢包的,中间环节多,能看到节点信息,却不能查出是哪个环节出了问题,以及时止损,或者追责,所以更适合货值较低的商品。

（2）在有些国家邮政小包不能查是否妥投，挂号也不行，存在一定的风险，要么关闭对该国的交易，要么更换物流方式。此外，有些国家邮政小包延误严重，丢包率居高不下，若无理想的解决方案，发往这些国家的商品最好不使用邮政小包。

（3）邮政小包时效长，到货时间不确定，导致客户对物流动态的咨询剧增。为了降低这部分客服工作和损耗，可以事先给客户发信息，进行友情提示，强调平均时效，或自动发邮件告诉客户在哪个时间来询问比较合适。

（4）不同的邮政小包，在不同地区的清关、时效上有不同的优势，所以商家可以考虑通过多渠道发货。使用邮政小包，在旺季对工作人员而言是很大的挑战，建议多渠道分流，采用更好的物流产品分担压力，降低风险。

2.2.2　e邮宝

1. 产品定义

e邮宝是中国邮政为适应国际电商寄递市场的需要，为国内电商商家量身定制的一款全新经济型国际邮递产品，是针对轻小件物品的空邮产品。目前，该业务限于为国内电商商家寄件人提供发往美国、加拿大、英国、法国和澳大利亚的包裹寄递服务。e邮宝标志如图2-4所示。

图2-4　e邮宝标志

2. 产品优势

（1）经济实惠。支持按总重计费，首重为50克，续重按照每克计算，免收挂号费。

（2）时效快。7~10天即可妥投，可以帮助商家提高物流得分。

（3）专业。为我国eBay、速卖通商家量身定制。

（4）服务优良。提供包裹跟踪号，系统与eBay平台完美对接，可以进行一站式操作。

3. 递送时效

国际e邮宝在正常情况下7~10个工作日即可完成投递工作，在国内段使用EMS网络发运；邮件至美国后，美国邮政通过其国内一类函件网（First Class）投递邮件。通关采用国际领先的电子报关系统，保障用户投递的包裹迅速准确地运抵目的地。

4. 跟踪查询服务

在中国邮政和美国邮政（USPS）网站都可以查询物流信息，通过 eBay 客户的"my eBay"也可以查询。因为中美邮政交换信息有时延，所以中国邮政 EMS 网站上显示收寄和离开口岸的信息比美国邮政网站显示的信息早，而美国邮政网站显示邮件到达美国处理中心的信息比中国邮政显示的信息早。

5. 重量、体积限制

（1）重量限制。单件最高限重 2 千克。

（2）体积限制。

① 单件最大尺寸：长、宽、厚合计不超过 90 厘米，最长一边不超过 60 厘米。圆卷邮件直径的两倍和长度，合计不超过 104 厘米，长度不得超过 90 厘米。

② 单件最小尺寸：长度不小于 14 厘米，宽度不小于 11 厘米。圆卷邮件直径的两倍和长度，合计不小于 17 厘米，长度不小于 11 厘米。

2.2.3　e 特快

1. 产品定义

e 特快是为了适应跨境电商高价值物品寄递市场的需要，为我国电商商家推出的国际速递产品，是对现有 EMS 业务的优化和升级。e 特快标志如图 2-5 所示。e 特快通过在线发运和优化处理方式，提高邮件的稳定性和时效性。其市场定位是针对 B2C、B2B 市场电商商家较高端的物流需求。

图 2-5　e 特快标志

e 特快运送的商品涉及 3C 产品、婚纱、汽车配件、家具、园艺、安防、户外用品等，一般商品价值相对较高（50～200 美元）。

2. 产品特点

在线发运，邮件便捷清关，时效快速稳定（欧美国家 3～5 个工作日，日本、韩国 1～3 个工作日），物流信息可以全程跟踪查询，从 50 克起按续重计费，价格贴近市场，提供查询、签收和赔偿业务。

3. 渠道特点

全程使用中国邮政 EMS 网络，保证较快的处理时效。

4. 体积重量限制

e 特快体积重量限制如表 2-1 所示。

表2-1　e特快体积重量限制

通达国家或地区	最高限重/千克	最大尺寸限制/米
中国香港	40	标准 1
中国台湾、新加坡、韩国、英国、法国、加拿大、荷兰、俄罗斯、乌克兰	30	标准 1
澳大利亚、巴西	30	标准 2
日本	30	标准 3
西班牙、白俄罗斯	20	标准 1

标准 1：任何一边的尺寸都不得超过 1.5 米，长度和长度以外的最大横周合计不得超过 3 米。
标准 2：任何一边的尺寸都不得超过 1.05 米，长度和长度以外的最大横周合计不得超过 2 米。
标准 3：东京、大阪指定区域为 1.8 米 ×3 米，其他地区执行标准 1。

2.2.4　e包裹

1. 产品定义

e 包裹是中国邮政与美国邮政联合设计的，完善美国路线现有物流产品体系，适应跨境电商重件市场需求而推出的经济型物流产品。

2. 产品特点

（1）服务电商平台寄递较重物品的商家。

（2）全程信息化数据交换。

（3）国内段使用 EMS 发运网络，在境外纳入美国邮政的优先包裹进行投递。

（4）时效稳定。

（5）唯一性。目前仅开通美国路线。

3. e 包裹与 e 邮宝的比较

e 包裹与 e 邮宝的比较如图 2-6 所示。

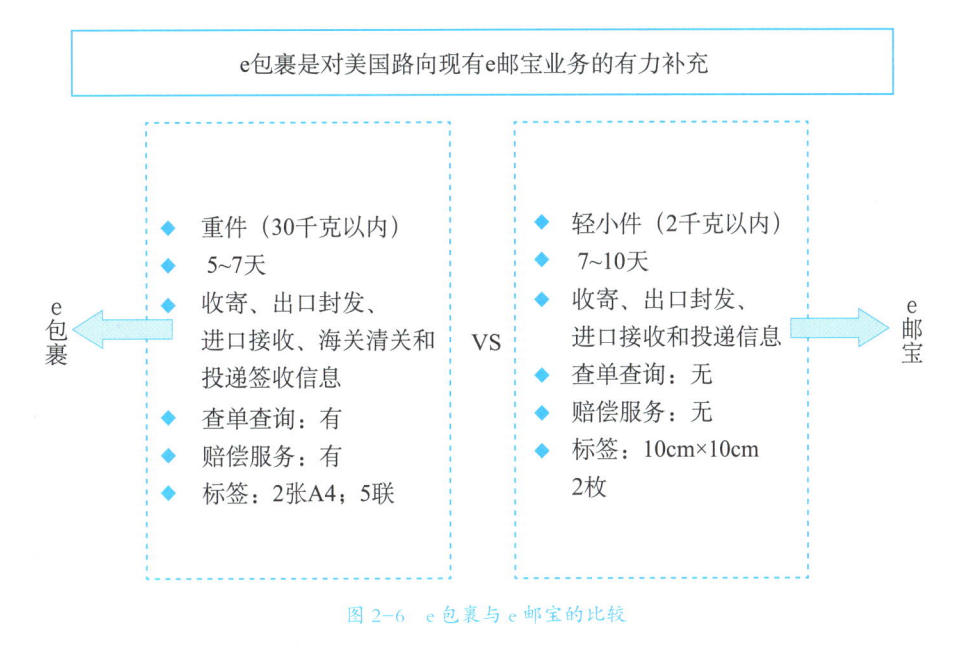

```
┌─────────────────────────────────────────────────────┐
│        e包裹是对美国路向现有e邮宝业务的有力补充        │
└─────────────────────────────────────────────────────┘
```

e 包裹 ⟷
- 重件（30千克以内）
- 5~7天
- 收寄、出口封发、进口接收、海关清关和投递签收信息
- 查单查询：有
- 赔偿服务：有
- 标签：2张A4；5联

VS

⟷ e 邮宝
- 轻小件（2千克以内）
- 7~10天
- 收寄、出口封发、进口接收和投递信息
- 查单查询：无
- 赔偿服务：无
- 标签：10cm×10cm 2枚

图 2-6　e 包裹与 e 邮宝的比较

2.2.5　e 速宝

1. 产品定义

e 速宝是跨境电商商业物流渠道解决方案的构成产品。e 速宝标志如图 2-7 所示。其通过与商业渠道合作，采取商业方式清关，包裹落地纳入当地的国内投递网络（商业或当地邮政）。它是对邮政渠道 e 邮宝业务的补充。

图 2-7　e 速宝标志

2. 产品特点

（1）单件限重 2~3 千克。

（2）目标市场针对跨境电商轻小件。

（3）中国邮政负责客户开发和国内运输，渠道商负责国内清关、国际运输、境外清关与投递。

3. 合作的商业渠道

e速宝与赛城公司合作开办了澳大利亚路向e速宝；与永兴公司合作开办了德国e速宝，与迦递公司合作开办了印度e速宝，与Sky Postal公司合作开办了南美e速宝。

2.3 邮政物流费用计算

引导案例

速卖通运费报价，居然吓跑了客户

越来越多的商家依托速卖通平台开展跨境电商业务，一个商家收到了速卖通平台的第一个订单。虽然消费者只买了一件商品，但还是让她激动了半天。然而，当商家兴奋地打开订单的时候，发现订单详情里面显示的物流费用居然高达458.56美元（速卖通系统自动给出），如图2-8所示。寄一件衣服去美国要四五百美元吗？这都抵上差不多三件衣服的价格了。

产品单价	产品数量	物流费用	订单总额
USD 154.64	×1 Piece	+ EMS USD 458.56	= USD 613.20

图2-8 物流费用

她仔细一看，在订单详情里，产品重量是每件4千克，没有问题。产品包装尺寸是：每件55×65×55（厘米^3）。"每件，"她心中念着，"不对，55×65×55（厘米^3）是我们以前做大单的时候一个标准箱的体积，可以装6件衣服。像EMS国际件，算快递运费的时候，是在体积重量和实际重量中选择较高的一个值来算的。照我填的体积，如果商家选择EMS的话，那体积重量就是，长×宽×高÷6000=55×65×55÷6000≈32.77（千克）。这样，算出来的体积重量是实际重量的8倍多，这件商品的运费也就高得离谱了。"

思考:

1. 这个商家犯错的原因在哪里?
2. 你对邮政物流的运费体系清楚吗?
3. 如果以上货物选择邮政物流,那么选择哪个物流产品比较合适?

相关知识

2.3.1 邮政小包收费标准

邮政小包的价格是按照包裹的重量计费的,1克起重,每个单件包裹限重在2千克以内。

邮政小包不同国家或地区收费标准,如表2-2所示。

表2-2 邮政小包不同国家或地区收费标准

国家或地区	每千克配送服务费原价*/元	每件包裹挂号服务费/元
日本	58.90	8
韩国、马来西亚、泰国、新加坡、印度、印度尼西亚	67.93	8
爱尔兰、奥地利、澳大利亚、保加利亚、比利时、波兰、丹麦、德国、芬兰、荷兰、捷克、克罗地亚、挪威、葡萄牙、瑞典、瑞士、斯洛伐克、希腊、匈牙利、以色列、意大利	76.95	8
土耳其、新西兰	80.75	8
阿曼、阿塞拜疆、爱沙尼亚、巴基斯坦、巴勒斯坦、白俄罗斯、波黑、朝鲜、法国、菲律宾、哈萨克斯坦、吉尔吉斯斯坦、加拿大、卡塔尔、拉脱维亚、立陶宛、卢森堡、罗马尼亚、马耳他、美国、蒙古国、塞浦路斯、沙特阿拉伯、斯里兰卡、斯洛文尼亚、塔吉克斯坦、土库曼斯坦、乌克兰、乌兹别克斯坦、西班牙、叙利亚、亚美尼亚、英国、越南	85.98	8
俄罗斯	86.67	8
南非	99.75	8

续表

国家或地区	每千克配送服务费原价*/元	每件包裹挂号服务费/元
阿根廷、巴西、墨西哥	104.50	8
阿富汗、阿拉伯联合酋长国、巴林、不丹、东帝汶、柬埔寨、科威特、老挝、黎巴嫩、马尔代夫、孟加拉国、秘鲁、缅甸、尼泊尔、文莱、也门、伊拉克、伊朗、约旦、智利	114.00	8
阿尔巴尼亚、安道尔、冰岛、法罗群岛、梵蒂冈、格鲁吉亚、黑山、列支敦士登、马其顿、摩尔多瓦、摩纳哥、塞尔维亚、圣马力诺、直布罗陀	140.13	8
阿尔及利亚、阿鲁巴、阿松森岛、埃及、埃塞俄比亚、安哥拉、安圭拉、安提瓜和巴布达、巴巴多斯、巴布亚新几内亚、巴哈马、巴拉圭、巴拿马、百慕大、北马里亚纳群岛、贝宁、波多黎各、玻利维亚、伯利兹、博茨瓦纳、布基纳法索、布隆迪、布维岛、赤道几内亚、多哥、多米尼加、厄瓜多尔、厄立特里亚、法属波利尼西亚、法属圭亚那、法属南部领土、斐济、佛得角、福克兰群岛（马尔维纳斯群岛）、复活岛、冈比亚、刚果（布）、刚果（金）、哥伦比亚、哥斯达黎加、格林纳达、格陵兰、古巴、瓜德罗普、关岛、圭亚那、海地、荷属安的列斯、赫德岛和麦克唐那岛、洪都拉斯、基里巴斯、吉布提、几内亚、几内亚比绍、加纳、加纳利群岛、加蓬、津巴布韦、喀麦隆、卡奔达、开曼群岛、科科斯（基林）群岛、科摩罗、科特迪瓦、肯尼亚、库克群岛、莱索托	167.20	8
利比里亚、利比亚、留尼汪、卢旺达、马达加斯加、马拉维、马里、马绍尔群岛、马提尼克、马约特、毛里求斯、毛里塔尼亚、美国本土外小岛屿、美属萨摩亚、美属维尔京群岛、蒙特塞拉特、密克罗尼西亚、摩洛哥、莫桑比克、纳米比亚、南乔治亚岛和南桑德韦奇岛、瑙鲁、尼加拉瓜、尼日尔、尼日利亚、纽埃、诺福克岛、帕劳、皮特凯恩、萨尔瓦多、塞拉利昂、塞内加尔、塞舌尔、荷属安的列斯群岛、圣诞岛、圣多美和普林西比、圣赫勒拿、圣基茨和尼维斯、圣卢西亚、圣皮埃尔和密克隆、圣文森特和格林纳丁斯、斯瓦尔巴岛和扬马延岛、斯威士兰、苏丹、苏里南、所罗门群岛、索马里、坦桑尼亚、汤加、特克斯和凯科斯群岛、特里斯达库尼亚、特立尼达和多巴哥、突尼斯、图瓦卢、托克劳、瓦利斯和富图纳、瓦努阿图、危地马拉、委内瑞拉、乌干达、乌拉圭、西撒哈拉、萨摩亚、新喀里多尼亚、牙买加、亚速尔群岛、伊夫尼、英属维尔京群岛、英属印度洋领地、约翰斯敦岛、赞比亚、扎伊尔、乍得、中非	167.20	8

说明：总费用＝公布价 × 重量＋挂号服务费

＊ 根据包裹重量，以克为单位计费。

2.3.2　e邮宝收费标准

e邮宝不同区域的收费标准，如表2-3所示。

表2-3　e邮宝不同区域的收费标准

区域	路向	每克运费/元		每件处理费/元	起寄重量/克	详情单单号（前缀/后缀）
		<200克	≥200克			
美洲	美国	0.08	0.075	9	50	LT/CN（其他）
	美国（eBay）	0.074				LK/CN（eBay）
	美国（Wish）	0.075				LN/CN（Wish）
	加拿大	0.065		19	1	LM/CN
	墨西哥	0.09		22	1	LX/CN
	巴西（武汉）	0.085		25	1	LX/CN
大洋洲	新西兰	0.07		9	50	LX/CN
	澳大利亚	0.06		19	1	LX
欧洲	俄罗斯（武汉）	0.085		8	50	LM/CN（非eBay）
	俄罗斯（湖北）	0.092				LQ/CN（eBay）LM/CN（非eBay）
	乌克兰	0.1		8	50	LM/CN
	英国	0.065		17	1	AG/CN（eBay）LX/CN（非eBay）
	法国	0.06		19	1	LM/CN
	德国	0.06		19	1	LM/CN
	挪威	0.065		19	1	LM/CN
	奥地利	0.06		22	1	LX/CN

续表

区域	路向	每克运费/元 <200克	每克运费/元 ≥200克	每件处理费/元	起寄重量/克	详情单单号（前缀/后缀）
欧洲	比利时	0.06		22	1	LX/CN
	瑞士	0.06		22	1	LX/CN
	丹麦	0.06		22	1	LX/CN
	匈牙利	0.06		22	1	LX/CN
	意大利	0.06		22	1	LX/CN
	卢森堡	0.06		22	1	LX/CN
	荷兰	0.06		22	1	LX/CN
	波兰	0.06		22	1	LX/CN
	瑞典	0.06		22	1	LX/CN
	土耳其	0.06		22	1	LX/CN
	芬兰	0.065		22	1	LX/CN
	爱尔兰	0.065		22	1	LX/CN
	葡萄牙	0.065		22	1	LX/CN
亚洲	以色列	0.065		17	1	LX/CN
	中国香港	0.035		22	1	LX/CN
	韩国	0.04		22	1	LX/CN
	马来西亚	0.045		22	1	LX/CN
	新加坡	0.045		22	1	LX/CN
	沙特阿拉伯	0.05		26	1	LM/CN

说明：总运费＝处理费＋运费

2.3.3 e特快收费标准

e特快不同区域的收费标准,如表2-4所示。

表2-4 e特快不同区域的收费标准

序号	路向	首重50克/元	续重50克/元	详情单单号(前缀/后缀)
1	中国香港	48	0.5	EV/CN
2	俄罗斯	60	4	
3	澳大利亚	69	3	
4	日本	35	1.5	
5	韩国	35	1.2	
6	新加坡	70	1.2	
7	英国	70	2	
8	法国	105	2	
9	巴西	115	4	
10	西班牙	85	2.2	
11	荷兰	91	2	
12	加拿大	105	3	
13	乌克兰	120	2.5	
14	白俄罗斯	120	2.5	
15	其他	价格同EMS,500克起重	价格同EMS,500克续重	

说明:总运费=首重运费+续重运费

2.3.4 e包裹服务内容与收费标准

e包裹服务内容与收费标准,如表2-5所示。

表2-5　e包裹服务内容与收费标准

项　目	说　明
通达路向	美国
资费标准	首重 500 克 60 元，续重 500 克 30 元
时限标准	全程 5～7 个工作日，不提供时限承诺
重量	单件最高限重 30 千克
尺寸	邮件单边长度不超过 1.52 米，长度和长度以外的最大横周合计不超过 2.74 米
赔偿	提供赔偿服务 赔偿标准：每件不超过 2×首重资费 +2 元 /50 克
退件	对于无法投递或收件人拒收邮件，按照国际包裹标准退件收费标准，收取 e 包裹退件费
详情单单号（前缀/后缀）	CX/CN（提供投递确认服务）

2.3.5　e速宝收费标准

e 速宝收费标准，如表 2-6 所示。

表2-6　e速宝收费标准

路　向	费　用		详情单单号（前缀/后缀）
	每件处理费/元	每克运费/元	
澳大利亚	9	0.09（起重 50 克）	A+12 个数字

说明：总运费＝处理费＋运费

实践项目操作

1. 实践项目

根据本章涉及的邮政物流，在网络上选择一款重量 1～2 千克的商品，查询相关物流供应商的最新报价，计算该货物的邮政物流费用。

2. 实践目的

通过信息查询、数据收集、电话咨询、知识回顾，加深对邮政物流的了解。

3. 实践要求

请根据本章所学内容，针对邮政小包、e特快、e包裹、e邮宝、e速宝 5 种物流产品，进行差价比较，完成如表 2-7 所示的表格，并给出你的总体评价。

表2-7　根据所学内容完成比价和评价

商品名称				发货地		
商品重量				目的国		
商品体积				备注		
序号	物流产品	重量限制	体积限制	时效性	运费	优点/缺点
1						
2						
3						
4						
5						
总体评价						

4. 实践结果

以小组为单位，建议 2 人 1 组，分工合作，共同完成比价和评价。

专业知识测试

一、选择题

1. 邮政物流，就是通过（　　）的物流网络，将本地货物送交国外消费者的运输体系。

　　A. EMS　　　　B. 邮政小包　　C. 中国邮政　　D. 国家邮政局

2. 目前最受速卖通商家欢迎，应用最广的物流方式是（   ）。
   A. 邮政小包　　B. 专线物流　　C. 国际快递　　D. 海外仓

3. 中国邮政产品有（   ）。
   A. e加急　　B. e小包　　C. e大包　　D. e特快

4. 以下描述正确的是（   ）。
   A. 中国邮政是网络覆盖范围最广的物流服务提供商
   B. 中国香港邮政小包发货方式同内地邮政小包一致
   C. 新加坡邮政最有特点的服务是能够运输危险品包裹
   D. 邮政小包的计算，需要考虑泡重

5. 关于万国邮政联盟，对其正确的理解是（   ）。
   A. 它是跨国跨网络的非政府组织
   B. 其前身是"邮政总联盟"
   C. 邮政联盟的宗旨在于促进文化教育的交流
   D. 其特点为通过全球网络迅速收件、派件

6. 在中国邮政推出的邮政物流产品中，通邮范围最广的是（   ）。
   A. e邮宝　　B. e包裹　　C. 邮政小包　　D. e速宝

7. 邮政小包限重为（   ）千克。
   A. 0.5　　B. 1　　C. 1.5　　D. 2

8. 适合使用e邮宝的是目的国为（   ）的货物。
   A. 日本　　B. 美国　　C. 瑞士　　D. 俄罗斯

9. 高价值的商品要使用中国邮政运送，一般可以考虑选择（   ）。
   A. e邮宝　　B. e包裹　　C. 邮政小包　　D. e特快

10. 如果商家选择e邮宝将商品发往墨西哥，则运费为（   ）元/克。
    A. 0.08　　B. 0.075　　C. 0.009　　D. 0.074

二．判断题（对的在括号中打"√"，错的在括号中打"×"）

1. 一个包裹，重1.1千克，选择使用邮政小包运送到日本，含挂号费，其费用为72.79元。（   ）

2. 通过e特快，将商品发往中国香港，首重50克为0.5元。（   ）

3. e包裹针对的发件区域为欧洲大部分地区。（   ）

4. e速宝只针对韩国、澳大利亚区域。（   ）

5. 同国际快递相比，邮政物流是比较经济的物流产品。（   ）

6. 中国邮政集团公司即中国国家邮政局，两者只是称谓不同。（   ）

7. 万国邮政联盟英文简称为"UPS"。（   ）

8. 通过邮政小包运送商品，一般在清关时可以避免扣关现象的发生。（   ）

9. 邮政小包可以使用塑料袋作为货物外包装。（   ）

10. 填写邮政小包及其他邮政物流面单时，收件人与寄件人地址必须是英文的。（   ）

三．简答题

1. 简要阐述邮政小包的特点。

2. 你觉得万国邮政联盟为什么会出现？背后的原因是什么？

3. e包裹与e邮宝在服务和价格上有何差异？

4. 其他国家的邮政小包有哪些特点？

5. 你觉得目前的中国邮政的物流产品存在哪些短板，应当如何改进？

第 3 章

国际快递

内容概述

"2023年是全球零售电商从震荡到企稳的重要节点。"亚马逊中国副总裁、亚马逊全球开店中国商家拓展负责人宋晓俊在2023年6月11日举行的第七届全球跨境电商峰会上表示。

宋晓俊表示,未来5年,全球零售电商年复合增长率预计维持在两位数以上。其中,拉丁美洲、中东、亚洲、东欧等地区增速将领先全球;而巴西、中东、土耳其、印度、墨西哥等新兴市场电商发展会更加亮眼。同时,世界各地电商零售渗透率仍然比较低,除我国之外的大多数国家,包括美国、德国、日本这些消费强国,电商渗透率只超过10%,有些国家处在个位数水平。这些造就了海外电商的巨大增长潜力,也增强了跨境电商强劲发展的确定性。

"近几年来,我国出口跨境电商展现出了强大韧性。"在宋晓俊看来,我国跨境电商企业早期聚焦消费电子、服装品类,而过去几年在家居、厨房、宠物、户外、运动等品类全面开花。现在,更有我国跨境电商企业凭借大规模IP潮玩、健身设备、储能等新兴品类在国际市场上打出知名度,为行业发展开辟了新的增长路线。

跨境电商的发展离不开物流的支持。随着人们对跨境电商物流时效性需求的提高,国际快递物流模式越来越受到消费者的追捧。国际快递能够为消费者提供高质量的物流服务,使消费者在进行跨境电商交易的过程中享受便捷的物流服务,为消费者带来良好的购物体验。

那么,什么是国际快递?国际快递有什么特点?国际快递与国内快递有何不同?著名的国际快递企业都有哪些?在寄国际包裹时如何选择国际快递企业?国际快递业务是如何开展的?另外,国际快递中有什么物品是禁运的?这些内容都将在本章中展开阐述。

知识目标

1. 了解国际快递的概念和特点、著名国际快递企业的基本情况、国际快递禁运物品及处理办法。
2. 熟悉著名国际快递企业业务的优点与缺点、国际快递运费划区。
3. 熟悉实际重量、体积重量、计费重量等概念。
4. 掌握国际快递业务流程及具体环节、国际快递费用的构成。
5. 掌握国际快递费用的计算方式。

能力目标

1. 能够根据实际情况选择合适的国际快递企业业务。
2. 能够寄送国际快递包裹。
3. 能够开展国际快递业务。
4. 能够正确计算国际快递费用。

3.1 认知国际快递

引导案例

国际快递包裹的奇妙之旅

我们先来看国内快递包裹。得益于发达的电商和物流基础设施,当你在京东、淘宝等电商平台下单时,很快就能收到商家寄出的商品。如果你选择京东、顺丰等物流商服务,那么甚至可以次日达或当日达。

但是,国际快递与国内快递不同,因为涉及进出口、跨国运输、集货配送等诸多环节。你在某品牌商家官网或亚马逊等电商平台下单后,往往需要等上一段时间才能收到包裹。

假设你是一个在美国洛杉矶的留学生,作为终端消费者,你在国内某品牌官网上买了一件物品,它的发货地是深圳。

接下来,这个国际快递包裹将经过以下七个环节,跨越万里来到你的手中。

(1)揽收:你在线上下单后,国内商家在深圳准备好货物并联系货运代理商,货运代理商给商家提供上门取件、制单等服务。

(2)集货:货运代理商或物流商把许多国际快递包裹集中到一起。

(3)出口清关:国际快递包裹被集中运输到深圳的盐田港,货运代理商协助办理报关手续。由专业持有报关证人员,持箱单、发票、报关委托书、出口结汇核销单、出口货物合同副本、出口商品检验证书等文本去海关办理通关手续。

(4)货物运输:国际物流运输不外乎三种方式——航运、空运与陆运,其中空运速度最快,但成本最高,所以往往使用成本最低、单次载重最大的航运进行集装箱运输。

(5)进口清关:货船从深圳盐田港出发,穿过太平洋到达美国西部的洛杉矶港后,需要完成进口清关手续。和出口清关类似,该流程需要准备许多的文件。

(6)货物分拨:办完进口手续,国际快递包裹顺利到达洛杉矶的货物分拨点,当地物流商进行分拨。

(7)尾程配送:国际快递包裹被配送到洛杉矶各地,最终由递送员送到你所在学校附近的快递点。

国际快递包裹运送流程如图 3-1 所示。

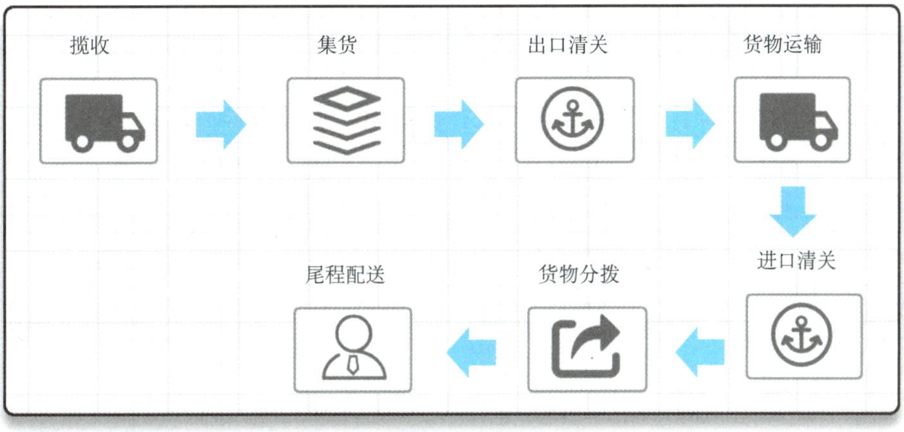

图 3-1　国际快递包裹运送流程

思考：

1. 什么是国际快递？
2. 国际快递有何特点？
3. 国际快递与国内快递有什么区别？
4. 国际快递邮件有哪些分类？
5. 著名的国际快递企业有哪些？

相关知识

3.1.1　国际快递的概念

国际快递是指在两个或两个以上国家（或地区）之间进行的快递、物流业务。跨国企业将自己生产的产品通过国际快递配送中心，根据货主的要求在一定的时间内打包、组配、送货，完成整个快递流程。

3.1.2　国际快递业务的特点

国际快递业务涉及不同国家和地区，比国内快递业务复杂，具有以下特点。

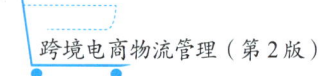

1. 业务流程更加复杂，影响因素更多

国际快递业务包含国内快递业务的操作环节，因为快件需要跨国流转，所以必须办理进出口报关手续。

国际快递涉及面广，情况复杂多变，涉及不同国家和地区的货主、商检机构、保险企业、银行或其他金融机构、海关、港口，以及各种中间代理商。各个国家和地区的法律、政策规定不一，贸易、运输习惯和经营方式不同，金融货币制度有差异，加之政治、经济和自然条件的变化，这些都会对国际快递运输产生较大的影响。

2. 交付速度更快

国际快递自诞生之日起就强调快速的服务，速度被称为整个行业的生存之本。一般洲际快件运送在 1~5 天内完成，地区内部只要 1~3 天。这样的运送速度，无论是传统的航空货运业，还是邮政运输业，都是很难达到的。

3. 过程更加安全可靠

国际快件运送自始至终是在同一家企业内部完成的，各企业分支操作规程相同，服务标准也基本相同，而且同一企业内部信息交流更加方便，对高价值易破损货物的保护更好，所以运输的安全性和可靠性也更好。

4. "门到门"，服务更方便

国际快递不仅通过航空运输，还通过其他运输方式进行末端配送，属于陆空联运。国际快递通过将服务由机场延伸至客户的仓库、办公桌，并对一般快件代为清关，真正实现了门到门服务，方便了客户。

5. 统一信息网络，即时信息反馈

针对不断发展的电子网络技术，国际快递企业采用电子数据交换系统，为客户提供更为便捷的网上服务。快递企业特有的全球计算机跟踪查询系统为客户提供即时查询服务。

3.1.3 国际快递和国内快递的主要区别

国际快递和国内快递的主要区别，如表 3-1 所示。

表3-1　国际快递和国内快递的主要区别

类　别	国际快递	国内快递
快递运输企业	EMS、TNT、DHL、UPS、FedEx、SF（顺丰）等	圆通、申通、韵达、顺丰、中通、京东等
产品包装信息	需要填写产品包装后的体积和重量，以便正确计算运费	不用填写
快递运费计算方法	按产品包装体积、重量、消费者所在地、采购量，再根据不同物流企业的不同运费标准和运费计算公式计算	一般按件计算
快递运费	快递费用差异大，比国内快递高出许多	一般5～15元，10元最普遍
货运时间	周期较长	周期短
货物跟踪信息	商家发货后，填写有效发货通知单和货运跟踪号，以方便货物跟踪和放款	

3.1.4　五大国际快递企业简介

1. DHL 简介

DHL（中文名为"中外运敦豪"）是全球著名的邮递和物流集团 Deutsche Post DHL 旗下企业，其标志如图 3-2 所示。DHL 主要包括以下几个业务部门：DHL Express、DHL Global Forwarding 和 DHL Supply China。

图 3-2　DHL 标志

1969 年，DHL 开设了第一条从旧金山到檀香山的速递运输航线，企业的名称"DHL"由三位创始人姓氏的首字母组成（Dalsey，Hillblom 和 Lynn）。不久之后，DHL 把航线扩张到中国香港、日本、菲律宾、澳大利亚和新加坡。

20 世纪 70 年代中后期，在致力于建立一个崭新的、提供全球门到门速递服务的网络的构想下，DHL 把航线扩展到南美洲、中东地区和非洲。从 2002 年开始，德国邮政控制了 DHL 全部股权并把旗下的 DHL 航空货运公司、丹沙公司及欧洲快运公司整合为新的 DHL 航空货运公司。2003 年，德国邮政又收购了美国的空运特快公司，并把它整合到 DHL 航空货运公司中。2005 年，德国邮政又收购了英国的英运物流（Exel），并把它整合到 DHL 航空货运公司中。

至此，DHL 航空货运公司速递公司拥有了世界上最完善的速递网络之一，可以到达 220 个国家和地区的 12 万个目的地。2007 年 1 月 26 日，DHL 宣布正式启动在中国国内的货物空运业务。

2. UPS 简介

UPS（中文名"优比速"，或称"联合包裹服务公司"）作为一家信使企业，在1907年成立于美国西雅图，其标志如图3-3所示。通过明确地致力于支持全球商业的目标，UPS如今已发展成拥有360亿美元资产的大企业。如今的UPS，是一家全球性企业，其商标是世界上最知名的商标之一。UPS是世界上最大的快递承运商与包裹递送企业，同时是专业的运输、物流、资本与电子商务服务的领导性的提供者。UPS每天都在世界上200多个国家和地区管理着物流、资金流与信息流。作为世界最大的包裹递送企业和全球领先的专业运输与物流服务的供应商，UPS结合货物流、信息流和资金流，不断开发物流、供应链管理和电子商务的新领域。

图3-3　UPS标志

每个工作日，UPS为180万个客户送邮包，收件人数高达600万人。该企业的主要业务是在美国国内并遍及其他200多个国家和地区。该企业已经建立规模庞大、可信度高的全球运输基础设施，开发出全面、富有竞争力并有担保的服务组合，并不断利用先进技术支持这些服务。该企业提供物流服务，其中包括一体化的供应链管理。

UPS的业务收入按照地区和运输方式来划分呈现出不同的分布特点。从地区来看，美国国内业务收入占总收入的89%，欧洲与亚洲业务收入占11%。从运输方式来看，美国国内陆地运输占54%、空中运输占19%、延迟运输占10%；对外运输占9%；非包裹业务占4%。

2001年1月10日，UPS收购Fritz集团公司旗下的加利福尼亚物流公司，并将该公司并入其不断拓展的物流业务中，使其成为规模更大的运输集团。

UPS的主要竞争对手有美国邮政服务（USPS）、FedEx和DHL。过去，UPS在廉价的地面快递市场中的竞争对手只有美国邮政服务，FedEx收购了道路包裹系统公司后也加入进来。与此同时，DHL收购了空运快递公司，增加了其在美国的市场占有率，也进一步加剧了地面快递市场的竞争。

3. FedEx 简介

FedEx（中文名为"联邦快递"），隶属美国FedEx集团（FedEx Corp），为客户和企业提供涵盖运输、电子商务和商业运作等全面服务，其标志如图3-4所示。

FedEx 创始人是美国耶鲁大学毕业生弗雷德里克·史密斯。史密斯是富有想象力的退伍军人。1971 年，他在美国阿肯色州小石城成立了"阿肯色航空公司"，1972 年购买了 33 架法国制造的小型喷气运输机。小石城当局不同意史密斯在机场设立作业基地，他便向孟菲斯市机场提出申请并得到了批准。1973 年，"阿肯色航空公司"迁入孟菲斯市，改名"FedEx 公司"。1979 年，FedEx 业务扩展到加拿大，1984 年又扩展到欧洲和亚太地区。1989 年，FedEx 以 8.8 亿美元兼并了飞虎航空公司（FLYING TIGER），1994 年正式使用现在的商标，1995 年收购 Evergreen International 公司并进入中国市场。被允许在中国大陆机场降落货机的国际航空企业，只有 FedEx 一家。

图 3-4　FedEx 标志

FedEx 集团通过相互竞争和协调管理的运营模式，提供综合的商务应用解决方案，年收入高达 320 亿美元。

FedEx 设有环球航空及陆运网络，通常只需一两个工作日，就能迅速运送时限紧迫的货件，而且能够确保准时送达，并且有"准时送达保证"承诺。自 2013 年 4 月 1 日起，FedEx 中国有限公司实施全球分销系统（GDS）中国区全境覆盖计划，在武汉设立中国区公路转运中心，正式将武汉作为全国公路转运枢纽，承担武汉至西安、郑州、长沙、南昌、上海、重庆、成都、广州 8 条公路干线、16 个往返班次的货物分拨与转运业务。

4. TNT 简介

"TNT" 是 "Thomas National Transport" 的简称，其标志如图 3-5 所示。

图 3-5　TNT 标志

TNT 是全球领先的快递邮政服务供应商，为企业和个人客户提供全方位的快递和邮政服务。1946 年，澳大利亚人托马斯（Thomas）在悉尼成立 TNT。1997 年，TNT 被荷兰邮政兼并，总部移至荷兰的阿姆斯特丹。TNT 的服务包括三项主流业务：现代物流、邮政服务、国际快递。TNT 以汽车零配件为中心的汽车物流服务誉满全球，多次获得国际大奖。

TNT 拥有分布于 200 多个国家和地区的 2331 个快递服务中心、国际转运中心及分拣中心，拥有 26760 辆运输车和 47 架飞机，以及欧洲最大的门到门空陆联运递送网络，是欧洲最大的快递企业，在欧洲市场占有率为 65%。2001—2003 年，TNT 连续 3 年被美国《财富》杂志评为全球最受推崇的货运与快递企业。

1988年，TNT进入中国，主要提供国际快递和国内陆运服务。它拥有26家国际快递分公司与3个国际快递口岸。TNT通过其所属的全资陆路运输企业天地华宇，运营国内最大的私营陆运递送网络。其国内陆运业务下辖1250个营业网点，服务覆盖500多个城市。此外，TNT还提供领先业界的直复营销服务。

利用遍布全球的航空与陆运网络，TNT提供全球门到门、桌到桌的文件和包裹快递服务。特别是在欧洲、亚洲和北美洲等地，TNT可以针对不同客户的需求，提供9点配送、12点配送、次日配送、收件人付费快件等服务内容。TNT的电子查询网络也是全球最先进的。

5. EMS简介

EMS（全称"Express Mail Service"），即邮政特快专递服务，其标志如图3-6所示。EMS是由万国邮政联盟管理的国际邮件快递服务，在国内是中国邮政提供的一种快递服务。该业务在海关、航空等部门均享有优先处理权，高质量地为用户传递国际、国内紧急信函、文件资料、金融票据、商品货样等各类文件资料和物品。

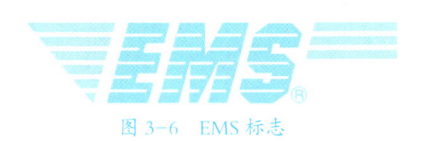

图3-6 EMS标志

在国内提供EMS服务的为中国邮政速递物流公司，是中国邮政直属全资子公司，主要经营国际、国内EMS特快专递业务，是我国速递服务最早的供应商，是我国速递行业最大的运营商。EMS业务包括国内所有市县，延伸至亚洲地区。

EMS业务在1980年开办，业务量逐年增长，业务种类不断丰富。除提供国内、国际特快专递服务外，EMS相继推出省内次晨达和次日递、国际承诺服务和限时递等高端服务，同时提供代收货款、收件人付费、鲜花礼仪速递等增值服务。

3.2 国际快递业务的开展

引导案例

陈先生在北京，需要给新西兰的消费者发送物品，消费者希望能够以较低廉的运费，在1周内收到货物。订单金额不大，订单商品是一个首饰盒，物品价值不高。用何种方式才能在最短时间内,用相对便宜的价位安全地将物品寄出呢?大概要花多少钱,需要多少时间?如何查询包裹是否到达?

陈先生首先打电话给物流代理查询相关邮寄方式。由于是小礼品,重量约300克,物流工作人员建议陈先生选择EMS(到达时间为5~7天),DHL到达时间为2~4天,但价格是EMS的2倍。

除了邮政提供的EMS国际快递,还有几家大的快递企业也提供同样的服务,有UPS、FedEx、DHL、TNT。目前,这5家快递企业都提供快递状态查询服务。

陈先生称了包裹的重量,为304克,再次打电话询问包裹的运费。

1. 中国邮政

EMS快递:5~7天。新西兰属于邮政运送的国家,运费为120元。

2. 其他快递

(1)UPS:300.5元(由第三方保险企业提供保价服务)。
(2)FedEx:203元(由第三方保险企业提供保价服务)。
(3)DHL:292.5元(由第三方保险企业提供保价服务)。
(4)TNT:289.9元(由第三方保险企业提供保价服务)。
(注意:以上所有数据仅供参考,具体请以服务提供方公布的最新价格为准)。

最终,陈先生选择了使用EMS作为发货的物流企业。

思考:

1. 不同的国际快递企业的快递业务有何优点和缺点?
2. 国际快递业务的流程是怎样的?
3. 在国际快递中,哪些货物是禁运的?如何处理禁运货物?

相关知识

3.2.1 国际快递企业快递业务优点与缺点对比

1. EMS

(1)时效:一般3~7个工作日可送达。

(2)优点:运费比较便宜,一般找货运代理商就可以拿到至少5折的折扣,直达国家都按照重量计算运费。自2012年7月1日起,EMS线上发货都需要计算体积重量,体积重量(千克)=长(厘米)×宽(厘米)×高(厘米)÷6000。长、宽、高测量值精确到厘米,厘米以下去零取整。500克以下的物品可以按企业报价文件计算价格。EMS可以当天收货,信息当天上网,清关能力比较强。EMS能运送出关的物品比较多,其他企业限制运送的一些物品它也能运送,如化妆品、服装、鞋子及各种特殊商品。

(3)缺点:相比商业快递,EMS速度偏慢,查询网站信息滞后,通达的国家较少。一旦出现问题,只能书面查询,时间较长。

2. UPS

(1)时效:一般2~4个工作日可送达。

(2)优点:速度快,服务好。货物48小时内能够到达美国,可送达全球200多个国家和地区。查询网站信息更新快,遇到问题能够及时解决,可以在线发货,全国109个城市提供上门取货服务。

(3)缺点:运费较贵,要计算商品包装后的体积重量,对托运物品的限制比较严格。

3. DHL

(1)时效:一般2~4个工作日可送达。

(2)优点:速度快,货物发往欧洲一般只需要3个工作日,到东南亚一般只需要2个工作日。可送达国家网点比较多,网站货物状态更新比较及时,遇到问题解决速度快。寄送21千克以上物品可享受单独的大货价格,部分地区大货价格比EMS还便宜。一般通过货运代理商能拿到5折左右的折扣。

(3)缺点:发送小货的话,价格较贵,不划算;需要考虑商品的体积重量;对托运物品限制比较严格,拒收许多特殊商品。

4. FedEx

(1)时效:一般2~4个工作日可送达。

(2)优点:将货物发往中南美洲和欧洲的价格较有竞争力,将货物发往其他地区运费较贵。网站信息更新快,网络覆盖全面,查询响应快。

(3)缺点:折扣比同类快递企业小,体积重量超过实际重量的货物按实际体积重量计算,对所运物品限制较多。

5. TNT

（1）时效：一般 2～4 个工作日可送达。

（2）优点：速度较快，将货物发往西欧只要 3 个工作日左右。可送达国家比较多，查询网站信息更新快，遇到问题响应及时。

（3）缺点：需要考虑物品体积重量，对所运物品限制也比较多。

3.2.2 国际快递业务流程及业务环节分析

1. 国际快递业务流程

（1）揽件。国际快递揽件有以下两种形式。

① 客户打电话给国际快递企业要求取件，快递企业客服人员通过客服系统下单，将下单数据传给调派系统；调派系统检查下单数据，并指派递送员按正确的路线提货拿单。递送员通过手持终端，接收下单信息，在发件人处收件，发件人按企业要求填写运单。

② 寄件人将包裹直接送到服务站，并在服务站填写运单。递送员检查单据，确定正确的包装及标签，接收包裹，称快件重量，测量尺寸，用手持终端扫描运单的条形码，且在运单中写下目的站代码，将目的站标签贴在包裹上。

（2）回站。包裹被装上外务车，载回起运点服务站。

（3）制单、分拣、出口报检报关。起运点服务站操作员负责制单、出口报检报关等工作（国内快件没有这一项）。起运点服务站根据目的站代码完成分拣工作。

（4）快件被监管运输到始发地机场。国际快递包裹被分拣后装入运输卡车，载往始发地机场。

（5）国际航空运输。包裹在机坪打完盘柜后，被装上飞机，发往快件转运中心。

（6）快件转运中心分拨。在快件转运中心，根据目的机场不同，盘柜上的包裹被重新分拣后再装上新的盘柜。

（7）快件被运输到目的地机场分拨、入库。包裹从转运中心被运往目的地机场。到目的地机场后，包裹被卸下，盘柜入库。

（8）进口报关。

（9）快件运输到目的站分拣。包裹进口报关结束，被运往目的地服务站，在

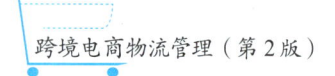

目的地服务站完成分拣。

（10）快件配送。递送员将快件配送至收件人处。

（11）收件人签收。

2. 国际快递业务环节分析

（1）国际快递物品包装注意事项。

包装是影响运输质量的一个非常重要的因素，托运人可以自己完成，也可以委托专业包装服务商进行。包装材料的选择要视货物的品质而定，目的是使货物得到安全的保护。

常用的包装材料有木箱、纸箱等。不同国家对木箱的要求不同，有些国家和地区要求熏蒸木箱。

以下是对国际快递物品包装的常见要求。

① 钢琴、陶瓷、工艺品等重量大或价值高的物品要用木箱包装。

② 美国、加拿大、澳大利亚、新西兰等国，对未经过加工的原木或原木包装有严格的规定，必须在原出口国进行熏蒸操作，并出示被承认的熏蒸证，进口国方可接受货物进口。否则，货主将受到罚款或货物被退回原出口国。

③ 欧洲对松木类的木制包装要求较严，货物进口时必须有原出口国海关商检部门出示的没有虫害的证明。

④ 加工后的木制家具不需要进行熏蒸操作。

⑤ 日常生活中的常用物品，如书籍、各种用具等，可用结实的纸箱自行包装，并做好防潮处理。

⑥ 易碎物品最好用减震材料填充好，避免损坏。

⑦ 条件允许，在纸箱内铺垫一层防水用品（例如，塑料袋、布等）。

⑧ 在同一包装箱内，轻重物品要合理搭配放置，以便搬运。

⑨ 箱内最后要塞满填充物，要充实，可用卫生纸、纸巾、小衣物等填充，以防在搬运过程中挪动。

⑩ 服务组织发现禁止进出境的物品，应将其移交给海关处理。

（2）国际快递运单的填写方法。

下面以DHL国际快递运单的填写方法为例进行介绍。

DHL国际快递运单一般分为8个区域，如图3-7所示。

① 在此区域填写付款人账号，一般由货运代理商填写或者发件人直接支付现金即可。另外，如果购买了保险，就要填写保险金额。

② 在此区域内填写发件人的姓名、地址,注意要完整。另外,也可以在"shipper's reference"处填写参考信息,如发送货物的信息、原因等。

③ 填写收件人的企业或个人信息,包括国家、邮编、收件人姓名等。注意:必须填写电话或电子邮件;同时要注意,邮箱不能作为国际快递的收件人地址。

④ 填写本次寄递的快件的具体数量、重量和尺寸。重量以千克为单位,可以保留小数点后一位,每件货物的尺寸单位为厘米(长 × 宽 × 高)。

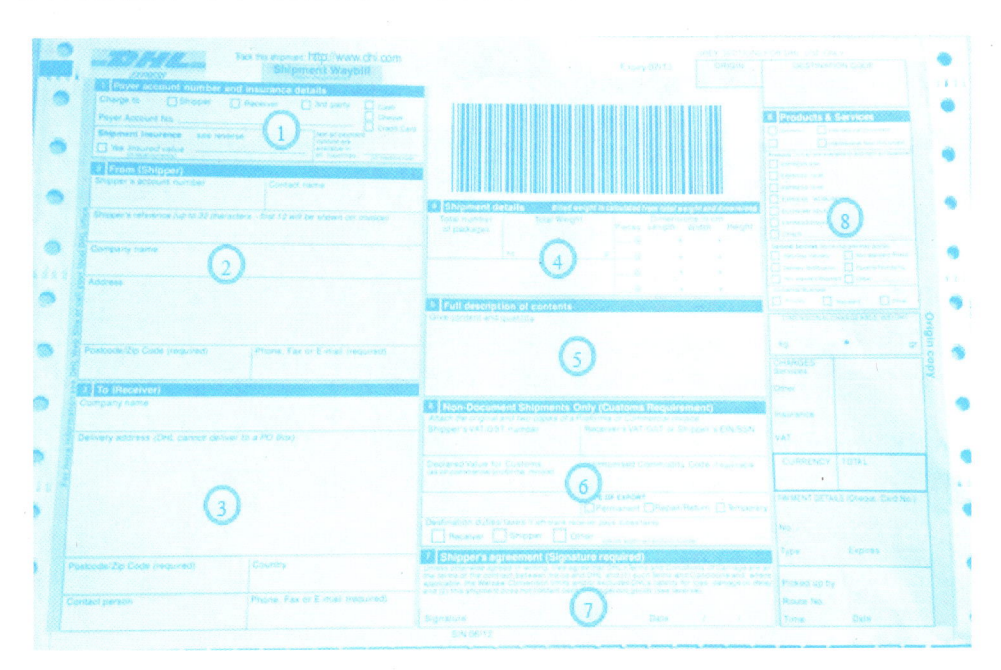

图 3-7　DHL 国际快递运单

⑤ 详细填写快件的品名及数量。请如实填写寄递的快件名称。

⑥ 申报价值,要如实填写寄递的快件的价值(非文件类)。如果申报价值>30美元,那么在海关清关时会比较严格。另外,收件人也会多付关税。

⑦ 发件人签名。

⑧ 选择需要的增值服务,请向快递、货运代理企业确认需要的服务是否开通。

(3)国际快件分拣环节的操作。

① 早分拣。从外地到本地的快件,即递送员要送到收件人的快件一般在早晨8点左右到达本地的服务站。快件到达后,服务站操作人员进行早分拣。

早分拣的业务流程:服务站操作人员对所有总包快件进行扫描,这一扫描代表快件已经进入目的地的服务站,即目的地服务站扫描。服务站操作人员根据快件运单上的具体地址,将总包里的快件放到属于各递送员的配送区内。递送员扫描分到自己区内的快件。服务站操作人员和各递送员核对扫描快件量，每个递送员扫描快件量的总和等于服务站操作人员的扫描快件量。核对无误后，分拣工作结束。

② 晚分拣。从本地到外地的快件，即递送员从寄件人处取的快件，一般在晚上 8 点左右从本地的服务站装上班车运出。在快件运出之前，服务站操作人员进行晚分拣。

晚分拣的业务流程：各递送员将从寄件人处所取快件与服务站操作人员进行交接。服务站操作人员根据快件运单上收件人的具体城市和国名，将快件放到相应的按航线划分的区内。服务站操作人员将各区的快件信息录入。服务站操作人员将各区录入的快件信息与每个递送员交接的快件量核对。核对无误后，服务站操作人员将各航线划分的区内的快件打成总包，分拣工作结束。

（4）快件报关环节的操作。

快件报关流程如下。

① 预录入。操作员根据寄件人提供的发票、装箱单、快件运单等文件，填好报关单，并录入系统。

② 递单。报关员按海关要求，将打印出来的进（出）口货物报关单，随报关单交验的发票、装箱单、进（出）口货物许可证、入境货物通关单或出境货物通关单，以及其他单证等递交海关。

③ 进出口货物的征税。海关在审核单证和查验货物以后，根据《中华人民共和国关税条例》规定和《中华人民共和国海关进出口税则》规定的税率，对实际货物征收进口或出口关税。另外，根据有关规定可以减税、免税、缓税、退税、保税的，报关单位应向海关送交有关证明文件。

④ 结关出单。办理完海关上述手续后，海关退还所附的运单、手册、进出口付汇联系单、出口核销单等文件，并在相关单证上盖海关印章。

⑤ 提（出）货。对于进口的货物，可以从海关监管库提出来给客户送货；对于出口的货物，可以装上符合海关要求的运输工具运出。

3.2.3 国际快递禁运物品及处理

1. 国际快递禁运物品

（1）难以估算价值的有价证券与易丢失的贵重物品，如提货单、核销单、护照、配额证、许可证、执照、私人证件、汇票、发票、本国或外国货币（现金）、金银饰物、人造首饰、手机。

（2）易燃易爆和具有腐蚀性、毒性、强酸碱性和放射性的各种危险品，如火柴、雷管、火药、爆竹、汽油、柴油、煤油、酒精（液体和固体）、硫酸、盐酸、硝酸、有机溶剂、农药及其他被列入《化学危险品实用手册》中的化工产品。

（3）各类烈性毒药、麻醉药物和精神物品，如砒霜、鸦片、吗啡、可卡因、海洛因、大麻等。

（4）国家法令禁止流通或寄运的物品，如文物、武器、弹药、仿真武器等。

（5）含有反动、淫秽或有伤风化内容的报刊书籍、图片、宣传品、音像制品，激光视盘（VCD、DVD、LD）、计算机磁盘及光盘等。

（6）妨碍公共卫生的，如尸骨（包括已焚的尸骨）、未经硝制的兽皮、未经药制的兽骨等。

（7）动物、植物及其标本。

（8）难以辨认成分的白色粉末。

（9）私人信函等。

2. 寄递服务企业对禁寄物品处理办法

（1）企业发现各类武器、弹药等物品，应立即通知公安部门处理，疏散人员，维护现场，同时通报国家安全机关。

（2）企业发现各类放射性物品、生化制品、麻醉药物、传染性物品和烈性毒药，应立即通知防化及公安部门按应急预案处理，同时通报国家安全机关。

（3）企业发现各类易燃易爆等危险物品，收寄环节发现的，不予收寄；经转环节发现的，应停止转发；投递环节发现的，不予投递。对危险品要隔离存放。对其中易发生危害的危险品，应通知公安部门，同时通报国家安全机关，采取措施进行销毁。需要消除污染的，应报请卫生防疫部门处理。其他危险品，可通知寄件人限期领回。对内件中其他非危险品，应当整理重封，随附证明发寄或通知收件人到投递环节领取。

（4）企业发现各种危害国家安全和社会政治稳定，以及淫秽的出版物、宣传品、印刷品，应及时通知公安、国家安全和新闻出版部门处理。

（5）企业发现妨害公共卫生的物品和容易腐烂的物品，应视情况通知寄件人限期领回，无法通知寄件人领回的可就地销毁。

（6）企业对包装不妥，可能危害人身安全，污染或损毁其他寄递物品和设备的，收寄环节发现后，应通知寄件人限期领回。经转或投递中发现的，应根据具体情况妥善处理。

（7）企业发现禁止进出境的物品，应移交海关处理。

3.3 国际快递费用结算

引导案例

一鞋一伞寄瑞士，DHL收费超千元

"一把伞和一双拖鞋加起来总共16元，结果寄到瑞士居然花了1220元，这相当于价格的75倍，我真的无法接受。"刘小姐告诉记者，她所在的企业要寄一把样品伞和拖鞋到瑞士采尔马特的一家酒店。由于是国际快递，刘小姐就联系了DHL快递扬州分公司的递送员上门取件。

"因为我之前也经常寄快递，原先预想的价格大约在400元。"刘小姐告诉记者，"DHL递送员上门后，并没有对快件的运费估价。不过，对方承诺，快件长度不超过1米可以不计算泡重，按照货物实际称重2千克计算。"

"现场，我就对伞进行测量，长度87厘米，加上外包装也绝对不超过1米。拖鞋是一次性拖鞋，长度29厘米，重量在50克左右。"刘小姐告诉记者。之后，她打电话过去询问算不算超重，递送员说不算超重。过了个把月之后，递送员告知快件已经寄到瑞士了，不过运费需要1220元。

寄件人：计算泡重价格还是对不上

在刘小姐提供的这份快递票据上，记者看到1220元运费包含三个部分，第一部分是850元的运费，第二部分是220元的燃油附加费，第三部分是150元的偏远地区费用。

不过，到快递企业邮寄物品，不应该当面计算运费，现场支付运费吗？对此，刘小姐表示，因为自己所在的企业与这家快递企业有长期的合作关系，企业邮寄快件有一定的折扣，所以当时并没有现场核算运费，而事后这家企业没有将核算

的运费告知，就直接邮寄了。"按照递送员承诺2千克计算的运费是672元，打折后应该是338元。"刘小姐认为，实际运费变成了1200多元了，差距太大，对方应该提前告知一下。"如果这么贵，我会考虑寄还是不寄了。"

"即便按照泡重计算，价格依然对不上。"刘小姐说。

快递企业：双方有合同约定

"我们不可能承诺快件不计算泡重。"DHL扬州分公司相关负责人表示，通过该企业邮寄的国际快递正常的文件和包裹（0.5千克左右）不计算泡重，其余一律要计算泡重。而该企业北京总部公共关系部相关负责人解释，对方是账号客户，先接受服务再支付费用。

"价格计算是有标准的，在合同中约定了，双方都已经盖章生效了。"该负责人表示，按照合同约定，客户授权快递企业对快件进行计量，快递费按照乙方称出的重量计算。双方争论的焦点在于，客户自己测算快件的长、宽、高和企业计算的完全不一样。她表示，要详细了解情况再回复。

（资料来源：亿邦动力网）

思考：

1. 什么是实际重量？什么是体积重量？什么是计费重量？
2. 国际快递费用有哪些构成部分？
3. 国际快递费用如何计算？

相关知识

3.3.1 基本概念

1. 实际重量

实际重量（Actual Weight）是指一批货物包括包装在内的实际总重量。凡重量大而体积相对小的货物用实际重量作为计费重量。实际重量包括实际毛重（Gross Weight，G.W.）和实际净重（Net Weight，N.W.）。最常见的是实际毛重。

2. 体积重量

体积重量（Volumetric Weight，或Dimensions Weight）是指因运输工具承载能

力（装载物品体积）所限，采取的将货件体积折算成重量的重量。

下面是目前国际快递体积重量的计算方法。

（1）规则物品：长（厘米）×宽（厘米）×高（厘米）÷5000=体积重量（千克）

（2）不规则物品：最长（厘米）×最宽（厘米）×最高（厘米）÷5000=体积重量（千克）

自2012年7月1日起，EMS线上发货针对邮件长、宽、高三边中任一单边达到60厘米以上（包含60厘米）的，都需要计算体积重量，体积重量（千克）=长（厘米）×宽（厘米）×高（厘米）÷6000。长、宽、高测量值精确到厘米，厘米以下去零取整。

国际快递中体积重量大于实际重量的货件常常称为泡货。

3. 计费重量

计费重量，英文叫法"Chargeable Weight"，简称"C.W."，即据以计算运费或其他杂费的重量。

计费重量：将整票货物的实际重量与体积重量比较，取大的为计费重量。例如，一票货物的总实际重量是60千克，体积重量是60厘米×80厘米×70厘米÷5000=67.2千克，那么计费重量就是68千克。因为67千克＜67.2千克＜68千克，所以计费重量是68千克。

下面用一个案例说明计算计费重量。

客户递送一票3个托盘的货件，其实际重量分别为50千克、400千克和300千克，所有托盘的体积均为122厘米×102厘米×150厘米。

（1）计算实际重量。

实际重量：50千克+400千克+300千克=750千克

（2）计算体积重量。

托盘体积重量：（122厘米×102厘米×150厘米）÷5000=373.5千克

货件体积重量：373.5千克+373.5千克+373.5千克=1120.5千克

（3）计算计费重量。

货件计费重量：373.5千克+400千克+373.5千克=1147千克

4. 计费重量单位

五大常用国际快递企业的计费单位都是千克。

DHL、UPS、FedEx、TNT 一般是 21 千克以下按首重与续重收费，即总费用 = 首重费用 + 续重费用。

（1）DHL、UPS、FedEx、TNT 四大快递企业 21 千克以下货物按照每 0.5 千克计费。

21 千克以下的货物，计费重量最小单位为 0.5 千克，不足 0.5 千克的按 0.5 千克计费，超过 0.5 千克且不超过 1 千克的按 1 千克计费，以此类推。以第一个 0.5 千克为首重，以每增加一个 0.5 千克为续重。例如，1.67 千克就按 2 千克计费。通常首重的费用比续重的费用高。

（2）DHL、UPS、FedEx、TNT 四大快递企业 21 千克以上货物按照每千克计费。

21 千克以上货物一般直接按照每千克计费，多出 1 千克不超过第二个 1 千克的计费重量要多加 1 千克。例如，34.1 千克要按 35 千克计费，34.9 千克也要按 35 千克计费。

（3）EMS 每票货物不能超过 30 千克，所有的货物都按照每 0.5 千克进行首重与续重计费。

3.3.2 国际快递费用构成

1. 运费

运费指根据适用运价计得的发货人或收货人应当支付的每批货物的运输费用。

2. 燃油附加费

燃油附加费，即航运企业和班轮公会收取的反映燃料价格变化的附加费。该费用以每吨货物多少金额或者以运费的百分比来表示，缩写为"f.o.s."或"f.a.f."，也称为"Bunker Surcharge"或"Bunker Adjustment Factor"。所有的燃油附加费都可以通过官网查询，DHL、UPS、TNT、FedEx 都可以通过官网查到对应的当月燃油附加费。燃油附加费一般与运费一起打折。EMS 不收取燃油附加费。

3. 包装费

在通常情况下，如果交运的货物包装良好，或者只需要快递企业进行简单的包装、加固，一般不会收取包装费。但是，一些贵重物品、易碎物品需要特殊处理和包装，快递企业会收取一定的包装费。

如果运费有折扣，那么包装费一般不会和运费一起打折。

4. 其他附加费

五大国际快递企业，除 EMS 之外，DHL、UPS、FedEx、TNT 四大快递企业都有其他类型的附加费用。

（1）DHL。

① 偏远地区配送附加费。对于寄往偏远地区的快件，按票收取偏远地区配送费。偏远地区指岛屿和高原地区，或无法提供邮递服务的地区，或偏远、交通不便、服务较少的地方。

② 偏远地区取件附加费。对于发自偏远地区，且运费由目的地国家账号持有人支付（或第三国账号支付）的快件，将按票收取偏远地区取件费。偏远地区指岛屿和高原地区，或无法提供邮递服务的地区，或偏远、交通不便、服务较少的地方。

③ 非标准货物附加费。

• 超重货件。对于单件实重超过 70 千克的货件，收取附加费用。

• 超长货件。对于单件任意一边的长度超过 120 厘米或单件托盘底座长度超过 120 厘米的货件，收取附加费用。

④ 禁止堆叠附加费。当托盘上的货物因形状、包装或内容导致无法堆叠时，或客户明确注明"禁止堆叠"时，将收取禁止堆叠附加费。

⑤ 更正地址附加费。更正地址附加费适用于发件人提供的目的地地址不完整、不正确或者过期而导致配送失败引发的费用。DHL 会通过相应流程找到正确的地址，并最终完成配送。

⑥ 高风险地区附加费，即将货物发往深受战争、内乱、恐怖主义困扰的高风险国家和地区征收的附加费。这些国家和地区包括阿富汗、布隆迪、伊拉克、利比亚、马里、尼日尔、南苏丹、叙利亚和也门。

⑦ 限运目的地附加费，即将货物发往联合国安理会确定的贸易限运国家和地区所征收的附加费。这些国家和地区包括中非共和国、刚果民主共和国、厄立特里亚、伊朗、伊拉克、朝鲜、利比亚、索马里、苏丹、叙利亚和也门。

（2）UPS。

① 更改地址。每更改一次收件人地址，每件包裹需额外加收人民币 73 元，最高收费为每票货件 280 元。因地址不正确或地址为邮政信箱无法递送时，此费用由寄件人支付。

② 住宅地址递送附加费。UPS 提供将货件递送至住宅地址和商务办公地址的服务。住宅地址包括私人住所与非公共办公场所，向此类地址递送货件每票需加收人民币 20 元。对于使用 UPS 全球特快货运服务运输的货件每票加收人民币 705 元。

③ 偏远地区附加费。UPS 提供针对市区和偏远地区的取件和派件服务，对偏远地区的取件和派件服务将收取额外费用。收费标准为每千克货件加收人民币 3.50 元，或最低收取每票人民币 167 元。两者比较，将较大者作为收费标准。想要知道递送目的地是否属于此特定区域，可以登录 UPS 官网下载偏远地区收费表。

④ 超出偏远地区范围附加费。UPS 对超出偏远地区范围的货件递送会额外收取费用，此类区域相对不易进行取件和派件服务。收费标准为每千克货件加收人民币 4.00 元，或最低收取每票人民币 190 元。两者比较，将较大者作为收费标准。

⑤ 附加手续费。出现下列情况，每件加收附加手续费人民币 40 元。

- 任何含有纯锂离子电池或者电池芯的包裹（UN3480，PI965 Section II）。
- 任何以金属或木质非 UPS 包装材料运输的物品。
- 任何无法完全装入一般包装箱的圆柱形物品，如木桶、鼓、圆筒、轮胎。
- 任何最长边缘的长度超过 122 厘米，或次长边缘超过 76 厘米的包裹。
- 实际重量大于 32 千克的包裹。
- 每个包裹的重量未在 UPS 运输系统中指明且单个包裹的平均重量大于 32 千克（70 磅）的货物（不包括 UPS 全球特快货运服务货物）。

⑥ 超过限定尺寸托盘附加手续费。使用 UPS 全球特快货运服务运输的货件，若体积重量超出 UPS 规定的最大尺寸和限定重量（视始发地和目的地而定），每个托盘将加收人民币 321 元。

⑦ 垫付服务费。为加快清关速度，UPS 可为客户预先垫付税费。UPS 将根据已为客户垫付的费用数额，进行评估并收取相应的垫付服务费。进口至中国的货件的垫付服务费将按照进口关税和税费的 2% 收取。每票货件最低加收人民币 20 元。

⑧ 大型包裹附加费——最小计费重量。当一个包裹的长度与周长 [（2×宽）+（2×高）] 相加超过 330 厘米，但不超过 UPS 的最大尺寸 419 厘米时，该包裹将被视为"大型包裹"。大型包裹的最小计费重量为 40 千克，每件包裹需额外加收人民币 378 元。

当货件已经被收取大型包裹附加费时，附加手续费将忽略不计。

⑨ 当地税费。在 UPS 提供的费率表中不包含根据当地规定还可能产生的附

加费、增值税、关税和其他税费。

⑩ 超重超长费。UPS 快递服务不递送超过以下重量和尺寸的包裹。UPS 接收该类货件，将对每件包裹收取超重超长费人民币 378 元。

- 每件包裹的重量上限为 70 千克。
- 每件包裹的长度上限为 270 厘米。
- 每件包裹尺寸上限为 419 厘米{长 + 周长 [（2×宽）+（2×高）]}。

以上条件不适用于 UPS 全球特快货运服务，关于 UPS 全球特快货运服务的相关费用，请参考该服务的条款与条件。

⑪ 寄件人支付目的地进口关税/税款的附加费。当选择"寄件人支付目的地进口关税/税款"付款方式时，将向寄件人收取人民币 120 元的附加费。

⑫ 海关清关费用。UPS 对于常规的海关清关服务不收取附加费，包括不超过 5 个关税细目货件的正式报关。对于超过 5 个关税细目的正式报关货件，从第 6 个关税细目起每个关税细目需加收人民币 19 元，最高收费为每票货件人民币 1880 元。对于复杂的海关清关程序和集中清关要求可能加收附加费。可以致电 UPS 客户服务中心，以获取更多信息。

⑬ 到付拒付的附加费。若货件到付方的账号与付费方提供的账号不符，或者收件人或第三方因拒绝支付运费而导致该账号无效，寄件人需为每票货件额外支付人民币 80 元。

⑭ 要求递送确认签名和要求递送确认成人签名服务。在递送货件之前，发件人可以选择 UPS 递送确认服务。这两项服务均需要 UPS 递送员在货件递送前索取收件人的签名。然而，如果发件人选择要求递送确认成人签名服务时，那么只有成人（至少 18 周岁）收件人的签名才能确保货件的交付。

要求递送确认签名和要求递送确认成人签名服务每票货件需分别收取人民币 16 元和人民币 25 元。

⑮ UPS 进口控制。UPS 允许客户向客户的出口商提供进口货件的运输标签和商业发票。标签和商业发票可根据客户的选择在 UPS 递送员取件时交付，或通过电子邮件、打印并邮寄的方式递送。该服务允许进口商控制货件标签、商业发票和账单的生成。根据所选项，请参照服务的费率计算标签费用。

UPS 进口控制服务包括以下内容。

- 打印标签。客户先创建一个标签，并随附在所要寄送的货件中，或者单独发给客户的客户，由客户的客户将此标签粘贴在包装上。UPS 收取的费用为人民币 7 元。

• 电子标签。UPS 按照客户的要求，通过电子邮件将标签发给客户的客户，客户的客户将标签打印出来，就可以用在包装上。UPS 收取的费用为人民币 11 元。

• 打印并邮寄标签。UPS 按照客户的要求打印并将标签寄送给客户的客户，客户的客户可将此标签粘贴在包装上。UPS 收取的费用为人民币 21 元。

• UPS 尝试一次取件。UPS 第一次尝试取件而无法收取到包裹，UPS 将会把标签留在取件地点。UPS 收取的费用为人民币 33 元。

• UPS 尝试三次取件。UPS 第一次尝试取件而无法收取到包裹，会在接下来的第二个甚至第三个工作日尝试再次取件。在第三次尝试取件后仍无法收取到包裹，标签将被退回。UPS 收取的费用为人民币 48 元。

⑯ 移除商业发票。在货物递送前，UPS 向进口商提供移除进口控制货件的商业发票的服务。该项服务使进口商可将货件直接递送至消费者，而无须透露货物的价值。UPS 收取的费用为人民币 135 元（每票货件）。

⑰ UPS Carbon Neutral。发件人可以使用 "UPS Carbon Neutral" 来减少货件在递送过程中对环境和气候造成的影响。当选择 "UPS Carbon Neutral" 时，UPS 将此费用用于购买补偿相应货件运输时碳（二氧化碳）的释放量。UPS 收取的费用为人民币 5 元（每个包裹）。

使用 UPS 全球特快货运的货件，每个托盘收取人民币 128 元。

⑱ 再次尝试交付。使用 UPS 全球特快货运服务的货件，一次交付的费用已包含在费率中，之后再次尝试交付则需收取每次每票货件人民币 308 元。

（3）FedEx。

① 更改地址。每笔空运提单人民币 80 元。

② 第三方收件人附加费。每笔空运提单人民币 91 元。

③ 指定清关代理人。每笔空运提单人民币 88 元或每千克人民币 9.8 元，取其中金额较高者收取。

④ 星期六取件附加费。每笔空运提单人民币 106 元。

⑤ 星期六递送附加费。每笔空运提单人民币 106 元。

⑥ 全球打印回件标签附加费。

⑦ 超范围取件费。每笔空运提单人民币 168 元或每千克人民币 3.7 元，取其中金额较高者收取。

⑧ 超范围配送费。每笔空运提单人民币 168 元或每千克人民币 3.7 元，取其中金额较高者收取。

⑨ FedEx 对超出其递送员取件和配送区域的货件加收附加费。超范围取件费

和超范围配送费不适用于 FedEx10 千克或 25 千克快递箱货件。

⑩ 特殊处理费用。

• 需要间接签收：每单非重货快递服务需要支付人民币 21 元的特殊处理费用（适用于目的地为美国或加拿大住宅地区且托运申报价值小于 500 美元或 500 加元的货件）。

• 需要直接签收：每单非重货快递服务需要支付人民币 24 元的特殊处理费用（不适用于目的地为美国或加拿大且托运申报价值大于或等于 500 美元或 500 加元的货件）。

• 需要成年人签收：每单非重货快递服务需要支付人民币 30 元的特殊处理费用。请注意，当选定"成人签名"签名选项时，FedEx 不会把包裹转投到其他地址。

⑪ 住宅交付附加费。非重货货件为每笔空运提单人民币 22 元，重货货件为每笔空运提单人民币 823 元（仅适用于运往美国和加拿大的货件）。如果超范围配送费适用于货件，则住宅交付附加费不适用。住宅交付附加费也不适用于 FedEx 10 千克或 25 千克箱运货件。

⑫ 非堆叠货件附加费。针对 FedEx 国际优先快递重货服务及 FedEx 国际经济快递重货服务，每个货件收取人民币 1139 元。

⑬ 关税费用。如果需对货件征收税费，而且 FedEx 代为支付了这些费用，那么该支付方必须将该税费返还给 FedEx，并支付 FedEx 按货件类型和其目的地收取的附加费。

⑭ 声明价值附加费。FedEx 对货件灭失、损坏或延误的责任不超过 20 美元/千克或 100 美元/件。具体的限额可能以"特别提款权（SDR）"或当地货币表示，具体金额因不同国家和货币而不同。

如果客户希望 FedEx 对货件实际价值承担较大比例的赔偿责任，则必须在空运提单上声明货件价值并支付"声明价值附加费"。货件声明价值超出下列标准较高者——人民币 830 元或人民币 75.28 元/磅，则对中国大陆出口预付或进口到付货件征收"声明价值附加费"，每增加人民币 830 元加收人民币 9.3 元（或以百分比计算）。货件声明价值不得超过以下限额（可能因货件目的地不同而有所差别）。

• FedEx 快递封/快递袋：100 美元（或当地货币相当的金额）。

• 国际优先快递服务（IP）/国际经济快递服务（IE）：5 万美元（或当地货币相当的金额）。

- 国际优先快递重货服务（IPF）/国际经济快递重货服务（IEF）：10万美元（或当地货币相当的金额）。
- 针对贵重物品，如艺术品、古董、玻璃器皿、珠宝、贵金属、皮草等：1000美元或每千克20美元（取其中金额较高者）。

（4）TNT。

当通过TNT运送托运物时，会有以下附加费。

① 偏远地区附加费。TNT可为客户在任何指定地点收件和发件。对于一些偏远地区，因产生了额外费用，所以会加收额外的偏远地区附加费。

② 加强安全附加费。TNT采用额外的程序、活动和投资，为监管范围内的客户货物提供安全保护。为了抵消部分附加费用，所有货物均收取加强安全附加费。

TNT对所有国际快递、经济快递和特殊快递服务的货物收取附加费，费率为每千克0.05欧元，每票最低0.5欧元，最高10欧元。

5. 国际快递总费用构成（未打折）

DHL、UPS、FedEx、TNT四大快递企业快递总费用 = 运费 + 燃油附加费 + 包装费用（若有）+ 其他各种附加费（若有）。

EMS快递总费用 = 运费。

3.3.3 国际快递费用计算方式

1. DHL、UPS、FedEx、TNT四大快递企业21千克以下货物的运费计算方式

（1）实际重量货：实际重量 > 体积重量。

当寄递的物品实际重量大于体积重量（材积）时，运费计算方法为：

运费 = 首重运费 + [重量（千克）×2-1] × 续重运费

总燃油附加费 = {首重运费 + [重量（千克）×2-1] × 续重运费} × 当月燃油附加费率

总运费 = 运费 + 总燃油附加费 = {首重运费 + [重量（千克）×2-1] × 续重运费} × (1+当月燃油附加费率)

例如，15千克货件按首重150元、续重28元、当月燃油附加费率为23.5%计算，则费用总额为：[150 + (15×2-1) × 28] × (1+23.5%) =1188.07（元）。

（2）体积重量货：实际重量＜体积重量。

先计算体积重量，然后按照运费计算方法计算：

首重运费＋［重量（千克）×2-1］×续重运费

规则物品：长（厘米）×宽（厘米）×高（厘米）÷5000=体积重量（千克）

不规则物品：最长（厘米）×最宽（厘米）×最高（厘米）÷5000=体积重量（千克）

计算公式：总运费={首重运费＋［重量（千克）×2-1］×续重运费}×(1+当月燃油附加费率）

2. DHL、UPS、FedEx、TNT四大快递企业21千克以上货物的运费计算方式

21千克以上货物的计算公式为：总运费＝计费重量×每千克运费×(1+当月燃油附加费率）。

例如，一票货物的总实际重量是60千克，体积重量是60厘米×80厘米×70厘米÷5000=67.2千克，那么计费重量就是68千克。因为67千克＜67.2千克＜68千克，所以计费重量是68千克。每千克的价格为23元/千克，当月燃油附加费率为23.5%，那么总共的费用为68×23×(1+23.5%)=1931.54（元）。

备注：每千克运费×(1+当月燃油附加费率），这个费用通称为每千克含油报价。因此，在以上的例子中，"23×(1+23.5%)=28.405，即28.405元/千克"这个价格通称为含油报价。

3. EMS的计费方式

EMS只按照实际重量计费（首重、续重计费），也没有燃油附加费和报关费。其计费公式为：

运费＝首重运费＋［重量（千克）×2-1］×续重运费

例如，将25.1千克货物通过EMS发往日本，EMS到日本的公布价是首重人民币180元，续重人民币40元/千克，总费用为180+（25.5×2-1）×40=2180元（备注：25.1千克超过了25千克，未超过25.5千克，按25.5千克计费）。EMS一般在公布价格的基础上会提供折扣。

4. 总费用的计算方式

从上面可以得出DHL、UPS、FedEx、TNT四大快递企业快递总费用＝（运费＋

燃油附加费）× 折扣＋包装费用（若有）＋其他各种附加费用。

EMS 快递总费用＝运费。

通过各家国际快递企业的官方网站可以查询相关费用。

3.3.4　国际及港澳台快递运费分区

国际及港澳台快递共分十区，如表 3-2 所示，同一区的国家运费相同。

表3-2　国际及港澳台快递运费分区

分　区	包括国家或地区
一区	中国香港、中国澳门
二区	日本、韩国、蒙古国、中国台湾
三区	马来西亚、新加坡、泰国、越南、柬埔寨
四区	澳大利亚、新西兰、巴布亚新几内亚
五区	比利时、英国、丹麦、芬兰、希腊、爱尔兰、意大利、卢森堡、马耳他、挪威、葡萄牙、瑞士、德国、荷兰、瑞典
六区	美国
七区	老挝、巴基斯坦、斯里兰卡、土耳其、尼泊尔
八区	巴西、古巴、圭亚那
九区	巴林、伊朗、伊拉克、以色列、约旦、科威特、叙利亚、科特迪瓦、吉布提、肯尼亚、马达加斯加、阿曼、卡塔尔、塞内加尔、突尼斯、阿联酋、乌干达
十区	开曼群岛、捷克、俄罗斯、拉脱维亚、哈萨克斯坦、白俄罗斯

实践项目操作

1. 实践项目

（1）理解国际快递的特点、国际快递与国内快递的区别。

（2）掌握国际快递业务流程。

（3）掌握计算国际快递运费的方法。

2. 实践目的

（1）通过阅读新闻资料，结合所学的国际快递知识，加强对国际快递特点的了解；通过对比分析了解国际快递与国内快递的区别。

（2）通过绘制流程图掌握国际快递业务流程。

（3）通过计算实际案例中的国际快递运费，掌握国际快递运费的计算方法。

3. 实践环节

（1）阅读下面的新闻资料并思考相关问题。

京东跨境物流最快10分钟清关，90% 海外商品72小时内送达

2017年5月16日15点53分，家住杭州市拱墅区的何先生收到了一件来自京东全球购的快递包裹，打开包裹，里面是一支适配婴儿宽口径奶瓶的专用奶嘴，来自德国知名母婴品牌NUK。图3-8为NUK品牌婴儿宽口径奶瓶专用奶嘴商品销售页面。

图3-8 NUK品牌婴儿宽口径奶瓶专用奶嘴商品销售页面

然而，就是这个重量不足15克，价格不足25元的一个快递小件，为京东的跨境物流创造了新的纪录：从用户下单到商品送达用户手中，用时仅7小时26分钟。据了解，何先生于当天早上8点26分下单，经过商品清关、分拣、打包、扫描、配送等一系列环节，于当日15点53分完成签收，全程跟踪记录如图3-9所示。

时间	处理过程
2017-04-26 08:26:31	订单被接收
2017-04-26 09:25:21	您的订单预计4月27日送达您手中
2017-04-26 09:29:56	新版打印发送
2017-04-26 09:31:41	您的订单已经拣货完成
2017-04-26 09:33:19	扫描员已经扫描
2017-04-26 09:33:19	打包成功
2017-04-26 09:33:33	【杭州市】 您的订单在京东【杭州保税接货仓】分拣完成
2017-04-26 09:34:03	【杭州市】 您的订单在京东【杭州保税接货台】发货完成，准备送往京东【杭州分拣中心】
2017-04-26 11:04:39	【杭州市】 您的订单已到达京东【杭州分拣中心】
2017-04-26 11:21:38	【杭州市】 您的订单在京东【杭州分拣中心】分拣完成
2017-04-26 11:22:08	【杭州市】 您的订单在京东【杭州分拣中心】发货完成，准备送往京东【杭州辰星站】
2017-04-26 14:04:13	【杭州市】 您的订单在京东【杭州辰星站】收货完成
2017-04-26 14:04:19	【杭州市】 您的订单已到达【杭州辰星站】
2017-04-26 14:52:20	【杭州市】 您的订单正在配送途中，请您准备签收（配送员：*****，电话：*****）
2017-04-26 15:53:42	【杭州市】您的订单已签收。感谢您在京东购物，欢迎再次光临。参加评价还谈赢取京豆哟。

图 3-9　全程跟踪记录

据了解，目前京东跨境物流的时效已经处于行业领先水平，在保税仓模式下，最快可以实现 10 分钟以内完成清关，90% 海外商品 72 小时内送达，60% 以上的海外商品可以实现次日达，部分核心城市可以实现当日达。

这个"奶嘴"其实早就从德国出发，途经地中海、苏伊士运河、红海、印度洋、马六甲海峡、南太平洋，最终到达京东设在杭州的保税仓，全部运输里程超过 1 万千米。如此大费周章地让一件看似无足轻重的"小玩意儿"漂洋过海来到国内，是现代跨境物流的一大特点，也是跨境电商向规模化、专业化发展的集中体现。其意义在于，通过京东全球购这样大型的跨境电商平台，将来自用户的一个一个分散的订单需求进行聚集，然后通过保税备货的方式从海外进口，并由覆盖全国的京东物流网络对用户的包裹进行分发，形成跨境电商的闭环。更重要的是，这种新型的运输方式是非常经济和便捷的。以往，人们想要购买海外商品，除以跨境游的方式进行海淘之外，只能通过一般贸易的方式间接获取。而一般贸易往往是商家和商家之间进行大宗货物交易使用的一种交付方式,并不适用于个人。

来自商家和用户的双重需求,促使京东跨境物流在短短4年间迅速崛起。2013年,京东跨境平台系统上线,京东跨境物流网络建设由此启动;2014年,京东在国内的首个保税仓宁波保税仓开仓运营;2016年1月,京东海外TC仓(海外转运中心)、海外直邮仓、境内自营保税仓三种类型的跨境仓陆续启用。至此,京东在境内境外的跨境网络布局已经初具规模。

阅读以上新闻资料,请结合相关知识,思考以下问题。

① 文中杭州市拱墅区的何先生从德国购买母婴品牌NUK奶嘴,他的快递在途中经过了哪些环节?

② 结合自己在电商网站上购物的经验,以及对国内快递流程的了解,谈一谈国际快递有什么特点,它与国内快递有哪些区别。

(2)掌握国际快递业务流程。

请根据国际快递业务的流程绘制出流程图。

(3)正确计算国际快递运费。

① 某进出口企业准备寄一批纺织品到德国参展,一共有5个包裹,每个包裹尺寸为50厘米×50厘米×60厘米,重量为32千克、32千克、33千克、32千克、25千克。企业享受的UPS折扣为6折。请计算该票货物的运费。

备注:

燃油附加费率:18.5%

运价:71千克以上人民币162元/千克

　　　100千克以上人民币155元/千克

　　　300千克以上人民币146元/千克

答案:

单个包裹体积重量(泡重)=50×50×60÷5000=30(千克)

货物总体积重量(泡重)=5×30=150(千克)

货物总实际重量=32+32+33+32+25=154(千克)

货物总实际重量大于货物总体积重量,因此计费重量=总实际重量=154千克。

公布价 = 计费重量 × 运价 × (1+燃油附加费率)=154×155×(1+18.5%)=28285.95(元)

该票货物最终运费 = 公布价 × 折扣率 =28285.95×60%=16971.57(元)

② 一个包裹从宁波发往日本，尺寸为 64 厘米 ×65 厘米 ×74 厘米，重量为 50 千克，快递企业给予人民币 55 元/千克的重货特价。请计算该票重货的运费。

答案：

该包裹体积重量（泡重）=64×65×74÷5000=62（千克）

货物体积重量大于实际重量，因此计费重量 = 体积重量 =62 千克。

运费 = 计费重量 × 重货特价 ×（1+ 燃油附加费率）=62×55×（1+18.5%）= 4040.85（元）

4. 实践结果

（1）思考并回答相应问题。

（2）绘制国际快递业务流程图。

（3）熟悉计算题的计算过程和计算结果。

专业知识测试

一、选择题（共 10 题）

1. 以下哪一项不是国际快递业务的特点？（　　）

　　A. 业务流程更加复杂，影响因素多

　　B. 交付速度比传统的航空货运业慢

　　C. 过程安全可靠

　　D. 统一信息网络，即时反馈信息

2. 以下哪一项是描述国际快递的？（　　）

　　A. 快递运费计算一般按件计算

　　B. 货运时间比较短

　　C. 快递运费按商品包装体积、重量、消费者所在地、采购量，再根据不同物流企业的不同运费标准和运费计算公式计算

　　D. 快递业务通常由圆通、申通、顺丰、中通等企业经营

3. 下面哪一家国际快递企业的快递业务速度较慢？（　　）

　　A. EMS　　　　B. UPS　　　　C. DHL　　　　D. TNT

4. 下面哪一个物品不属于国际快递的禁运品？（　　）

　　A. 私人证件　　B. 婴儿车　　C. 文物　　　D. 动物标本

5. "actual weight" 指的是（　　）。

　　A. 实际重量　　B. 体积重量　　C. 实际毛重　　D. 计费重量

6. 五大常用国际快递企业的计费单位都是（　　）。

　　A. 克　　　　　B. 斤　　　　　C. 千克　　　　D. 吨

7. DHL、UPS、FedEx、TNT 四大快递企业 21 千克以下货物按照每（　　）计费。

　　A. 克　　　　　B. 斤　　　　　C. 千克　　　　D. 0.5 千克

8. 不收取燃油附加费的国际快递企业是（　　）。

　　A. FedEx　　　B. EMS　　　　C. TNT　　　　D. DHL

9. 下面哪个国家或者地区属于国际及港澳台快递运费分区的二区？（　　）

　　A. 中国香港　　B. 马来西亚　　C. 新西兰　　　D. 中国台湾

10. 美国属于哪一个国际及港澳台快递运费分区？（　　）

　　A. 一区　　　　B. 三区　　　　C. 六区　　　　D. 九区

二、判断题（对的在括号中打"√"，错的在括号中打"×"）

1. 国际快递业务流程其实和国内快递的业务流程是一样的。（　　）

2. 在国际快递业务中，钢琴等重量大或价值高的物品用木箱包装。（　　）

3. 在国际快递业务中，加工后的木质家具还需熏蒸。（　　）

4. 服务组织发现禁止进出境的物品，应立即丢弃。（　　）

5. 企业发现各种危害国家安全和社会政治稳定，以及淫秽的出版物、宣传品、印刷品，应及时通知公安、国家安全和新闻出版部门处理。（　　）

6. 实际重量（Actual Weight）是指一批货物包括包装在内的实际总重量。（　　）

7. 在国际快递中，体积重量大于实际重量的货件又常称为重货。（　　）

8. DHL、UPS、FedEx、TNT 四大快递企业 21 千克以上货物按照每千克计费。（　　）

9. 国际快递业务必须收取包装费用。（　　）

10. 对于 DHL、UPS、FedEx、TNT 四大快递企业的快递业务，当实际重量＞体积重量时，计费重量为实际重量。（　　）

三、简答题

1. 简述国际快递业务的特点。

2. 简述国际快递和国内快递的区别。

3. 简述各国际快递企业快递业务的优点与缺点。

4. 阐述国际快递的业务流程。

5. 国际快递禁运品有哪些?

6. 简要说明 DHL、UPS、FedEx、TNT 四大快递企业 21 千克以下货物的运费计算方式。

7. 简要说明 DHL、UPS、FedEx、TNT 四大快递企业 21 千克以上货物的运费计算方式。

8. 简述国际快件分拣环节的操作流程。

9. 小明是一名大学三年级学生,最近他向美国纽约大学(邮编:10012)申请了本科专业的留学申请。按照学校规定,他需要向学校寄一封附笔(Postscript,PS),重量为 0.1 千克。他准备选择一家既便宜速度又快的国际快递企业。请问:他应该选择哪一家国际快递企业?为什么?

第 4 章

跨境专线物流

内容概述

近年来，互联网的发展将我国跨境电商推向了一个新的时代，跨境物流同时进入调整期。对于跨境电商物流而言，已经从单一的包裹模式发展为以邮政包裹模式为主导，其他模式并存的多元化模式。不同模式的优点弥补了跨境电商物流的不足。近年来，全球消费由线下转为线上，加速提升全球电商渗透率，培养了境外消费者线上消费的习惯，对全球零售格局带来了深远的影响。对于价格贵的商品、要求高的客户，商家可以选择商业快递；对于发往新兴国家和地区的货物，商家可以选择邮政小包；对于发往发达国家和地区的货物，商家可以选择跨境专线；有实力的商家可以通过海外仓解决物流痛点。专线物流在时效和价格方面介于邮政和商业快递之间，既能满足跨境电商的时效需求，又能提供高性价比的物流服务，是跨境电商物流未来发展的主流方向之一。

在新形势下，跨境专线物流发展现状如何？适合运输哪类货物？跨境专线物流成本由哪些方面组成？跨境专线物流如何计费？目前有哪些典型跨境专线物流服务商和专线产品？针对以上问题，本章主要介绍跨境专线物流的概念、现状、特点、成本、资费、应用范围和一些常用的跨境专线物流企业和路线。

知识目标

1. 了解跨境专线物流的概念和发展背景。
2. 了解跨境专线物流的发展现状。
3. 掌握跨境专线物流的特点。
4. 了解常用跨境专线物流服务商和产品。

能力目标

1. 能够了解跨境专线物流成本组成。
2. 能够掌握跨境专线物流运费计算。
3. 能够选择适合跨境专线物流运输的货物。
4. 能够发现跨境专线物流存在的问题。

4.1 认识跨境专线物流

引导案例

俄速通为2000万名俄罗斯网民送包裹

寒冬时节,俄速通国际物流有限公司(简称"俄速通")工人们正在热火朝天地忙着整理从深圳、广州、义乌、上海等地云集而来的俄罗斯网民订购的中国商品。操作区内的运输袋里装满运往俄罗斯的包裹,包裹内容从饰品、服装到化妆品、电子产品,种类众多。工作人员在流动作业线上对这些包裹称重、分拣、封发,海关人员现场监督、验关、直封。同时,执行对俄包机任务的机组人员在哈尔滨太平国际机场待命,他们将把这些货物收运、安检、打板、登机,运往俄罗斯。这个跨境货物运输流程每天快捷安全、井然有序地进行。

几年来,俄速通夯实了中俄两国间的物流基础,构建了中俄两国物流服务网络体系。俄速通跨境电商物流在中国对俄跨境电商包裹物流行业中的业绩一直名列前茅。通过俄速通运往俄罗斯的包裹，搭乘发自哈尔滨的电商包机，飞行六个半小时直达俄罗斯物流枢纽地叶卡捷琳堡，由俄罗斯邮局下发到网民手中。

俄速通从商家收到包裹到俄罗斯网民拿到包裹，最长时间不超过12天，最快7天就可以送达。每件包裹都有定位跟踪系统，俄罗斯网民随时可以看到自己网购的商品行踪。俄速通自主研发的大数据订单操作系统、仓储管理系统，首次让跨境物流小包实现实时轨迹查询跟踪。俄速通还以6000个揽收网点完成了对全国市场的无缝覆盖，在国内多个城市建立集货仓，专业客服团队24小时服务。

目前，俄速通不但为全国超过10万家的对俄跨境电商提供物流服务，还是速卖通、菜鸟、京东、唯品会、环球易购等平台的主力对俄服务商。据统计，有超过2000万名俄罗斯网上购物者使用俄速通的服务。俄速通旨在将哈尔滨对俄包机航线打造成全国对俄跨境电商包裹物流的金牌航线。

（资料来源：东北网）

思考：

1. 什么是跨境专线物流？
2. 俄速通的核心优势是什么？

相关知识

4.1.1 跨境专线物流概述

目前，跨境专线物流是跨境电商物流主要模式之一，如图4-1所示。在我国跨境物流发展初期，市场主要以中国邮政和国际商业快递企业来承接国内跨境物流需求。2016年，万国邮政联盟第三次特别大会审议通过了国际终端费改革方案，会议决定我国所属第三组国家2020年终端费上涨27%。2019年10月14日，国家邮政局表示：2020—2025年，出口国际小包终端费较2019年累计增长164%，从而大大增加了我国邮政跨境电商物流成本。在万国邮政联盟推出上述改革措施的背景下，为满足跨境出口电商商家的物流服务需求，物流企业通过不断优化物流产品、整合物流资源，设计了在部分线路上比邮政成本更低、配送时效更快、包裹追踪能力更好的跨境专线物流模式。跨境专线的开通需要规模稳定的货量作为支撑，我国目前较为成熟的专线物流线路聚焦美国、欧洲等主要国家或地区。

第 4 章 跨境专线物流

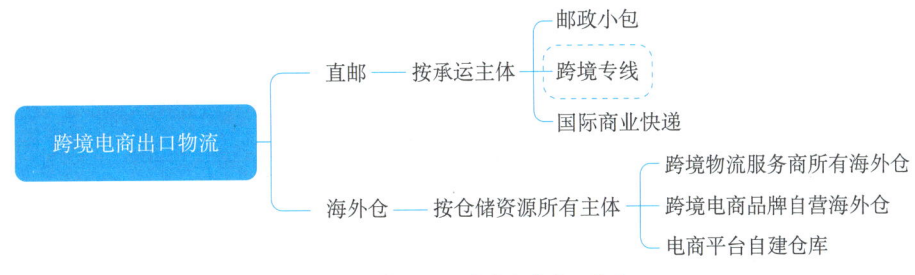

图 4-1 我国主要跨境电商出口物流

跨境专线物流过去通常是指特定国家或地区间专门负责国际段运输的代理和组织。现在，跨境专线物流指针对特定国家或地区推出的跨境专用物流线路，具有 5 个"固定"特征，即物流起点、物流终点、运输工具、运输线路、运输时间基本固定。跨境专线主要包括航空专线、港口专线、铁路专线、大陆桥专线、海运专线及固定多式联运专线，如郑欧班列、中俄专线、渝新欧专线、中欧（武汉）冠捷班列、中英班列、国际传统亚欧航线、顺丰深圳—台北全货机航线等。随着全球消费者需求的不断变化，现在出现了单一货物品种的专线。例如，近些年，平衡车、独轮车成为跨境电商热销产品，为了满足此类带电产品的特殊配送需求，国内某物流平台推出了平衡车美国专线。在新冠疫情席卷全球的时候，有企业推出口罩、防护服、消毒液、护目镜等防疫物资跨境专线物流。

跨境专线物流服务向进出口两端延伸。在进口方面，部分拥有航空及通关资源的货运代理或物流企业，成为境外网络平台指定线路的运输配送商，直接为电商平台提供直送我国的运输包裹入关及国内配送服务。在出口方面，跨境专线物流服务商为国内商家集货拼货出关，通过国际段运输，到目的地选择物流服务商，完成向收件人的配送。跨境专线物流服务商不依赖资源投入，其运作的本质往往是整合与转手，需要具备特定的渠道资源、外贸资质、通关及风险管控能力。跨境专线物流出口走向如图 4-2 所示。

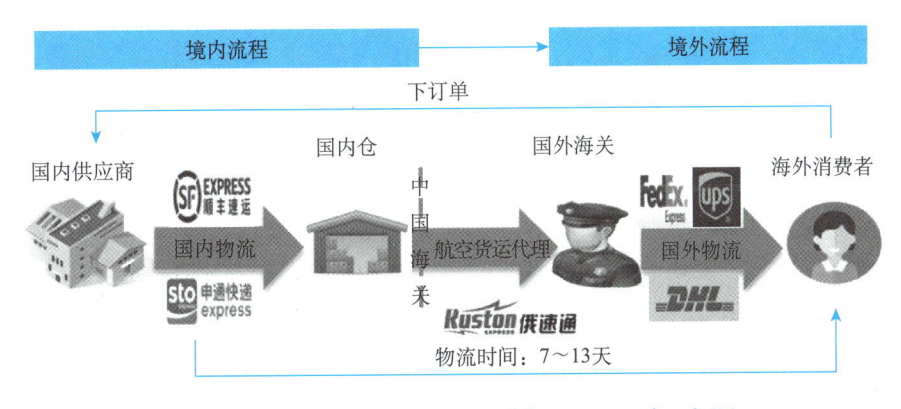

图 4-2 跨境专线物流出口走向（资料来源：长江证券研究所）

4.1.2 跨境专线物流优势与劣势分析

现代物流管理追求"7R"目标,即将适当数量(Right Quantity)的适当产品(Right Product),在适当时间(Right Time)和适当地点(Right Place),以适当条件(Right Condition)、适当质量(Right Quality)和适当成本(Right Cost)交付给客户,如图4-3所示。

我们结合现代物流管理的"7R"要求,对跨境专线物流的优势与劣势进行深入分析。

图4-3 现代物流"7R"目标

1. 跨境专线物流优势

(1)时效快。

跨境专线物流企业拥有自主专线,可控性非常强,一般采取固定航班,不会出现淡季与旺季配送时效差别很大的现象,时效性强于国际邮政小包。

(2)成本低。

跨境专线物流能够集中大批量到某一特定国家或地区的货物,通过规模效应降低单位成本。目的国配送整体成本可以有效控制,服务比国际邮政小包更稳定,物流成本较国际快递低。

(3)安全性高。

跨境专线物流一般有额外赔偿和保险,丢包率较低。目的国的合作物流商负责单件的配送,配送距离相对较近,丢包率远远低于国际配送的小包。

(4)信息可追踪。

目前,国内提供的跨境专线物流服务都可以在国内获得目的国配送物流商的单号，实现对从国内到国外妥投的全过程追踪。

（5）易于清关。

跨境专线物流是运输批量货物至目的国，对货物统一清关，并有专业人员跟进，这样就减少了清关出现的问题，而且不需要消费者解决清关环节出现的问题，提升了消费者的服务体验和清关效率。这是跨境专线物流的显著优势，其他国际配送包裹出现问题频率最高的往往是在清关环节。

2. 跨境专线物流劣势

（1）跨境专线物流通达地区有限，只有物流体量较大的国家才有跨境专线物流可以选择，可选择的物流方案也受限制。在国内的揽件范围也有限，目前只有国内几个重点城市提供上门揽件服务，服务市场覆盖面有待扩展。

（2）相对于邮政小包，其运费成本略高。货物到达终端客户的时间受目的国合作物流商效率的影响，容易出现"最后一公里"运送延误。

（3）跨境专线物流可托运的物品有限。目前，我国可以提供跨境专线物流服务的企业逐渐增多，但可托运的物品种类较为有限，影响国内外消费者的体验。受航空运输方式的影响，跨境专线物流仍然有大部分物品禁止托运，使一些大宗商品的批发商只能采用邮政包裹或其他方式将商品运往国外。例如，有些跨境专线目前仍然不能寄送带电池的电子产品和纯电池。指甲油、香水、香熏、打火机等热销商品也属于跨境专线物流不运送的物品。

（4）逆向物流难度大，退换货不易处理。逆向物流涉及采购、配送、仓储、生产、营销、财务等环节，换退货流程复杂，需要大量的协调和管理工作。

4.1.3 跨境专线物流发展现状

受益于跨境出口电商行业的增量发展、物流配送体系的建设完善、全球经济一体化深入，全球电商市场稳步向好，跨境电商行业渗透率平稳增长。2019—2023年，全球跨境电商行业渗透率从5.2%增长至8.0%，2024年全球跨境电商行业渗透率估计达8.6%，如图4-4所示。

1. 跨境专线市场份额快速提升

近几年，在我国跨境直发三种物流模式中，专线物流增长最快。根据艾瑞咨询的统计，跨境专线物流从2016年开始发展，2020年占比已经达到32%，这在一定程度上反映了我国跨境电商专线物流企业发展成熟度已经达到一定水平。与此同时，邮政与国际商业快递的市场份额比重逐年降低，邮政从2016年以前的60%降至2020年的44%；国际商业快递从2016年以前的40%降至2020年的24%。2020年，我国跨境专线物流市场规模约2484亿元，2016—2020年增长率高达116%。相关机构预计，2025年跨境专线物流市场规模约1.1万亿元，届时跨境专线物流占跨境直发比重达51%。

图4-4 2019—2024年全国跨境电商行业渗透率

（数据来源：弗若斯特沙利文）

2. 跨境专线物流产品持续增多

目前，跨境专线物流服务主要依托发件国与收件国的业务量规模。根据17Track的统计，2021年前三个季度，42.35%的企业，北美专线的发货量大于50%；47.06%的企业，欧洲专线的发货量在30%与50%之间；日韩专线、东南亚专线的发货量大多小于30%；仍未开通东南亚专线的企业占比为45.88%。一方面，北美、欧洲市场呈现出较高的集中度；另一方面，尚待发掘的新兴市场空间依旧巨大。

3. 民营企业是跨境专线物流的主力军

目前，提供跨境专线物流服务的企业很多，商家可以有多种专线物流服务可以选择，有首创专线概念的出口易，以及俄速通、燕文、中环运，速卖通整合的专线物流等。针对体量大的收件目的国，商家可能有多种专线物流服务可供选择。以速卖通为例，目前俄罗斯是最大的购买群体，其后台的线上发货系统就有多种专线物流服务可供选择。巴西虽然也是速卖通主要的访客来源，但受限于当地海关容易对境外商品扣关及当地配送效率差，可供选择的方案远不如发往俄罗斯的商品多。有的物流企业在销售形式上大胆创新。例如，中外运在其旗下子公司中外运电商的官网上推出国内城市到国外城市的专线物流团购业务。目前，跨境专线物流行业格局较为分散。综合跨境电商出口物流服务商因为具有对跨境物流资源的运营整合能力而产生龙头企业，拉开与其他行业竞争者的距离，从而引领整个行业的发展。根据亿邦动力网的数据，目前众腾、递四方、燕文三家龙头企业的市场占有率仅 5%，行业集中度较低。领军企业的覆盖范围广，产品基本涵盖俄罗斯、北美、欧洲等热门跨境电商国家和地区。

4. 跨境专线物流费用结算方式不断完善

与其他跨境物流方式一样，最初跨境专线物流的费用结算方式也以现金交易为主。这种收到货物后再支付物流费用的结算方式，存在部分商家多笔运费延期支付，甚至出现长期恶意拖欠等问题，不利于跨境物流企业的资金回笼与合法权益保护。为此，近年来，跨境专线物流企业开始不断优化运费结算方式。以速卖通中俄专线为例，物流企业在接收商家货物并称重后，需在当天将全部运费告知商家，商家则需在收到付款通知的 24 小时内支付所需运费，否则物流企业有权暂时扣发货物。此种运费结算方式的变更，有效保障了跨境物流企业的合理利益。

4.2 跨境专线物流成本与运费

引导案例

拼多多 Temu 降低跨境物流成本

2022 年 9 月，拼多多推出了新平台 Temu，首先进入美国市场。当时的市场环境为 Temu 的迅猛增长提供了肥沃的土壤。从 2022 年到 2023 年，在短短一年多的时间里，Temu 已经扩展到全球 47 个国家和地区，年订单量高达 610 亿个。2023 年第三季度，Temu 的销售额更是突破了 50 亿美元。这一切都得益于消费模式的转变，从线下转向线上，以及在消费降级趋势下，消费者变得更加理性和对价格更加敏感。在北美，跨境电商的成功取决于市场和产品，物流也扮演了至关重要的角色。成本效益高的物流系统是 Temu 或者其他跨境电商平台未来发展的基石之一，降低跨境物流成本和运费是支撑其未来增长的关键因素。

Temu 与美森、以星、达飞、马士基、中远海运等世界著名船运企业展开合作，通过采取海运快船形式，解决跨境电商物流问题，此举有助于降低物流成本。

Temu 商家可以选择提前备货或根据实际订单发货两种模式。物流链路分为三部分：首先是国内头程，将商品发往国内仓库；其次是干线运输，由 Temu 从国内仓通过极兔、云途等物流服务商将商品空运至海外转运枢纽；最后由第三方物流合作方，如 UPS、DHL 等，完成将商品送到海外用户手中的尾程配送。

不管是 Temu 还是其国内的主要竞争对手，从国内到国外的运输采用的都是空运模式，而一些跨境企业根据实际情况选择空运或海运方式完成货物运输，体积小、价格高或者销量高的 3C 产品基本上都会选择空运，而像家居类等体积较大的商品，大多是海运。

关于 Temu 的物流成本，中金公司曾指出，其国内头程物流成本已经有较大的优化，尾程配送成本存在采购价格刚性，主要优化空间来自干线运输。

根据国际航运协会的数据，2022 年全球船只利用率仅为 76%，较上一年下降了 6 个百分点，这也为船运企业与 Temu 的合作提供了契机。在旺季，以从深圳到美国西部为例，空运一千克商品价格为 30~40 元，而普通船运一千克商品五六元。而像美森这种企业大概要贵一倍，价格在 12 元左右。但是，考虑到 Temu 与其具有官方合作关系，成本应该低于这个价格。另外，美森在美国长滩港有专用码头和独特的 2 个港外堆场，采用无须预约的快速提柜模式，将货物从上海运输到美国长滩仅需 11 天，较传统海运方式缩短了一半的时间。

国际航运协会预测，2025 年全球跨境电商物流市场规模将达到 4.4 万亿美元。根据预估，通过与船运企业合作，海运快船有望占据跨境电商物流市场的一部分份额，预计在 2025 年达到约 15%，相当于 6600 亿美元的物流价值。

（资料来源：36氪）

思考：

1. Temu 专线物流在其整体发展战略中占据什么位置？
2. Temu 还可以从哪些方面降低跨境物流成本？

相关知识

4.2.1 跨境专线物流成本分析

根据跨境专线出口物流流程，以专线小包为例进行说明。国内的揽收、运输分拣、报关及海外的清关由货运代理企业负责；干线运输部分则由货运代理企业向航空企业、铁路企业、船运企业等承运人购买运力；尾程配送由外国邮政或国际物流企业承接。货运代理企业将这些资源打包构建成物流产品，实现门到门的运输。在这些环节中，含金量最大的是干线运输。跨境电商在旺季往往面临运力紧缺、运力配给不稳定等问题，充足的干线运力对于跨境物流企业十分重要。燕文招股书披露，2020 年专线产品的成本单票收入平均约 42.31 元，毛利率为 3.34%，成本端主要部分用于干线和尾程的运力采购，这两部分占运单收入比例高达 88%，具体成本测算如图 4-5 所示。

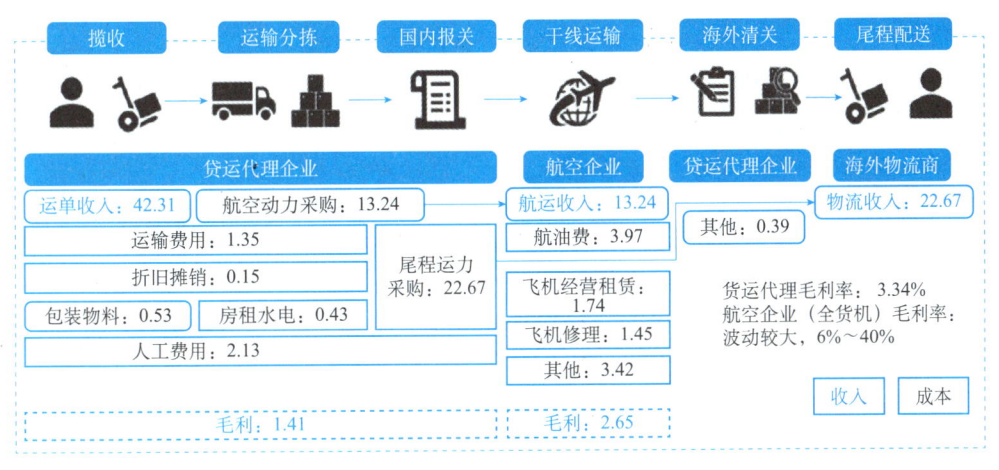

图 4-5　专线小包单件成本测算（元／件）（数据来源：燕文招股书、广发证券发展中心）

4.2.2 跨境专线物流运费计算方法

跨境专线物流费用计算方法与航空快递计算方法大致相似，但起重数量较少，续重单位量较小，有限重，一般收取挂号服务费。不同物流供应商有不同的报价方式，有些是一口价（全包报价），有些没有起重要求，有些需要考虑浮动燃油附加费汇率因素。跨境专线物流价格会随着时间的推移而发生变化，具体价格以发货当时的报价为准。每个不同的物流商和不同专线或多或少都有价格差异，要根据实际需求选择合适的跨境专线物流方案。跨境专线物流费用通常以克为单位收费，同时还需要考虑货物实际重量和体积。在货物运输过程中，国际空运收费标准是按整批货物的重量和体积两者之中较高的一方计算的。其计算公式为：

跨境专线物流费用＝（配送服务费＋燃油附加费）×折扣＋挂号服务费

例如，一位速卖通商家需要从国内发送一个45克的包裹和一个580克的包裹至俄罗斯，他获得如表4-1和表4-2所示的速优宝芬邮挂号小包和俄速通的报价，燃油附加费费率为11.25%。请问：为降低物流费用，这位商家会选择哪条专线？

表4-1　速优宝芬邮挂号小包报价

国家列表			配送服务费原价 元/千克×起重50克， 限重2千克	挂号服务费/元
Russian Federation	RU	俄罗斯	115.4	7.8

表4-2　俄速通报价

国家列表			配送服务费原价/ （元/千克×每克计重， 限重2千克）	挂号服务费/元
Russian Federation	RU	俄罗斯	80	7.4

（数据来源：速卖通）

（1）选用速优宝芬邮挂号小包：

45克包裹费用＝（配送服务费＋燃油附加费）×折扣（根据包裹重量按克计费）＋挂号服务费

$$=115.4 \div 1000 \times 50 \times (1+11.25\%) \times 100\% + 7.8$$
$$\approx 14.22（元）$$

580克包裹费用＝（配送服务费＋燃油附加费）×折扣（根据包裹重量按克计费）＋挂号服务费

$$=115.4 \div 1000 \times 580 \times (1+11.25\%) \times 100\% + 7.8$$
$$\approx 82.26（元）$$

（2）选用俄速通：

45克包裹费用＝（配送服务费＋燃油附加费）×折扣（根据包裹重量按克计费）＋挂号服务费

$$=80 \div 1000 \times 45 \times (1+11.25\%) \times 100\% + 7.4$$
$$=11.405（元）$$

580 克包裹费用 =（配送服务费 + 燃油附加费）× 折扣（根据包裹重量按克计费）+ 挂号服务费

$=80÷1000×580×（1+11.25\%）×100\%+7.4$

$=59.02$（元）

根据以上的计算结果，如果仅从物流运费成本而言，俄速通的价格低于速优宝芬邮挂号小包的价格，那么这位速卖通商家的两个包裹都可以选择俄速通专线运送。

4.3 典型跨境专线物流服务商及产品

引导案例

南航物流："一站式"跨境专线输出更多"中国制造"

卡塔尔世界杯进入 1/4 决赛阶段，在这场"足球盛宴"上，小到挂件摆饰，大到体育馆建筑，随处可见中国制造的产品。

一批中国制造的卡塔尔世界杯吉祥物"拉伊卜"玩偶在南方航空物流股份有限公司（简称"南航物流"）的全力保障下顺利飞往多哈，助力"中国元素"参与这场"足球盛宴"。不止于此，为了进一步开拓国际市场，南航物流还正式发布自营跨境专线产品，主打通往英、美两国的端到端高时效服务，以自有航空运力为基础，依托一体化智慧物流平台，为跨境电商客户提供数字化、可视化的运输解决方案。

"作为卡塔尔航空公司在穗唯一地面保障单位，我们近期保障了非常多的卡塔尔世界杯相关商品出海，如服装、玩偶、模型、鞋帽等，主要以中国制造的小商品为主。"南航物流白云物流国际货站出港室负责人介绍，南航物流已顺利保障服装、摆件、贴纸、手拍器、喇叭、哨子等 10 余吨世界杯周边产品及世界杯场馆 LED 屏幕、灯光设备等飞往卡塔尔。

为保证世界杯相关商品的运输，南航物流在利用自身航线网络运输优势的前提下，做了三点布局：一是提前走访客户，准确把握客户需求；二是加强与广州海关的联动；三是针对激增的世界杯周边商品推出"预审优装"服务。

该负责人介绍，为确保航空运输运行平稳、顺畅、安全，此次南航物流开通专属绿色收运口，提前审查、快速入仓、精准衔接，提升货物检查和收运效率，优化货物装载方案，用"精、细、严、优、快"的服务标准，为客户提供"一站式"服务。

南航物流的"一站式"服务不仅贯穿卡塔尔世界杯相关商品的运输，还体现在新上线的自营跨境专线产品上。南航物流市场部负责人在接受《中国物流与采购》杂志记者采访时介绍："此次正式发布的自营跨境专线产品，以自有航空运力为基础，整合海内外优势资源，打通揽收、空运干线、清关、'最后一公里'配送等环节，采用数字化解决方案，为广大跨境电商客户提供高效、便捷的一站式跨境运输服务。"

自营跨境专线产品为跨境电商客户提供四大优势服务：一是收货范围覆盖全国，接受各地出发货源，让全国跨境电商都能在本地城市进行货物的跨境物流运输。二是多口岸每日直飞，稳定匹配出货批次，为客户降低全程运营成本。三是充分发挥自身运力调配优势，与上下游携手，解决海外提货痛点，上门配送范围囊括英美全境，具有高妥投率、高时效。四是货站实现全自动化分拣，匹配最佳口岸配送，提升运作效率。

总而言之，自营跨境专线物流产品围绕跨境物流中成本和时效两大痛点，为跨境物流客户提供成本可控和运输高效的服务。

跨境专线物流项目作为南航物流转型的重要抓手，具有良好的发展前景，但还有待优化升级。一方面，小包直邮模式的单件物流成本比海外仓模式的成本高，并且只基于日用品、快销品等小件品类；另一方面，由于备货需求，海外仓面临选品困境及囤货带来的库存风险，还有增加的资金周期成本。

因此，除资源整合外，更能提升订单履约能力，更能满足或者超越客户期望的航空前置仓成为南航物流的重点规划对象。

由此看来，通过推进产品优化升级，南航物流将为用户提供更多的服务选择，在欧美主要国家实现专线产品全覆盖，助力广大跨境电商商家实现品牌出海。未来，南航物流将进一步加快跨境专线的建设步伐，专线操作中心模式将很快从华南复制到华东，并通过南航众多客机网点、各地客户经理，向境内外所有潜在的跨境电商客户提供专线服务。

（资料来源：《中国物流与采购》）

思考：

1. 跨境专线物流的功能和作用是什么？

2.南航物流的做法有哪些值得借鉴?

相关知识

揽件时效和服务范围是决定获客能力的重要因素之一。亚马逊《2020年中国出口跨境电商趋势报告》披露,我国外贸商家的地域分布广泛,从珠三角、长三角向内陆延展。其中,长三角地区商家5年内规模增长近9倍;珠三角地区商家规模增长达6倍,以福建为代表的海西经济区商家增多,商家规模增长了5倍;华北、华中地区商家崭露头角,以北京为例,科技创新企业等出海进度加快。主要跨境物流服务商布局与外贸商家出货需求匹配度高。主要跨境物流服务商境内布局如表4-3所示。

表4-3 主要跨境物流服务商境内布局

服务商	境内揽收点数量	覆盖范围
燕文	37	华北、华东、华南、华西、华中区域
纵腾集团	27	华南、华西、华东区域
递四方	31	华北、华东、华南、华中区域

(数据来源:服务商官网)

4.3.1 燕文

燕文全称为"北京燕文物流有限公司",发展逾20年,秉持"中国制造,为世界送达"的企业使命,搭建国内自营揽收及运输体系,积累了大量的跨境电商物流经验和优质的国内外跨境物流资源。企业在打造优势物流产品的同时,持续不断地加强自身网络优化能力,继续稳固跨境电商出口物流服务商的领先地位,与速卖通、亚马逊、Wish、eBay等全球大型跨境电商平台建立了长期稳定的合作关系。经过多年发展,燕文建立了高度协同的物流网络,在全国设置六大分拨中心和37个集货转运中心,服务通达全球200余个国家和地区,是国内跨境出口电商物流行业中服务覆盖和通达范围最广的企业之一。

燕文旗下的燕文航空挂号小包(Special Line-YW)是比较受速卖通商家欢迎的跨境物流方式。燕文从北京、上海和深圳三个口岸直飞目的地,避免了国内转运的时间延误,并且和口岸仓航空企业签订协议,以保证稳定的仓位。燕文提供的服务,如表4-4所示。

表4-4 燕文提供的服务

项　目	内　容
时效	16～35天到达目的地
运送价格	运费根据包裹重量按克计费，1克起重，每个单件包裹限重在2千克以内，具体报价浮动，详见速卖通网站
配送范围	41个国家和地区
揽件范围	北京、深圳、广州（含番禺）、东莞、佛山、杭州、金华、义乌、宁波、温州（含乐清）、上海、昆山、南京、苏州、无锡、郑州、泉州、武汉、成都、葫芦岛兴城、保定白沟提供免费上门揽收服务，揽收区域之外可以自行发货到指定揽收仓库
信息查询	速卖通、燕文官网
保障赔付	邮件丢失或损毁提供赔偿，可在线发起投诉，投诉成立后1～3个工作日完成赔付

（资料来源：速卖通官网）

4.3.2 纵腾集团

福建纵腾网络有限公司（简称"纵腾集团"）成立于2009年，总部位于深圳，以"全球跨境电商基础设施服务商"为企业定位，为跨境电商商户提供海外仓储、专线物流服务及商品分销、供应链服务等一体化物流解决方案。目前，纵腾集团已建成重点覆盖欧美地区，遍及六大洲的跨境电商物流网络，在全球拥有超过40家分支机构、30座境外仓储和中转枢纽，仓储总面积超过100万平方米，年处理订单量超过3亿单，服务全球超过1.5万家跨境电商商户。纵腾集团旗下的云途物流聚焦电商件，为全球跨境电商企业提供优质的全球小包裹直发服务。目前，云途物流在全球拥有1500余名专业的物流服务员工，设有30多个集货转运中心，在中国大陆地区设有25家分公司，日均包裹订单量达100余万件，服务范围覆盖全球220多个国家和地区，是亚马逊、Wish、Shopify等国际主流电商平台重点推荐的物流服务商。除了按照热门配送区域设置专线，云途物流还按照产品类型，细化化妆品类、服装类、带电类商品等专线。以云途全球专线挂号为例，具体信息如表4-5所示。

表4-5 云途物流提供的服务

项　目	内　容
时效	6～15工作日到达目的地
运送价格	体积重低于实际重量2倍的,按照实际重量收费;达到或超过实际重量2倍的,按照体积重量收取
配送范围	20个国家和地区
揽件范围	广州、深圳、东莞、上海、义乌、杭州、南通、宁波、合肥、长沙、武汉、成都、重庆、郑州、石家庄、太原、青岛、天津、西安、绵阳、福州、厦门、莆田、晋江、南昌
信息查询	云途物流官网
保障赔付	发货后60天内提出申请,超过60天不再受理

(资料来源:云途物流官网)

4.3.3 递四方物流

递四方全称为"深圳市递四方速递有限公司",2004年在深圳成立,依托信息网络优势,打造跨境电商综合物流服务平台。2010年,该公司获得新加坡邮政投资,成为新加坡邮政全球物流战略合作伙伴。2016年,该公司获得阿里巴巴旗下菜鸟网络的战略投资,成为阿里巴巴"买全球、卖全球"战略的重要合作伙伴与物流服务提供商。2018年,该公司获得阿里巴巴的新一轮投资。目前,该公司在全球共拥有约1万多名员工、超过100家分支机构,服务全球约100万家跨境电商商户与超过2亿名跨境电商终端用户。递四方旗下的4PX全球专线是针对2千克以下的小件物品推出的空邮产品,可发带电产品,运送范围为全球。递四方提供的服务如表4-6所示。

表4-6 递四方提供的服务

项　目	内　容
时效	15～35天到达目的地,香港直航至新加坡邮政,再由新加坡邮政转寄到全球多个国家和地区
运送价格	体积重量低于实际重量2倍的,按照实际重量收费;达到或超过实际重量2倍的,按照体积重量收取
配送范围	246个国家和地区
揽件范围	深圳、义乌、上海、广州、厦门

续表

项 目	内 容
信息查询	速卖通、菜鸟、递四方、新加坡邮政官网
保障赔付	邮件丢失或损毁提供赔偿，可在线发起投诉，投诉成立后1~3个工作日完成赔付

（资料来源：速卖通官网）

4.3.4 货兜

货兜全称为"货兜（厦门）科技有限公司"，于2015年1月成立，总部位于厦门，是致力于提高跨境电商商家寄件效率的一站式跨境物流平台，是跨境物流界的"携程"，这与其他直接提供物流服务的企业不同。2020年，货兜荣获国家高新技术企业认证，其聚合了几千条国际物流线路，从中筛选出最具价格和时效性价比的国际物流服务商。根据不同的货物、收件目的地国家及价格和时效等个性化需求，货兜为货主提供10个最具性价比的国际物流方案，减少货主查价、比价的成本和信息不对称带来的困扰。目前，货兜已拥有超过3万多家跨境企业用户，整合了500多家优质供应商，全国5000个网点免费上门取件。货兜服务全国158个城市，货物发往全世界196个国家的12535个城市，涉及品类4.5万个。货兜跨境物流解决方案如图4-6所示。

| 1.输入发货信息 | 2.智能查价，一键下单 | 3.全国免费上门取件 | 4.智能仓储，高效作业 | 5.物流账期，信用付款 | 6.一单到底，批量跟踪 | 7.线上投保，一键理赔 |

图4-6 货兜跨境物流解决方案

在新冠疫情期间，欧美海运运价飞涨、港口拥堵，舱位满载，全球供应链受影响严重。货兜借助数字信息优势，发现欧美航空货运供大于求，市场价格持续走低，与欧美海运火爆相反。货兜结合市场需求，推出短期欧美专线特惠周，欧洲直航空派低至每千克30元，充分发挥了灵活的价格优势。

4.3.5 其他专线物流

1. 俄速通

中俄航空俄速通专线（简称"俄速通"）是由黑龙江俄速通国际物流有限公司

提供的中俄航空小包专线服务。使用传统的中国邮政小包,面向俄罗斯市场的商家经常面临纠纷率高、丢包率高等问题。俄速通与中国邮政小包相比具有很多优势,能帮助商家降低纠纷风险。俄速通开通了"哈尔滨至叶卡捷琳堡"中俄航空专线货运包机,其专线运输流程如图4-7所示,大大提高了配送时效,使中俄跨境电子物流平均时间从过去的近两个月大大缩短,如表4-7所示。

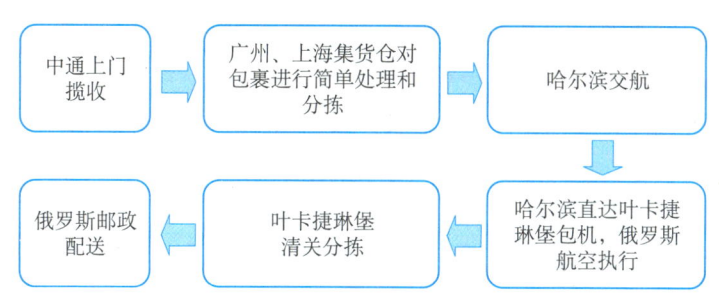

图 4-7 俄速通专线运输流程

表4-7 俄速通提供的服务

项 目	内 容
时效	16～35天到达目的地
运送价格	57.4元/千克+挂号费16.9元/件。运费根据包裹重量按克计费,1克起重,每个单件包裹限重在2千克以内
配送范围	俄罗斯全境邮局可到达区域
揽件范围	北京、深圳、广州(含番禺)、东莞、佛山、杭州、金华、义乌、宁波、温州(含乐清)、上海、昆山、南京、苏州、无锡、郑州、泉州、武汉、成都、葫芦岛兴城、保定白沟并提供免费揽收服务。 除以上注明揽收城市所在区域外,其他省份及地区均不属于线上揽收范围,需商家自行寄送至揽收仓库
信息查询	速卖通、中国邮政和俄速通官网;消费者可在俄罗斯邮政官网(包裹到俄罗斯后)查询相关物流信息
保障赔付	邮件丢失或损毁提供赔偿,可在线发起投诉,投诉成立后最快5个工作日完成赔付

2. 菜鸟无忧物流北美专线

阿里巴巴旗下唯一跨境B2C出口平台速卖通与菜鸟网络共同推出了菜鸟无忧物流服务。作为速卖通的官方物流服务,菜鸟无忧物流提供包括国内揽收、国际配送、物流追踪、物流纠纷处理、售后赔付在内的一站式物流解决方案。与传统物流方式相比,菜鸟无忧物流凭借菜鸟在全球搭建的物流网络,具有更强的服务确定性。同时，依靠平台的资源，菜鸟无忧物流可以帮助商家在处理买卖关系中的物流纠纷时节省人力、资金成本。

针对速卖通美国路向的小件商品，菜鸟推出了菜鸟无忧物流美国专线，航班通过深圳、香港、上海三个口岸城市同步至美国各个站点，再由美国邮政将商品配送至美国全境邮局可达的区域。通过与合作伙伴打通系统，美国专线可以提供一单到底的物流服务，实现国内快速预分拣、快速通关、快速分拨配送及全程可视化跟踪。此外，菜鸟还可以调整航班资源，直飞美国各个站点，快速中转，避免旺季爆仓的情况出现。菜鸟无忧物流北美专线提供的服务如表4-8所示。

表4-8 菜鸟无忧物流北美专线提供的服务

项目	内容
时效	13～20天，最快3～7个工作日
运送价格	0.072元/克（按照每克计算）+7.5元/包裹挂号服务费（根据包裹重量按克计费，起重1克，限重2千克）
配送范围	美国全境
揽收范围	深圳、广州、东莞、佛山、汕头、中山、珠海、义乌、金华、杭州、宁波、上海、苏州、无锡、北京、福州、厦门、泉州、青岛、温州（乐清）、南京。从一件起，免费揽收
信息查询	全程可视化跟踪：速卖通平台订单页面和菜鸟官方物流追踪网站
保障赔付	时效承诺运达时间60天。菜鸟无忧物流的承诺运达时间由平台承诺，商家不能修改。由物流原因导致的纠纷退款由平台承担，标准物流上限为800元人民币

实践项目操作

1. 实践项目

根据本章涉及的专线物流，在网络上选择一款重量在2千克以下的商品，查询相关物流供应商的最新报价，计算该货物的专线物流费用。

2. 实践目的

通过信息查询、数据收集、电话咨询、知识回顾，加深对专线物流的了解。

3. 实践要求

除了选择课本里涉及的专线物流，再寻找一家可以提供相同目的国专线服务的供应商，进行比价。通过资料收集，了解专线物流行业情况，填写表4-9中的信息。

表4-9 实践项目表格

商品名称				发货地		
商品重量				目的国		
商品体积				是否属于特殊物品		
序号	专线名称	重量限制	体积限制	时效性	运费	分析评价
1						
2						
结论						

4. 实践结果

以小组为单位，建议2人1组，分工合作，共同完成表4-9。

专业知识测试

一、选择题（不定项）

1. 以下哪项不是跨境专线物流？（　　）
   A. 俄速通 　　　　　　　　B. UPS
   C. 燕文航空挂号小包　　　　D. 云途全球专线挂号

2. 目前速卖通最受欢迎的三种跨境物流方式是（　　）。

　　A. 海外仓　　　B. 专线　　　　C. 邮政小包　　　D. 商业快递

3. 专线物流具有哪些优势？（　　）

　　A. 易清关　　　B. 时效快　　　C. 成本低　　　　D. 安全高

　　E. 可追踪

4. 专线物流具有哪些劣势？（　　）

　　A. 价格高　　　　　　　　B. 揽件范围有限

　　C. 丢包率高　　　　　　　D. 效率差

5. 专线物流适合哪些货物？（　　）

　　A. 价值高　　　　　　　　B. 需求量大

　　C. 无时效要求　　　　　　D. 时效要求高

6. 以下哪些国家或地区是我国跨境电商出口商品的主要目的地？（　　）

　　A. 美国　　　　B. 韩国　　　　C. 欧盟　　　　　D. 俄罗斯

7. 以下选项哪个不属于铁路专线？（　　）

　　A. 郑欧班列　　　　　　　B. 渝新欧专线

　　C. 中欧（武汉）冠捷班列　D. Aramex 快递

8. 以下商品哪些适合用专线物流运送？（　　）

　　A. 笔记本电脑　　　　　　B. 高端手机

　　C. 高端服饰　　　　　　　D. 化妆品

9. 以下哪些商品受航空运输的限制？（　　）

　　A. 充电宝　　　B. 平衡车　　　C. 指甲油　　　　D. 打火机

10. 国际专线物流是针对特定国家或地区推出的跨境专用物流线路，（　　）都基本固定。

　　A. 物流起始点　　　　　　B. 运输工具

　　C. 运输线路　　　　　　　D. 运输时间

二、判断题（对的在括号中打"√"，错的在括号中打"×"）

1. 专线物流是跨境物流的最佳选择。（　　）

2. 专线物流在目的国容易出现"最后一公里"运送延误。（　　）

3. 针对固定路线的跨境电子商务，国际快递是一种较好的物流解决方案。（　　）

4. 跨境专线物流之所以价格低廉，主要是因为通过陆路运输。（　　）

5. 新冠疫情使跨境专线市场覆盖率降低。（　　）

6. 跨境专线物流产品持续减少。（　　）

7. 我国目前开通的主要跨境专线物流是中东专线。（　　）

8. 专线物流费用计算方式与航空快递费用计算方式一模一样。（　　）

9. 专线物流报价较为固定，受影响因素较少。（　　）

10. 国际专线物流过去是指特定地区间专门负责国际段运输的代理和组织。（　　）

三、简答题

1. 现代物流管理的"7Rs"具体指什么？

2. 简要分析邮政物流、国际快递、专线物流的优势与劣势。

3. 如何根据货物特征、目标客户和目标市场、淡季或旺季来选择跨境物流？

4. 请选择一个跨境专线物流产品，对其进行SWOT分析。

5. 请就我国跨境专线物流的发展提出可行性的升级建议和意见。

第5章

国际海外仓

内容概述

"互联网+"时代，传统外贸增长乏力，跨境电商却颇为火爆。一些传统外贸企业把目光瞄准境外消费市场，通过亚马逊等平台，把商品直接卖给国外消费者。海关统计数据显示，2022年我国跨境电商进出口额为2.11万亿元，增长9.8%。其中出口1.55万亿元，增长11.7%；进口0.56万亿元，增长4.9%。跨境电商等新业态、新模式已是我国外贸发展的有生力量，也是国际贸易发展的重要趋势。然而，海外物流耗时长、费用高却是跨境电商企业的一大烦恼。因此，致力于降低物流成本、提高配送效率、提供一站式解决方案的海外仓应运而生。

据不完全统计，截至2022年12月，我国有超过900多家企业在海外设立了海外仓，数量超2000个。在地区分布上，我国企业设立的海外仓主要集中在欧美等发达地区；在国别上主要有美国、英国、德国、澳大利亚、俄罗斯、加拿大、荷兰、比利时、西班牙、日本等；在形式上以租用仓为主，自建仓较少；在数量上呈现快速增长的趋势，2017年以后设立的海外仓占一半以上。广东、福建、江苏、浙江4个省的企业走出去设仓数量较多。业内人士认为，海外仓成为跨境电商发展的重要环节和服务支撑，对我国外贸发展方式的转型升级有一定的积极作用，提升了外贸方式的便捷性和效率，在拓展国际营销网络、提升外贸企业竞争优势等方面发挥了积极作用。

2016年的《政府工作报告》指出,"鼓励商业模式创新。扩大跨境电子商务试点,支持企业建设一批出口产品海外仓"。2015年6月,《国务院办公厅关于促进跨境电子商务健康快速发展的指导意见》也明确提出,支持跨境电子商务零售出口企业加强与境外企业合作,通过规范的海外仓、体验店和配送网店等模式,融入境外零售体系。

商务部也表示将会参照国际规则,采取有效措施支持有实力的企业设立海外仓。总体考虑有5点:一是进一步提高通关效率;二是降低物流成本;三是缩短营销环节;四是改善配送效率;五是帮助企业更好地融入境外流通体系。

海外仓模式是指跨境电商企业按照一般贸易方式,将商品批量出口到境外仓库,电商平台完成销售后,再将商品送达境外的消费者。自诞生开始,海外仓就不只是在海外建仓库,而是对现有跨境物流运输方案的优化与整合。

那么,海外仓能解决跨境电商的难题吗?怎样管理海外仓才会更高效?建设海外仓又面临哪些问题?

本章,我们将学习海外仓选品规则、海外仓费用结构、海外仓服务流程等内容。

知识目标

1. 了解海外仓的概念和优点、缺点。
2. 熟悉海外仓的选品规则。
3. 掌握海外仓费用的构成。
4. 熟悉海外仓物流服务模式和流程。

能力目标

1. 能够识读跨境电商海外仓服务的几种不同模式。
2. 能够进行合理的海外仓产品选择。
3. 能够对海外仓的费用进行正确计算。

5.1 认识海外仓

引导案例

海外发货的服务效益之虑

【案例一】美国消费者在网上订购 iPhone 屏幕贴膜,从美国当地发货隔日即到,售价 9.95 美元;从中国发货 2~15 天到,售价 3.39 美元,免运费。以价格差与消费者对物流速度的敏感度博弈,即便销量再多,也并非成功的生意。

【案例二】外贸 B2C 商家的神经依旧敏感,零库存成本与发货速度是一个永恒的悖论,尤其是小商家,在国内大多没有库存,接到订单时才去原厂调货,或者加班赶制,相应的代价便是少则半月、多则数月的物流等待期,丢包、掉包现象频现。

商家在海外建仓(见图 5-1),看似是一个破局之道——在消费者下订单之前,货已经在他的家门口准备好了。出于此种

图 5-1 商家在海外建仓

考虑,一些外贸 B2C 企业独辟蹊径,转型第三方仓储,将自己位于美国的仓库开放给国内 B2C 商家,在交易平台上显示"本地发货"——本地优先,是搜索排序的游戏规则。消费者下单后,商品隔日达不是问题。

海外仓类似一个端到端的全程物流整合者。在配送模式上,效仿亚马逊的外包业务,将拼箱、装柜、报关委托给货运代理企业,将国际物流委托给海运、空运企业,将国外"最后一公里"的上门服务委托给 UPS、DHL 等快递企业;海外仓协助商家预先调节库存,并提供配送过程中的实时跟踪反馈,在商家的库存成本和消费者的体验之间取得平衡。

思考:

1. 什么是海外仓?
2. 海外仓有哪些优势?

相关知识

5.1.1 海外仓概述

海外仓是指建立在海外的仓储设施。在跨境电商贸易中，海外仓是指国内企业将商品通过大宗运输的形式运往目标市场国家，在当地建立仓库、储存商品，然后根据当地的销售订单，第一时间做出响应，及时从当地仓库进行分拣、包装和配送。

在其他国家建立的海外仓，一般用于电商业务。货物从本国出口，以海运、空运等形式到达该国的仓库，消费者在网上下单购买所需物品，商家只需在网上操作，对海外仓下达指令，对订单商品进行配送。货物从消费者所在国发出，大大缩短了从本国发货所需的时间。

仓库是现代物流中连接买卖双方的一个关键节点，将这个节点置于海外，不仅有利于海外市场的拓展，还能降低物流成本。商家拥有自己的海外仓，能从消费者所在国发货，从而缩短订单周期，完善用户体验，提升重复购买率，让销售额突破瓶颈，更上一个台阶。

简单来说，海外仓服务就是一种针对广大电商商家的需求，为商家提供仓储、分拣、包装、配送等项目的一站式服务。商家将货物存储到国外的仓库，当消费者有需求时，商家可以第一时间快速响应，及时通知国外的仓库进行货物的分拣、包装，并且从该国仓库运送到其他地区或者国家，提升了物流响应时间。海外仓可以确保货物安全、准确、及时、低成本地到达终端消费者手中。

5.1.2 海外仓兴起的原因

1. 跨境电商的迅速发展对物流的要求日益提高

退换货在国内网购中较为普遍，国外消费者的心态与国内消费者的心态是一样的，也希望购买到的东西快点送到手中，不满意还能轻松退换货。怎么解决这个问题呢？回答是走出国门，提供与国外电商一样的本土化服务，充分利用中国制造的优势参与国际竞争，而这是跨境电商实现可持续发展的关键。

实际上，海外仓将成为电商时代物流业发展的必然趋势。

（1）海外仓的头程将零散的国际小包转化为大宗商品运输，可以大大降低物流成本。

（2）海外仓将传统的国际配送转化为当地配送，确保商品更快速、更安全、更准确地到达消费者手中，完善消费者跨境购物体验。

（3）海外仓的退货处理流程高效便捷，适应当地消费者的购物习惯，让消费者在购物时更加放心，能够解决传统的国际退换货问题。

（4）海外仓与传统仓储物流相结合，可以规避外贸风险，避免因节假日等特殊原因造成的物流短板，从而提高我国电商的海外竞争力，真正帮助电商商家提供本土服务，适应当地消费者的消费习惯。

2. 跨境电商根据企业自身需求转型建仓

（1）跨境电商与国内电商最大的区别就是把货物卖到国外，不稳定的物流体系是一大挑战。无论是企业还是个体电商，要想把生意做大，不仅要维护好自己的电商平台，还需要能够降低成本、加快配送时效、规避风险的海外仓。在前期，商家只要把货物大批量运到海外仓，就有专门的海外仓工作人员代替商家处理后续各种琐事，在线处理发货订单，一旦有人下单就立即完成配货、打包、贴单、发货等一系列物流程序，这可以给商家腾出时间和精力进行新产品开发，从而获取更大的利润。

（2）在海外市场，从当地发货更容易取得消费者的信任。大多数传统消费者更相信快捷的本土服务，在价格相差不大的情况下，他们更愿意选择设置海外仓的商品，配送速度更快、安全性更高。特别是在黑色星期五、圣诞节等购物旺季，订单暴增，跨境配送的效率受到影响，丢包的风险加大，加上各国海关的抽查更加严格（例如，在途经意大利、西班牙海关时，包裹很容易被扣关检查），这将延迟配送的时间。而速度是与消费者的满意度直接挂钩的，消费者满意度的降低会威胁商家电商平台账号的安全。因此，越来越多的国内商家意识到应该选择海外仓。海外仓不仅可以将跨境电商贸易中的物流风险"前置"，还可以提高客户满意度，增加成交量，待商家的信誉和评价提高了，营业额必然会得到增长。

（3）除了本地发货在可信度和时效性方面的优势，海外仓及其配套系统也能给消费者带来更好的跨境购物体验。

3. 海外仓的数据化物流体系带动跨境电商产业链的升级

相关国家的海外仓已经采取数据化、可视化的运营方式，我国可效仿这一模式。从长远来看，数据化物流日趋完善将进一步促进跨境电商产业链的升级。通过数据管理物流，分析流程中的时间点数据，有利于商家在配送过程、成品发货流程等方面找出问题，在供应链管理、库存水平管控、动销管理等方面提高效率。

5.1.3 海外仓的优点与缺点

能够得到跨境电商巨头的青睐，海外仓必定有其自身特有的优势。那么，海外仓的优势具体体现在哪些方面呢？

1．海外仓的优点

（1）降低物流成本。

从海外仓发货，特别是在当地发货，物流成本远远低于从国内发货。例如，从国内通过 DHL 发货到美国，1 千克货物需要人民币 170 元左右，在美国发货只需要 10 美元左右。

（2）加快物流时效。

从海外仓发货，可以节省报关、清关所用的时间。商家使用国际快递企业发货，DHL 需要 5～7 天，FedEx 需要 7～10 天，UPS 需要 10 天以上。若在当地发货，则客户可以在 1～3 天收到货，大大地缩短了运输时间，加快了物流时效。

（3）提高产品曝光率。

如果平台或者店铺在海外有自己的仓库，那么当地客户在购物时，一般会优先选择当地发货，因为这样可以大大缩短收货的时间。海外仓能够让商家拥有自己特有的优势，从而提高产品曝光率，提升店铺的销量。

（4）提升客户满意度。

并不是所有的商品都能让客户满意，这中间可能出现货物破损、短装、发错等情况，客户可能要求退货、换货、重新发货。这些情况在海外仓便可处理，大大地节省了物流的时间，在一定层面上不仅能够使商家重新得到消费者的青睐，也能为商家节省运输成本，减少损失。

（5）有利于开拓市场。

商家的商品不仅能够获得当地消费者的认可，还有利于商家积累更多的资源去拓展市场，扩大产品销售领域与销售范围。

2. 海外仓的缺点

（1）必须支付海外仓储费。

海外仓的仓储成本费用，不同的国家不同。商家在选择海外仓的时候一定要计算好成本，将使用海外仓与自己当前的发货方式所需的成本进行对比，然后做出选择。

（2）要求有一定的库存量。

对于销售定制产品的商家来说，不适合使用海外仓。

5.2 海外仓选品规则

引导案例

一个亚马逊小商家的选品分析

对于中小商家来说，选品具有非常重要的作用，可以这么说，"七分在选品，三分靠运营"。很多商家知道选品的重要性，却不知道怎样去选品。有商家在运营过程中总结出选品的三个步骤：刚需选品、反复试销、产品升级。

1. 刚需选品

很多商家其实并不了解什么是刚需品。例如，有商家说："按照你的刚需选品的建议，我经过多方考量，决定卖手机壳，你觉得怎么样？"我问："你为何觉得手机壳是刚需产品呢？""因为人人都需要啊！"

手机壳固然是很多人需要的产品，但在很多人需要的更深一层，其实包含一个条件，那就是，每个人对手机壳的需求点各不相同。你喜欢红色的手机壳，他喜欢蓝色的手机壳，一个客户选择硬手机壳，而另一个客户可能选择软手机壳。客户的选择具有多样性，造成的结果就是，即便你准备1000款产品，也未必能够满足客户的需求。客户没有选择你卖的手机壳的原因可能简单到只是不喜欢。这时候，作为商家，你能怎么样？当新款手机出来时，风向瞬间变了，你只能守着一大堆库存发呆。商品库存过剩，如图5-2所示。

图 5-2 商品库存过剩

难道卖手机壳就一定不行吗？也不是。确实有商家在亚马逊每天手机壳可以出货上千单。你很羡慕吧？如果告诉你，一个每天出货约 500 单的商家说，他店铺里面约有 12000 个 SKU，你是否会羡慕他这 500 单呢？

2. 反复试销

刚需选品，意味着相关产品既能满足用户某方面的需求，又是必不可少的物件，同时意味着用户在满足该需求时不会过多地在意产品的款式、外观、颜色等因素。例如，当你筹划户外野炊时，烧烤架就进入你的购物清单，而你确实不会太在意它的款式和设计。基于这样的思维，当你看到相关产品时，你需要的是功能，而不会对一些外在因素进行挑剔。这就意味着，任何一个商家的产品，都是你可以接受的。用户考虑的侧重点不同，影响商家的选品和备货。所以，对于商家来说，换一个角度，从用户需求的角度考虑，选品可能就不一样。

选择一款好产品，并不意味着你就能够卖到"爆"。很多时候，一款产品卖得好与不好，除努力之外，还有很多我们无法把握的因素。这样就会导致另一种结果，明明在平台上热卖、市场容量很大、别的商家卖得很好的产品，而你偏偏卖不动。遇到这种情况，应该怎么办呢？很简单。如果产品上架之后，几经销售，用尽各种技巧和方法，销量都没有上升，那么果断舍弃就是。很多商家可能纠结于针对相关产品已经投下的心血和成本，但要明白，如果在一个销量难以上升的产品上纠结，就会耗费自己可以用在其他产品上进而产生好结果的机会。

关于选品、试销和舍弃，我给出的建议是，你需要查看评估 5~10 款产品，然后从中选择一款产品，在 10 款产品的前期销售中，你需要根据销售情况和客户反馈情况，经过滤后保留 3~5 款产品，然后在淘汰掉试销不成功的产品的同时，补充新的产品，继续进行销售与淘汰。如此一来，如果你想打造一个 20 款产品且每款都销量不错的店铺，就大概需要先后进行 60 款左右的产品试销，而你需要查看评估的总产品数量有可能多达五六百款。如此庞大的数量，又回到我们平时经常提到的另一个概念：量大是制胜的关键，没有谁能够轻轻松松取得成功。

3. 产品升级

任何产品的销售都不是一帆风顺的，今天你发现一款产品卖得好，正在窃喜，明天已经有大批商家涌入，蓝海瞬间变成了红海。对于卖公共模具产品的商家来说，另一个绕不开的话题就是，卖得很好的产品会被跟卖。

注册商标做品牌备案固然可以在一定程度上防止热销产品被跟卖。可是，真正要解决跟卖现象，只有一种方法，那就是——我有，你没有。当一个产品只有你自己独家拥有时，跟卖者解决不了货源问题，自然就不再跟卖了。

要选择独一无二或具有特色的产品，离不开开模、专供或者包销。如果有好的供应商资源，自然可以通过专供和包销的方式，降低前期的资金投入。当然，对于开模，不要盲目进行。所有的开模都需要基于前期试销得出的市场数据，如果遇到一个产品就盲目开模，只会让你的运营更加被动。

思考：

1. 海外仓的产品应该如何定位？
2. 海外仓的选品有哪些规则？

相关知识

5.2.1 海外仓产品的定位

目前，众多电商平台开启了本地化服务体验，海外仓成为未来的发展趋势。海外仓本地化服务具有的优势，如图 5-3 所示。

海外仓享有搜索专属筛选、参加专场活动、平台出资进行站外推广等专享资源。海外仓选品，如何定位呢？海外仓选品定位有 4 种情况，如图 5-4 所示。

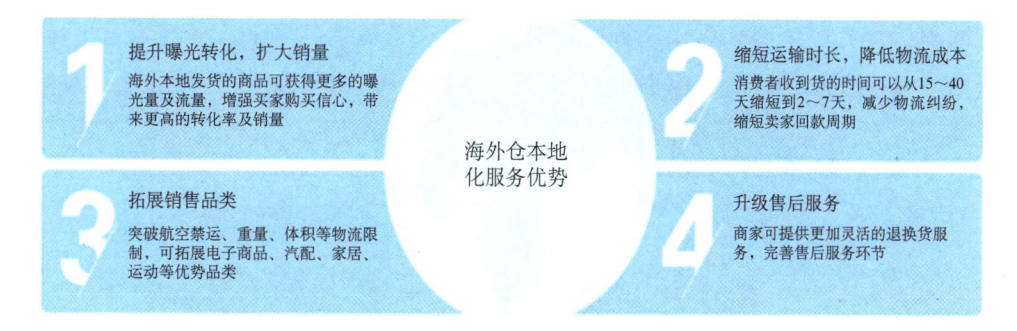

图 5-3　海外仓本地化服务具有的优势

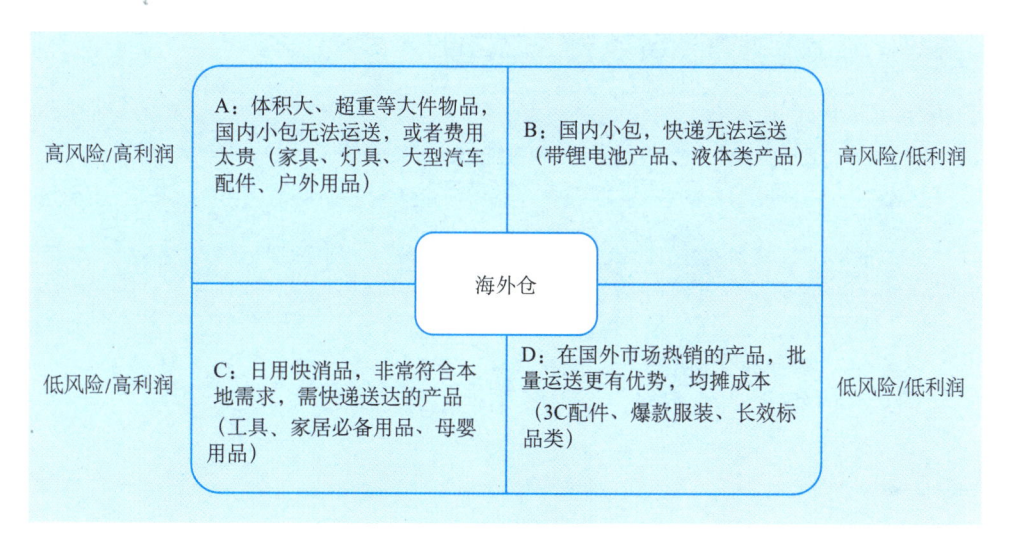

图 5-4　海外仓选品定位

在图 5-4 左边的品类是高利润品类，比较适合海外仓。其中"高风险／高利润"的品类最适合海外仓。图 5-4 右边是低利润品类，不适合海外仓，特别是 3C 产品这种利润不高的产品。所以，"高风险／高利润"和"低风险／高利润"的品类适合海外仓。而"高风险／低利润"和"低风险／低利润"的品类要想清楚再做。但是，对于外贸电商来说，追求更稳、更快、更好地发展，选择海外仓成为必然的趋势。

5.2.2　海外仓产品选品基本思路

海外仓选品要先从选择在哪个国家建仓开始，然后根据该国的特点选择产品。

1. 确定在哪个国家建立海外仓

我们在建仓的时候要选择可以覆盖周围市场的地方，如美国可以覆盖加拿大，在欧洲建仓有多个地方可供选择，任选其中一个就可以。例如，在速卖通平台，可以参考"选品专家"热销词来进行海外仓选址，具体操作如图5-5所示。

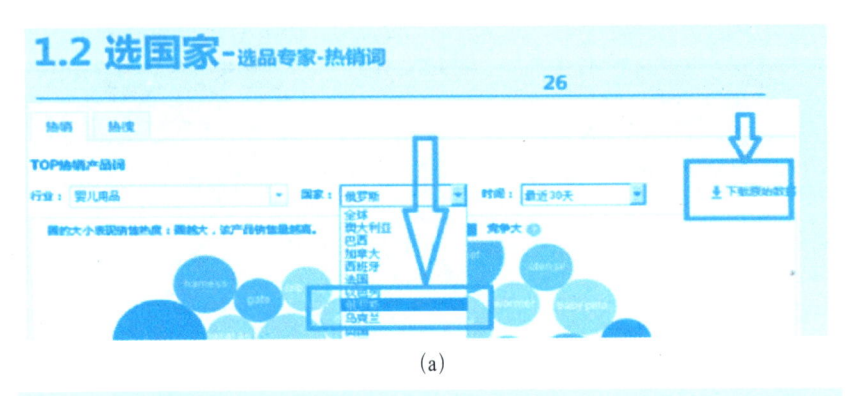

(a)

(b)

图 5-5　通过"选品专家"热销词选择

2. 了解目的国家消费者市场需求

了解目的国家消费者市场需求，可以通过当地电商平台进行调查和了解。

3. 在国内寻找类似产品，开发海外仓产品

开发指标包括：产品的单个销量、单个到仓费用、单个毛利及毛利率、月毛利、成本收益率。对这些指标，商家可以根据自身实际情况来确定。

4. 运用数据工具选品

以速卖通为例，选品主要的参考因素有"数据纵横"中"选品专家"的热销词、热搜词及搜索词分析中的飙升词。

具体的数据可以从"选品专家"下载（如图5-6所示），关注成交指数大，购买率排名低、竞争指数小的产品词。另外，还可以选择一些第三方工具来寻找打造爆款的主力词，如图5-7所示。

图 5-6　选品专家

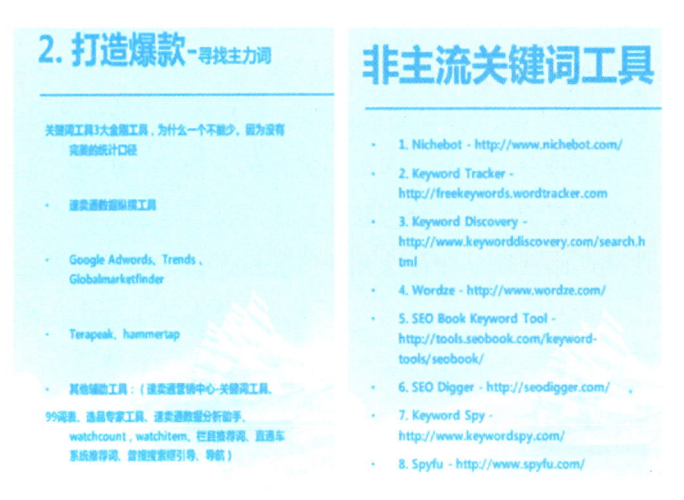

图 5-7　用第三方工具寻找打造爆款的主力词

5.2.3　主要平台选品介绍

选品一直是跨境电商最核心的话题，不同平台的选品规则有所不同，所以选品思维自然因平台而异。下面，我们对当前主要的几家平台的选品方法做出说明。

1．亚马逊选品

提到亚马逊，大家首先想到的是"适合做品牌""高毛利"等话题。但是，对于多数国内商家来讲，亚马逊的销售产品路线只有"跟卖 Listing"[①]和"自建 Listing"。其中，自建 Listing 的方式适合目前大家热衷的品牌和伪品牌策略。当然，如果是简单贴牌，那么这条路线做起来是非常累的。在这个环境下，国内商家应该如何选品呢？

（1）跟卖 Listing。

这类产品其实大多数是标准化产品，如电子类、汽车配件、家居和运动器材类等，很多用 FBA 配送。商家在选择这一品类的时候，可以根据要"跟卖"的母 Listing 是否是品牌（或者伪品牌保护）方，来确认有无侵权风险；剩下的工作要把主要精力放到采购成本分析和国内物流头程计算上。商家要围绕市场的销售价格区间，不断地对这类产品进行测试。在名称、关键词、页面、图片、配送一样的情况下，除比较每个跟卖竞争账号绩效表现的不同之外，唯一能做的就是看谁的运营费用低，争夺购物车的实力最强。商家选品的目的就是把产品销售出去，这其实就是选品的核心。

（2）自建 Listing。

这类产品大多数是已经得到认可的品牌（或者被认可的伪品牌）。选择这类产品时，除品牌自有的号召力之外，名称、关键词、描述、图片、页面等设置都要自己做。除账号绩效表现、优质物流和性价比之外，选品的核心是这类产品市场的销售容量。此类产品往往是非标准化和主观性产品，而且是高毛利、竞争对手相对少的小众市场产品。只有这样选择产品，才能在特定的用户群和竞争小的市场缝隙中获得发展。

2. 速卖通选品

目前速卖通市场定位是在俄罗斯与巴西等新兴电商市场，外界多数建议商家在刚开始选品的时候选择体积小、价值低的产品进行销售。因此，目前速卖通集中的品牌主要以时尚类产品配件与小家居运动类产品为主。商家在选品时，名称、关键词、页面、图片等都必须做好，性价比要比其他平台更为突出。

速卖通商家可以按照亚马逊自建 Listing 的思维，做垂直化的产品线，把亚马逊的商家品牌（伪品牌）思路利用起来，重点利用速卖通的付费流量做自己的品牌店铺。

---

① "Listing"指亚马逊平台的商品详情页。

不过，速卖通选品并没有一定的规则，也没有永远的热销产品。"人无我有，人有我优，人优我转"是商家应该谨记的一条准则。

3. eBay 选品

作为全球商务的领军者，eBay 帮助全球消费者随时、随地、随心地购买他们所爱、所需的产品。因此，eBay 平台上的产品非常多样化，该平台目前提供的上架商品数量超过 8 亿件，种类繁多。可以说，消费者需要和喜爱的任何产品在 eBay 上都可以找得到。

以美国、英国、澳大利亚和德国为代表的成熟市场目前是 eBay 大中华区商家最主要的销售目的地市场。这些市场具有人均购买力强、网购观念普及、消费习惯成熟、物流配套设施完善等特点。消费者对于产品质量、购物体验都有比较高的要求，商家除要提供高性价比的产品之外，还要提供堪比"零售标准"的服务。除目前品牌和专营店这种战略布局经营外，其他的选品思维可用"海外仓派系"和"中国直发派系"来区分。

（1）"海外仓派系"的选品思维。

名称、关键词、图片、描述、本地物流选择方式等因商家自身的不同而不同。所以，谁在这个方面做的文章好，结合自己的账号绩效与 eBay 实操细节，就已经胜出了 60%；剩下的就是和"跟卖"思维一样了。eBay 实操霸主商家对待新入商家最恨的就是在性价比上动手。当累积到一定的销售比例时，霸主商家的售价反而会高出新入商家很多，拿到了定价权和引领市场均价的旗帜。新入商家是无法抗衡霸主商家的，进行持久的坚守战和国外特定的时间管理是策略核心。当然，对于一些在站内做得比较好的商家来说，他们早已经到站外社交媒体引流了。

（2）"中国直发派系"的选品思维。

这里可以用到上面提到的速卖通选品操作。可以说，两个市场是基本相同的，不同点就是平台对商家的考核不一样，以及平台在受众国家的宣传力度不一样。

4. Wish 选品

Wish 主打的是移动端用户，受限于移动设备显示屏，在该平台上无法进行价格比较。想在 Wish 平台以低价产品得到更多关注的概率比其他平台低很多，所以商家不能一味地选择低价产品。

Wish 的关键词和页面是按照亚马逊的模式做的，SKU 属性和匹配方面是按照速卖通的模式做的，根据大多数移动端用户的性别和爱好推荐商品。熟悉 eBay 的商家马上就注意到了，Wish 的用户界面其实是 eBay 的"收藏"模式。当需要搜索商品的时候，Wish 采用的算法又回归到每个平台采用的相同的算法模式。所以，用速卖通的选品思维进行 Wish 选品基本是可以的。

因为 Wish 是北美最大的移动购物平台，所以商家在选品方面就要立足于北美市场的需求，以及北美消费者的购物习惯。

选品思维是由不同平台的销售思维决定的，相同的产品，国内商家喜欢多平台销售，而每种产品在不同平台表现出来的销售情况是不同的。所以，建议商家把选品当作在不同平台采用的不同销售方法，扬长避短，相互借鉴。例如，分清楚哪个平台利润高，哪个平台是用来跑量，以提升供应链和物流折扣的，哪个平台是收集用户信息做二次营销的。

5.3 海外仓费用结构

引导案例

亚马逊全球开店项目 FBA 仓库的费用

费用 1："商家销售费"的 15%

商家每个商品从亚马逊的 FBF 仓库卖出、发货，亚马逊要收取 15% 的商家消费税。

费用 2：商品入库、出库收 2 次费用

当商家把商品按照个数储存到 FBA 仓库时，亚马逊会收一次费用。当商家准备把商品拿出去卖时，亚马逊再收一次费用，而且不是按照个数收费，是按照每个订单商品的重量来收费的。

亚马逊曾经宣布一系列非常明显的提高价格的声明，使许多商家的运营模式和成本模式被打乱。亚马逊还提供面向其他市场（如 eBay）的仓储配送服务，虽然价格较高,但也不失为一种选择。

亚马逊还启用FBA仓储"包年费"。如果商家长期使用亚马逊的服务,那么包年费是很正常的。但是,一些决定长期使用FBA服务的商家,并不欢迎这一举措。

换句话说,亚马逊是在商家的货物已经到达仓库之后才提高费用的。如果商家想把货物拿回来,那么亚马逊还要收取高昂的退货取货费。

总而言之,FBA仓库服务对部分商家来说可以增长业绩,不过是用高昂的FBA管理费换来的。

思考:

1. 海外仓的费用包括哪些内容?
2. 如果不使用海外仓,相关的仓储费是否可以省下来?
3. 亚马逊的收费政策给你什么样的启示?

相关知识

5.3.1 如何计算海外仓产品运费

海外仓的费用要通过公式计算,该费用会随着时间的增加而增加很多。海外仓费用主要由头程运费、处理费、仓储费、尾程运费、关税/增值税/杂费组成,如图5-8所示。

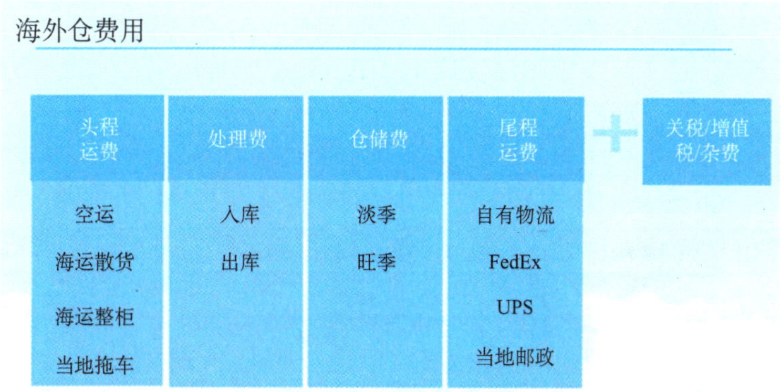

图5-8 海外仓的费用组成

这里以女士衬衫为例,计算海外仓费用,具体计算如图5-9所示。

海外仓费用

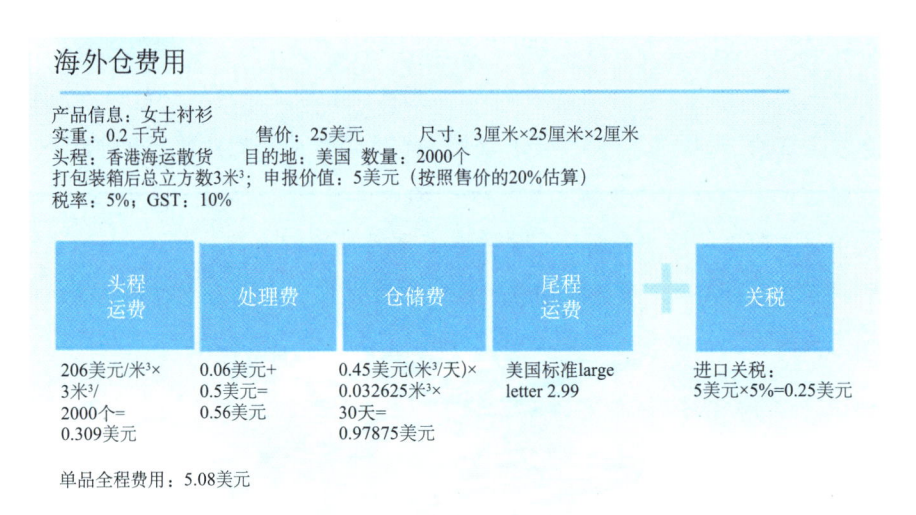

产品信息：女士衬衫
实重：0.2千克　　　售价：25美元　　　尺寸：3厘米×25厘米×2厘米
头程：香港海运散货　目的地：美国　数量：2000个
打包装箱后总立方数3米³；申报价值：5美元（按照售价的20%估算）
税率：5%；GST：10%

头程运费	处理费	仓储费	尾程运费	＋	关税
206美元/米³× 3米³/ 2000个= 0.309美元	0.06美元+ 0.5美元= 0.56美元	0.45美元(米³/天)× 0.032625米³× 30天= 0.97875美元	美国标准large letter 2.99		进口关税： 5美元×5%=0.25美元

单品全程费用：5.08美元

（注意：不同仓储公司收费方式不同。例如，二程有的按体积计算，有的按重量计算，仓储费用不同，不同国家进口税种不同）

图 5-9　海外仓费用举例

另外，商家应该建立一套标准化的计算海外仓价格的模板（可以用Excel建立），以便更好地计算相关费用，如图5-10所示。

cm	英寸	m
20	7.874015748	0.2
10	3.937007874	0.1
2	0.787401575	0.02
cbm		0.0004

kg	英镑	盎司
2	4.409245244	70.5479239

美元	人民币
0.03	0.187305

体积（CBM）	英国仓	美西仓-旧金山	美西仓-安大略	美东仓-新泽西	澳洲仓	德国仓	西班牙仓	加拿大仓
1~5（人民币）	1500	1900	1550	1900	1050	1750	1900	1800
5.1~10（人民币）	1100	1650	1450	1800		1600	1600	1400
10.1以上（人民币）	1000	1500	1400	1600		1350	1400	1200

图 5-10　计算海外仓价格的模板示例

关于海外仓的补货周期，最好可以根据企业的实际情况设置，如海外仓备货的注意点，如图5-11所示。

第 5 章　国际海外仓

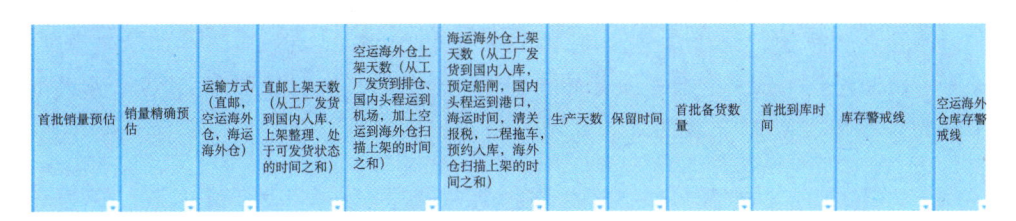

| 首批销量预估 | 销量精确预估 | 运输方式（直邮、空运海外仓、海运海外仓） | 直邮上架天数（从工厂发货到国内入库、上架整理、处于可发货状态的时间之和） | 空运海外仓上架天数（从工厂发货到国内入库、国内头程运到机场，加上空运到海外仓扫描上架的时间之和） | 海运海外仓上架天数（从工厂发货到国内入库，预定船舶，国内头程运到港口，海运时间，清关报税，二程拖车，预约入库，海外仓扫描上架的时间之和） | 生产天数 | 保留时间 | 首批备货数量 | 首批到库时间 | 库存警戒线 | 空运海外仓库存警戒线 |

图 5-11　海外仓备货的注意点

5.3.2　海外仓产品如何定价

因为海外仓具有特殊性，所以海外仓产品要有针对性地定价。这里为大家提供海外仓定价的参考方法，如图 5-12 所示。

```
海外仓产品定价：
产品成本1=产品的采购成本+产品的国内运费
产品成本2=产品的到仓成本（运费+仓储费+处理费+当地配送物流费+
         关税等）
产品成本3=平台扣点和计提损失

产品定价=（产品成本1+产品成本2+产品成本3）+规划利润
```

图 5-12　海外仓定价的参考方法

商家有条件的话，可以提早布局海外仓。海外仓是未来的发展趋势，要成为大商家就一定要持续关注相关信息。

5.4　海外仓服务流程

引导案例

德客隆海外仓：再造外贸流程，体现海外仓储配送的价值

外贸 B2C 海外仓的出现，简单地看，只是跨境 B2C 物流节点上的一个变化，但经过其再造的外贸流程却有非同一般的效果及市场价值。业界广泛认为，外贸 B2C 正在快速步入"海外仓时代"。

在我国，海外仓的发展始于2008年，德客隆、出口易、递四方、飞鸟国际、斑马、四海邮等第三方仓储企业开始推动海外仓的发展。但直到2014年，海外仓才被广泛关注。自2015年至今，无论是跨境电商平台，还是国际快递物流企业，都频频在海外仓方面发力。

1. 突破直邮模式的产品限制

直邮模式是对外贸模式的一种全新变革。在直邮模式下，分散的终端客户主要通过网络开发，电子订单变得简单化和线上化，传统的港到港的集装箱货运方式被门到门的快递邮包服务取代，货款则通过PayPal等在线支付工具支付。海外仓模式吸收了直邮模式的众多优点，与直邮模式的不同在于物流方式，它不再采用全程快递邮包的物流方式，而是采用头程传统国际货运与尾程快递邮包相结合的方式。

海外仓模式的头程运输之所以采用传统国际货运方式，原因在于直邮方式的进出境通关虽然没有一般货物烦琐，但对进出境的物品有严格限制。例如，我国规定，进出境商品外包装长宽高之和小于90厘米，最长边小于60厘米。海外仓的头程运输属于批量出口，很容易突破直邮对货物的要求，而使用传统空运或海运比国际快递更省运费，采用传统的货物通关方式。海外仓模式的头程运输回归传统货运方式，意味着直邮模式下的产品限制在海外仓模式中不再存在，外贸B2C所能交易的商品可以更加多元化，从服装、饰品等小件产品向汽车配件、电子、家具等大件产品发展，不断激发海外线上消费者更多的新需求。

2. 改变一般贸易的海外渠道

一般贸易需要下单后再送货并收回货款，而在海外仓模式下，商家运输货物却是先于客户下单的，也就是说，在客户下单前，货物已被运至海外仓，只不过全套装运单据的收货人不是真正的客户，而是海外仓代理。可以说，与只有交易关系的一般贸易相比，海外仓模式既存在交易关系，又存在代理关系；与只把货物运至出口地运输工具上的一般贸易相比，海外仓模式不仅包括跨境运输，还包括进口通关、将货物交给海外仓等代理机构。与见单付款、没有物权风险的一般贸易相比，海外仓模式下的商家虽然掌握海外仓货物的所有权，但货物实际处于海外仓代理的控制之中，商家的物权风险明显增大。

海外仓模式比一般贸易模式更为复杂，却不受海外贸易中介的控制，原本被进口商、分销商、批发商、零售商层层控制的海外销售渠道，转变为商家在海外仓代理的协助下直达消费者的出口零售新渠道，不仅使海外消费者得到实惠，还增加了出口商家的盈利能力。尽管使用海外仓代理带来了新的成本和风险，但好的海外仓代理不仅会协助商家提升物流服务质量，还能凭借其本土化和信息化的优势帮助商家更好地经营这种自主渠道。

海外仓解决了外贸B2C的物流问题，从商家的角度来看，创造了一种比较复杂的流程。这种流程可以表述为：商家的货物批量出口，经出口通关、国际运输、进口通关到达目的国的海外仓，也就是物流人士所说的"头程运输"阶段；货物在海外仓进行存储、分拣和包装；进口国消费者在电商平台下单，海外仓发货，完成"最后一公里"的本地配送；海外消费者收货后，线上最终完成对出口商家的货款汇付。

思考：

1. 传统外贸流程与海外仓服务流程有哪些区别？
2. 你知道哪些不同的海外仓平台？其服务流程有哪些区别？

相关知识

海外仓是跨境电商物流模式的重大创新，是解决跨境电商物流成本高昂、配送周期漫长问题的有效方案，其本质就是将跨境贸易本地化，提升消费者购物体验，从而提高出口跨境电商企业在出口目的地市场的竞争力。根据投资、运营主体的不同，下面将对海外仓不同物流模式的流程进行分析。

5.4.1 自营海外仓

自营海外仓模式是指由出口跨境电商企业建设并运营海外仓、仅为本企业销售的商品提供仓储、配送等物流服务的物流模式，也就是整个跨境电商物流体系是由出口跨境电商企业自身控制的，类似国内电商物流中的京东物流体系、苏宁物流体系。例如，外贸电商兰亭集势自2014年起相继在欧洲、北美洲设立海外仓，实现国内商品在海外本土发货，采取的就是自营海外仓模式。

1. 业务流程

出口跨境电商企业通过海运、空运或者快递等方式将货物集中运往本企业经营的海外仓进行存储，并通过本企业的库存管理系统下达操作指令。

（1）出口跨境电商企业将货物运至，或者委托物流承运人将货物发至本企业经营的海外仓。这段国际货运可以采取海运、空运或者快递方式。

（2）出口跨境电商企业使用本企业的物流信息系统，远程操作海外仓的货物，并且实时更新。

（3）出口跨境电商企业物流部门根据出口跨境电商的指令对货物进行存储、分拣、包装、配送等操作。

（4）系统信息实时更新。发货完成后，出口跨境电商的物流系统及时更新，以显示库存状况，让企业实时掌握。

2. 适用范围

自营海外仓是由出口跨境电商企业建立（或租赁）并运营的，是由出口跨境电商企业在国外新建的全新物流体系，需要投入大量的资金，需要企业具有较强的海外物流体系控制、运营能力。因此，自营海外仓适用于市场份额较大、实力较强的出口跨境电商企业。

5.4.2　第三方公共服务海外仓

第三方公共服务海外仓模式是指由第三方物流企业建设并运营海外仓，可以为众多的出口跨境电商企业提供清关、入库质检、接收订单、订单分拣、多渠道发货、后续运输等物流服务的物流模式，也就是整个跨境电商物流体系是由第三方物流企业控制的，类似国内电商物流中的淘宝物流体系。例如，成立于2012年11月的万邑通信息科技有限公司（简称"万邑通"），在中国、美国、英国、德国和澳大利亚均拥有全球直营仓库。自2013年以来，万邑通针对eBay商家推出了澳大利亚、美国、英国、德国四大公共海外仓服务，为包括我国在内的商家提供国际物流管理、国内外仓储管理、"最后一公里"配送管理、数据分析等多项服务，是我国最著名的跨境电商物流整体解决方案提供商之一。

1. 业务流程

出口跨境电商企业通过海运、空运或者快递等方式将货物集中运往第三方物流企业经营的海外仓进行存储，并通过第三方物流企业的库存管理系统下达操作指令。

（1）出口跨境电商企业将货物运至，或者委托物流承运人将货物发至第三方物流企业经营的海外仓。这段国际货运可以采取海运、空运或者快递方式。

（2）出口跨境电商企业通过第三方物流企业的物流信息系统，远程操作海外仓的货物，并且保持实时更新。

（3）第三方物流企业根据出口跨境电商企业的指令对货物进行存储、分拣、包装、配送等操作。

（4）发货完成后，第三方物流企业的物流系统及时更新以显示库存状况，出口跨境电商企业可以实时掌握。

2. 适用范围

公共服务海外仓是由第三方物流企业建立并运营的仓库，出口跨境电商企业是物流需求方，第三方物流企业是物流供给方，由第三方物流企业为出口跨境电商企业提供仓储、分拣、包装、配送等一站式服务。与自营海外仓相比，公共服务海外仓适用于市场份额相对较小、实力相对较弱的出口跨境电商企业。

5.4.3 海外仓的问题

（1）在海外仓模式下，跨境电商企业更容易受到进口国贸易保护者的抵制。

（2）海外仓模式使出口跨境电商企业承担的外贸、货物清关任务增多。

（3）采用海外仓模式，对出口跨境电商企业的能力、素质提出了更高要求。

海外仓储意味着出口跨境电商企业将货物全部发到海外仓运营主体的仓库，由后者进行仓储、配送甚至库存管理。这需要两者之间密切沟通和协调，内容包括库存明细、货物种类、SKU 条码类别、结算费用基准等。出口跨境电商企业每一次发货都要预报一遍。如果出口跨境电商企业在自己的货物库存管理、信息技术应用等方面做得不够好，就不太适合采取海外仓模式。

5.4.4 海外仓操作流程案例

下面以出口易平台为例，讲解海外仓操作流程。

商家采购产品存进海外仓，最终的目的就是在售出产品之后可以及时将产品发往目的地。这样商家就可以免除配备大量的仓储设施带来的费用和管理问题。对于仓库管理系统，商家经常使用建立产品型号、填写入库单并提交审批和填写出库单三大功能。

1. 建立产品型号

建立产品型号是所有工作的第一步,就是商家把要入库的产品型号输入仓库物流信息系统,以便与海外仓管理方共同对仓库进行管理。建立产品型号操作流程如图5-13所示。

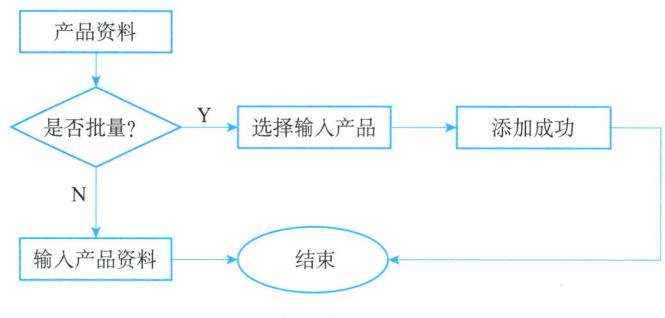

图5-13 建立产品型号操作流程

选择"产品型号"一栏后出现如图5-14所示页面,添加产品有两个选项:逐项添加和批量添加。

图5-14 "产品型号"页面

(1)逐项添加。

在页面左下角单击"新添"按钮,如图5-15所示。直接在打开的图5-16所示的"添加产品型号"页面中输入产品信息[注意:必须填的选项一定要填,其中产品名称(Title)必须唯一,可以是产品真正的名称,也可以用字母或者数字代替,而且产品名称和产品备注(Custom)必须保持一致,这样方便仓库管理及入库、出库管理。包装规格信息在系统常用设置模块中可以查询]。

第 ⑤ 章　国际海外仓

图 5-15 "新添"按钮

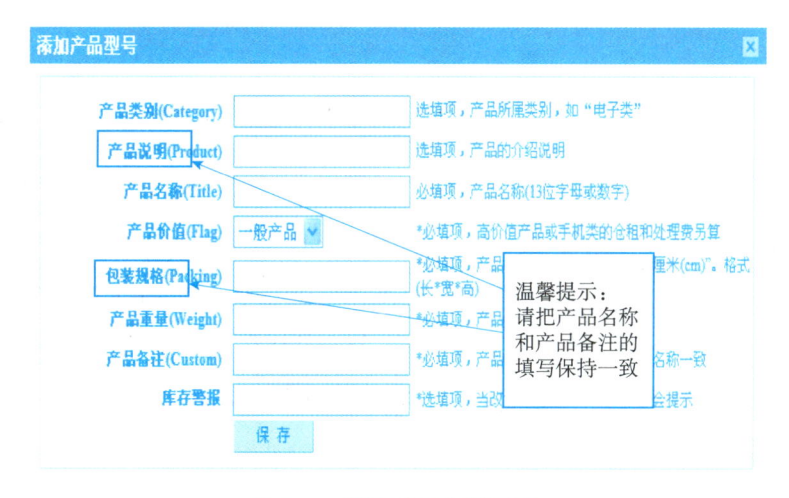

图 5-16 "添加产品型号"页面

（2）批量添加。

单击"批量导入"按钮，在打开的如图 5-17 所示的页面中单击"格式下载"按钮，下载产品格式表。在产品格式表中输入相关产品信息后单击"上传"按钮，将产品信息导入。

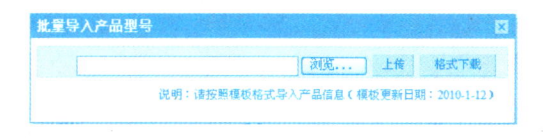

图 5-17 "批量导入"页面

这里要说明的是，下载产品格式表后，填写表格内容结束后要浏览一下表格内容，以确保无误。

产品格式表中的内容与添加单个产品的内容是一样的,按要求填写并保存,如图 5-18 所示。

图 5-18　产品格式表

需要提醒的是,输入产品相关信息后保存时,"保存类型"默认是文本文件(见图 5-19),我们必须把表格的"保存类型"调整为"Excel 工作簿"格式,如图 5-20 所示,否则无法导入。另外,导入的产品型号如果已经进行入库和出库操作的话,是无法删除的,在没有进行出库和入库操作之前是可以删除的,所以要尽量确保产品型号的正确性和唯一性。

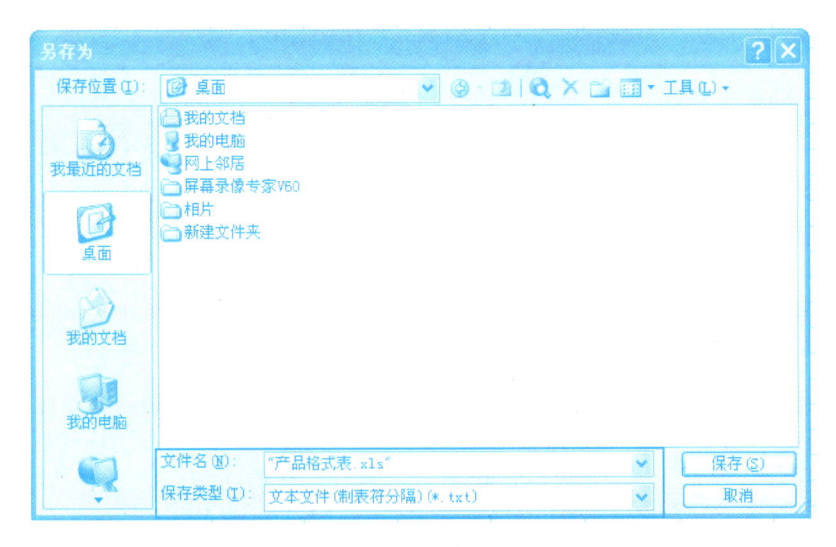

图 5-19　保存类型

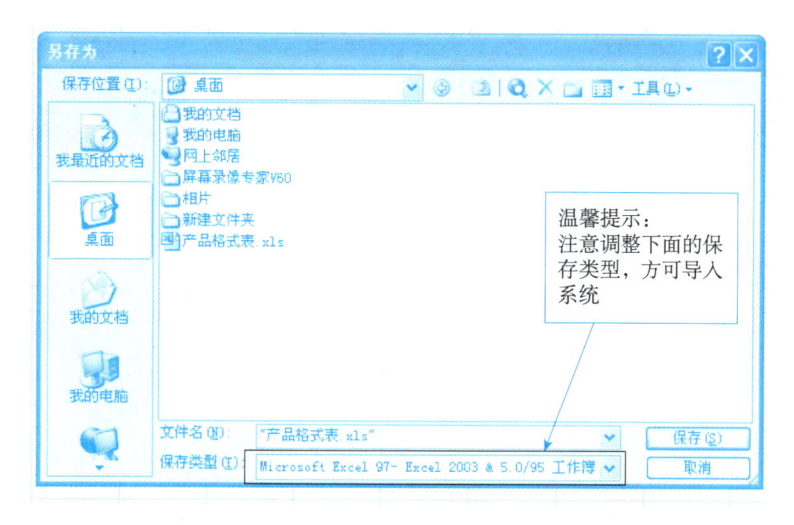

图 5-20　变更保存类型

2．填写入库单并提交审批

添加产品型号以后，商家需要将各仓库的产品进行入库操作，在物流信息系统一级导航页面单击"入库订单"栏目进行操作，如图 5-21 所示。

图 5-21　入库订单

单击"添加入库单"一栏，弹出新的页面，如图 5-22 所示。

单击"获取库存编码"按钮，可以在这里获取库存编码，如图 5-23 所示。

选择相对应的仓库，然后填写在系统里面建立的产品名称。对于"输出方式"，可以选择"文件"，也可以选择其他方式。单击"确定"按钮后，再单击"物流方式"按钮，得到如图 5-24 所示的页面。

单击"选择"链接按钮，进行物流方式的选择，选择好之后，单击"保存"按钮，出现如图 5-25 所示的页面。

图 5-22 添加入库单

图 5-23 获取库存编码

图 5-24 选择物流方式

图5-25 导入装箱单

单击"导入装箱单"按钮,打开如图5-26所示的"导入产品"页面。

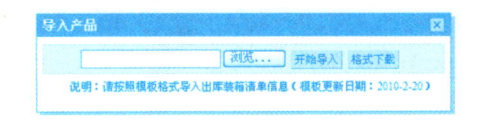

图5-26 "导入产品"页面

单击"格式下载"按钮,下载产品格式表后,将里面的内容填写完整,把中文提示"删除",再导入装箱单。

注意:表格填写结束后,产品入库批量添加,最终的表格保存格式必须为Excel工作簿格式。

数据导入成功后,单击"提交审批"按钮,提交审批,如图5-27所示。

图5-27 提交审批

单击"提交审批"按钮后,在出现的页面中单击"装箱单打印"按钮,打印装箱单,如图5-28所示。

图 5-28　打印装箱单

"入库装箱单"要贴在货物的外箱上面。商家把要发往各个仓库的包装好的产品送到广州仓库入库，物流企业操作人员根据商家填写的入库单的具体要求，将产品发往各国的仓库。

产品入库之后，经仓库工作人员清点无误之后，即可进行入库确认。注意：如果仓库管理人员清点的数量与客户填写的入库数量不一致，则会及时将入库单返回到初始状态，核对好以后再由商家提交审批，由物流客服人员审批。

注意：如果入库的产品状态还没有显示为"入库"，这些产品会在"在途库存"中显示。另外，入库的产品在仓库产品中显示，商家可以根据自己的需要打印仓库产品报表。

3．填写出库单

当系统的入库产品状态显示为"入库"时，相关产品就可以出库了。

（1）单击"出库订单"栏目，再单击右上角的"添加出库单"按钮，如图 5-29 和图 5-30 所示。

在打开的页面中，选择发货仓库，需要备注的请添加备注信息，然后单击"保存"按钮，如图 5-31 所示。

图 5-29　出库订单

第 5 章　国际海外仓

图 5-30　添加出库单

图 5-31　出库基本信息填写

保存"发货仓库"后，出现如图 5-32 所示的发货信息界面。

图 5-32　发货信息界面

逐个输入产品名称并在列表中选择“库存编码”，系统会自动生成“产品规格”和“产品重量”，再根据可用库存填写“发货数量”。在“收货人信息”中填写所有相关的信息，如图 5-33 所示。

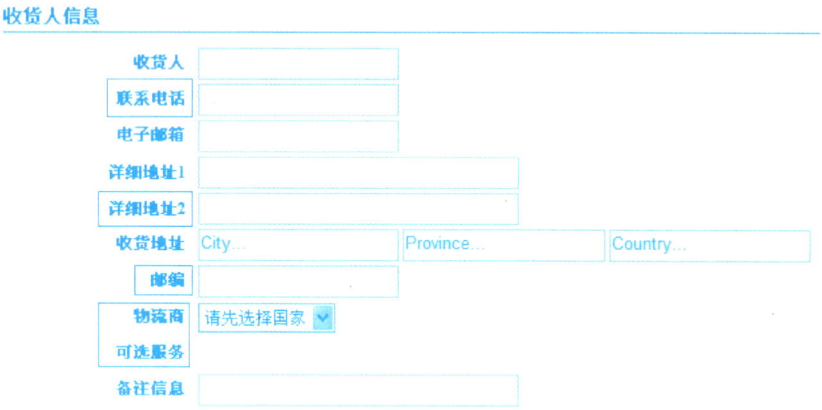

图 5-33　收货人信息

“收货地址”中的“City”（城市）栏也跟产品名称一样，需要在列表中选择。填写完以上的内容后进行“保存”。

信息填写完保存后，页面如图 5-34 所示。

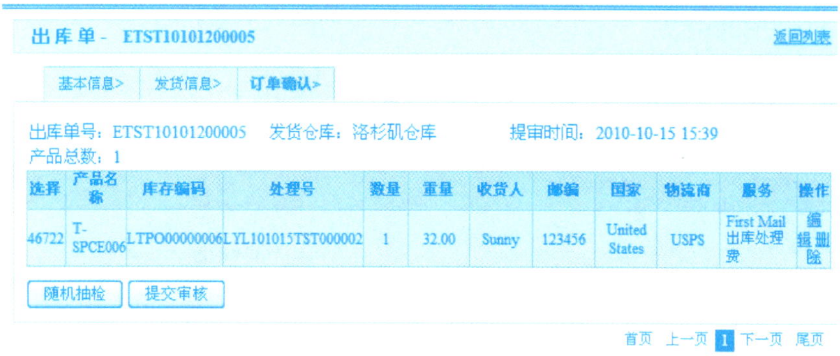

出库单 - ETST10101200005　返回列表

基本信息>　发货信息>　订单确认>

出库单号：ETST10101200005　发货仓库：洛杉矶仓库　提审时间：2010-10-15 15:39

产品总数：1

选择	产品名称	库存编码	处理号	数量	重量	收货人	邮编	国家	物流商	服务	操作
46722	T-SPCE006	LTPO00000006	LYL101015TST000002	1	32.00	Sunny	123456	United States	USPS	First Mail 出库处理费	编辑 删除

随机抽检　提交审核

首页　上一页　1　下一页　尾页

图 5-34　信息填写完后保存的页面

（2）填写出库单。

与产品入库一样，产品出库也可以分为逐项添加和批量添加。

在进行批量添加时，单击图 5-35 中的“Excel 数据格式下载”链接，下载产品出库表，输入出库产品信息之后，将信息导入。

打开产品出库表，其内容和逐项添加的内容是一样的，出库单内容有“Shipping”“Service”“Code1”“Account”“Date”“Name”“From Email

Address""Transaction ID""Shipping Address""Item Title""Item ID""Auction Site""Buyer ID""Quantity""Country""Contact Phone Number"等项目，如图5-36所示，其中"Shipping""Service""Name""Shipping Address""Quantity""Country"这几项是必填项。"Code1"是指库存产品的库存编码；"Item Title"是指库存产品的名称。"Code1"和"Item Title"选填其中一个即可。

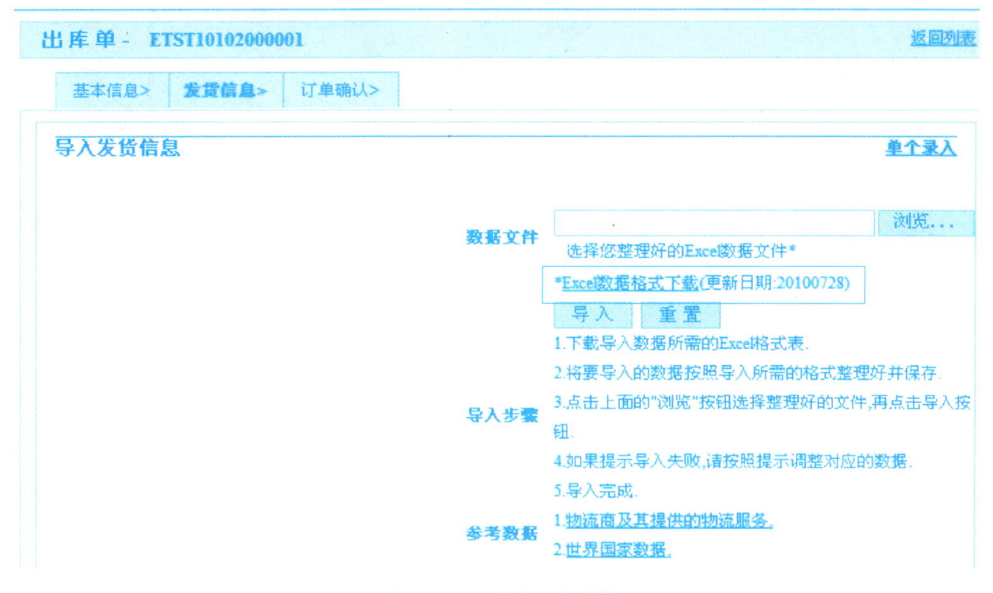

图5-35 下载产品出库表

图5-36 产品出库表内容

注意：产品出库表必须保存为Excel工作簿格式方可导入产品信息，如图5-37所示。另外，对于产品出库表第一列中的"发货方式"，商家需要查询"系统常用设置"模块中的"Shipping"（发货方式），再选择出库产品对应的发货方式并将代码填入产品出库表中；第二列中的"Code1"（库存编码）一定要填系统为商家产品生成的12位库存编码，而不是填入客户自己的库存号。对于产品出库表前两列后面的所有数据，商家可以直接复制；若自己输入，则地址是必填项。

此外，在填写产品出库表的时候，要将同一个国家的产品放在一起，不要一个产品出库表中出现不同的国家。

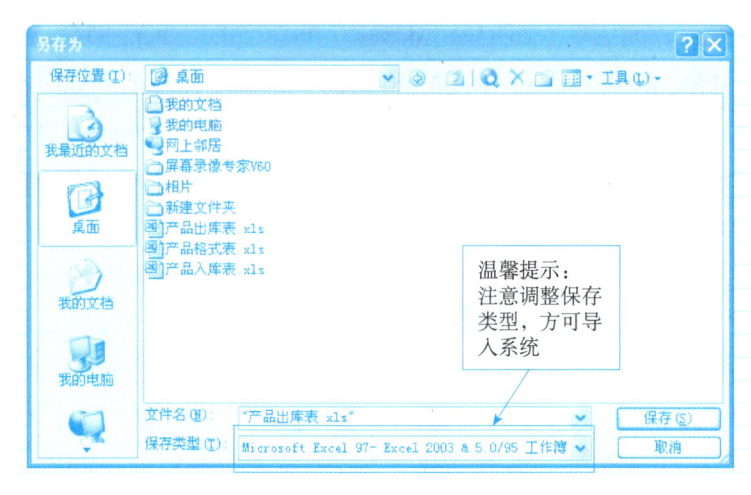

图 5-37　产品出库表保存的格式

（3）地址必须用逗号隔开。

（4）物流管理人员审批通过后，就由仓库工作人员发货，发货成功之后仓库工作人员将出库单的状态及时改为"已完成"状态。

系统会为每张出库单生成一个唯一的 18 位处理号，商家可以凭这个处理号在出口易网站上实时查询处理状态。

对于已出库的产品，系统会自动生成与该批产品相关的费用（包括处理费与邮费），这会显示在"应收应付"一栏中，同时仓租也会显示其中。

拓展阅读

海外仓、FBA 与增值税

商家根据自己货物在各地区销售的情况而选择在不同地区建海外仓。目前很多大商家在美国、英国、德国、澳大利亚等地都建有海外仓。

FBA 是亚马逊为提高消费者体验而为商家提供仓库，负责发货的一种发货模式。FBA 只接受已经完成清关的货物进仓，货物在进入亚马逊仓库之前与亚马逊无任何关系。所以，亚马逊不是货物进口方，不承担货物因进口清关和进口产生的关税等一切费用。

采用海外仓、FBA 模式的商家商品增值税（VAT）分为进口增值税和售后增值税。以英国为例，凡是跨境销售至英国，销售价格高于 15 英镑的商品都需要缴纳进口增值税；所有在英国当地产生的销售行为都需要缴纳售后增值税。这两个增值税费用不会重复征收，商家缴纳的进口增值税可以在申报售后增值税时申请抵扣。例如，商家进口时用增值税号缴纳了 20 英镑进口增值税，在销售完所有商品后，需要缴纳 40 英镑的售后增值税；当商家去当地税务部门缴纳增值税时，可以对税务部门拿出进口时缴纳 20 英镑增值税的票据进行抵扣，此时要缴纳的增值税就变成 20 英镑了。

下面重点解释一下欧洲 FBA 在进口方面的一些问题。

（1）价值在 135 英镑以下的货物运到欧洲亚马逊仓库一般选择快递运输，如 DHL、UPS、FedEx、TNT 或其他专线渠道。由于亚马逊不是收货人，所以商家在发货时要多预付关税。正常来讲，货物进口清关时都需要提供增值税税号，而很多商家并没有当地的增值税税号，所以税务机关一般不要求发货人提供当地个人增值税税号。

对当地海关来说，最重要的是收到关税，商家能按照规定交税就可以。但是，商家申报的货值不能太低，因为货物清关时没有使用对应商家的增值税税号，货物在亚马逊后期销售产生的售后增值税是没办法征税的。货物在当地销售，其实已经存在偷税的风险，也就无法申请进口退税。如果海关怀疑偷税，就会要求亚马逊提供商家在平台的交易记录（亚马逊会积极配合）。所以，没有缴纳增值税的客户应该按照正常售价申报，以免被海关重新估值，征收惩罚性关税。

例如，一件商品进货价格为 10 美元，最终卖价为 60 美元，有以下三种报税方式。

① 按照 10 美元进行申报。

② 按照 30 美元进行申报。

③ 按照 60 美元进行申报。

其中①、②被查的可能性相对较大，海关因货值低报而进行查验的概率大很多，需要客户提供购销合同，而很多时候客户是无法提供的，故其因海关扣关导致货物不能及时入仓和重新估值（惩罚性）承担的损失会更大。第三种报税方式，由于商家就是按照这个价格销售的，海关找麻烦的概率小很多。所以，货物价值低报承担的风险更大。

（2）价值在 135 英镑以上的货物会产生进口关税（Duty），如果商家不能提供当地的税号去清关，那么承担的风险更大，尤其发往德国亚马逊仓库的货物。所以，商家一般需要提供当地个人增值税税号去清关。

一个增值税税号对应的是同一个人,是跟亚马逊平台账号直接关联的。货物用一个增值税税号清关,而在平台上面销售该货物的不是同一个商家,用这个增值税税号进口的货物与国内的销售记录对不上,进出口不相符,如果金额较大,那么税务部门就会怀疑存在偷税行为。所以,商家对几百千克甚至更重的货物可以选择空运或海运到亚马逊仓库,但必须提供可以使用的税号。

(3)亚马逊仓库需要预约交货,很少指定物流供应商。由于UPS在亚马逊仓库有独立的操作区域,所以货运代理企业现在用得比较多的头程物流渠道主要是UPS、DHL或专线物流,再选择当地的物流企业去配送。亚马逊仓库接受同一家物流企业按标准托盘交货(托盘交货后是不能拿出来的,所以这也会增加物流成本)。另外,亚马逊仓库从经营模式上分为三种:亚马逊自建仓库、亚马逊租用仓库和亚马逊外包给第三方的仓库。最重要的一点是,任何形式的亚马逊仓库都只接受已经完成清关的货物进入仓库。

(4)对于FBA的货物包装,亚马逊每个国家的仓库均有详细的货物包装及运输要求,每个仓库的要求可能不同。亚马逊要求商家在配送货物前详细了解仓库对货物包装、重量的要求,以免因不合规导致货物被拒收、退运。

(5)目前发往欧洲亚马逊仓库的货物,最多的是到英国和德国,也有到西班牙、意大利和法国的,到西班牙、意大利和法国的货物可以从英国或德国周转。现在很多商家选择英国作为中转地,建在英国的海外仓是最多的。

专业知识测试

一、单选题

1. 海外仓是指建立在海外的(　　)。
   A. 物流企业　　　　　　B. 仓储设施
   C. 配送中心　　　　　　D. 物流中心

2. 下列不属于海外仓优点的是(　　)。
   A. 降低物流成本　　　　B. 加快物流时效
   C. 提升客户满意度　　　D. 适用于所有商品

3. 在海外仓选品定位中,下列产品中哪一种是低风险、高利润的产品。(　　)
   A. 尿不湿　　　　　　　B. 灯泡
   C. 笔记本电脑电池　　　D. 手机

4. 下列哪一个不是海外仓操作平台。（　　）

　　A. 亚马逊　　　　　　　　B. eBay

　　C. Wish　　　　　　　　　D. 天猫

5. 一般来说，下列哪一项不在海外仓费用的计算范围内。（　　）

　　A. 头程运费　　　　　　　B. 处理费

　　C. 海运费　　　　　　　　D. 仓储费

6. 由出口跨境电商企业建设并运营的海外仓，仅为本企业销售的商品提供仓储、配送等物流服务的物流模式是（　　）。

　　A. 自营海外仓　　　　　　B. 公共海外仓

　　C. 第三方海外仓

7. 在选品过程中，可以在国内寻找类似产品，开发海外仓产品，其开发指标不包括（　　）。

　　A. 产品的单个销量　　　　B. 单个到仓费用

　　C. 单个毛利与毛利率　　　D. 重量

8. 销售增值税和（　　）是两个需要独立缴纳的税项，在商品进口到英国海外仓时缴纳过商品的进口税，但在商品销售时产生的（　　）也需要缴纳。

　　A. 进口税、销售增值税　　B. 消费税、营业税

　　C. 进口税、消费税　　　　D. 营业税、销售增值税

9. 海外仓意味着出口跨境电商将货物全部发到海外仓运营主体的仓库，由后者进行（　　）甚至库存管理。

　　A. 销售　　B. 拣选　　C. 仓储、配送　　D. 打包

10. 目前，北美最大的移动购物平台是（　　）。

　　A. 亚马逊　　B. eBay　　C. Wish　　D. 速卖通

二、判断题（对的在括号中打"√"，错的在括号中打"×"）

1. 跨境电商迅速发展，是促进海外仓发展的原因之一。（　　）

2. 海外仓虽然可以提高物流时效，但会大大增加物流成本。（　　）

3. 海外仓选品的思路要先从选国家建仓开始，然后根据国家的特点选品。（　　）

4. 公共海外仓模式是指由第三方物流企业建设并运营海外仓，可以为众多的出口跨境电商企业提供物流服务的物流模式。（　　）

5. 在海外仓模式下，对出口跨境电商来说，其承担的外贸、货物清关任务没有增加。（　　）

6. 增值税适用于 eBay 所有使用海外仓的商家。（　　）

7. FBA 是亚马逊为商家提供的送货到亚马逊仓库，然后再发货的一种发货模式，亚马逊也要承担货物因进口清关和进口产生的关税等一切费用。（　　）

8. 与公共海外仓相比，自营海外仓适用于市场份额相对较小、实力相对较弱的出口跨境电商。（　　）

9. 海外仓是解决跨境电商物流成本高昂、配送周期漫长问题的有效方案，其本质就是实现跨境贸易本地化。（　　）

10. 海外仓要求商家有一定的库存量，对一些消费者特别定制的产品来说，同样适合使用海外仓。（　　）

三、简答题

1. 跨境电商为什么要建海外仓？
2. 大商家应该从什么时候开始考虑自建海外仓？
3. 在建海外仓的过程中，应该如何考虑仓库面积的问题？怎样才能确保海外仓够用？
4. 在海外建仓会有哪些机遇和挑战？
5. 大商家是否可以合作建海外仓？

第 6 章

保税进口与直邮进口

内容概述

自 2010 年以来，跨境电商如火如荼。在跨境出口电商蓬勃发展的同时，跨境进口电商也不甘落后。根据商务部发布的《中国数字贸易发展报告（2022）》，2022 年我国跨境电商进出口总额为 2.11 万亿元，增长 9.8%。其中，出口 1.55 万亿元，增长 11.7%；进口 0.56 万亿元，增长 4.9%。近年来，跨境电商发展迅速，国家陆续出台了相关支持政策，跨境电商优势和潜力有望得到进一步释放。消费频次和费用的增长，无不彰显着海淘全民化时代的到来。

归根结底，当人们发现在国外购买商品，即使加上运费和关税也比国内便宜时，越来越多的人开始加入海淘大军。但是，周期长、风险大、维权难也一直困扰着海淘族，海淘族需要一个安全通畅的渠道。天猫国际、京东国际、55 海淘、亚马逊全球购、熊猫生活等一批进口跨境电商平台的发展，为海淘族打开了一扇门，国内海淘族似乎看到了春天。

跨境电商的快速发展，对跨境物流模式及其效率提出了更高的要求。保税进口与直邮进口作为跨境电商物流的两大代表模式，自然而然得到了商家、消费者与监管部门的高度重视。那么，保税进口与直邮进口各自呈现出怎样的特点呢？保税进口与直邮进口的操作流程如何？相关监管部门针对其出台了什么措施？这些都有待我们更深入地了解。本章主要介绍保税进口与直邮进口的基础概念、当前保税进口与直邮进口的业务流程及相应的监管政策等内容。

知识目标

1. 了解保税进口与直邮进口的含义和特点。
2. 掌握保税进口与直邮进口的优点和缺点。
3. 熟悉保税进口与直邮进口的业务流程。
4. 了解针对保税进口与直邮进口的监管现状及其趋势。

能力目标

1. 能够掌握保税进口与直邮进口的基本概念。
2. 能够结合企业实际情况比较保税进口与直邮进口模式。
3. 能够解读保税进口与直邮进口的业务流程。
4. 能够结合实际情况提出进口模式发展现状及对策。

6.1 保税进口与直邮进口模式

引导案例

"试验田"变"高产田"义乌跨境电商保税进口（1210）业务结硕果

有数据显示，自2018年义乌跨境电商综合试验区全面建设以来，义乌跨境电商保税进口（1210）业务，从2019年的870万单增长至2021年的2800万单，整体业务量更是位居全国第三批跨境电商综合试验区前列。好消息接踵而至，商务部首次对全国前五批共105个综合试验区开展建设进展评估，义乌跨境电商综合试验区评估结果为成效明显，综合排名第一档。

2022年4月8日，一辆印有"义新欧"中欧班列标识的集卡车，满载着从波兰、德国等地进口的跨境商品，经过一系列严格的防疫流程，缓缓停靠在义乌保税物流中心保税电商企业的仓库门口。这批商品是通过"义新欧＋保税"的新型联动模式进口的，搭乘"义新欧"回程班列到达义乌，以跨境电商保税进口（1210）模式进行存储，等待国内消费者下单订购。

据介绍，跨境电商保税进口（1210）模式是目前跨境电商进口业务采用的主要模式，又可称为备货模式。在该模式下，电商平台根据市场预测和消费者需求，先从国外集中采购大量商品，进口并存储在国内海关特殊监管的区域，根据消费订单，将商品以个人物品方式出区配送到客户手上，在通关效率、商品质量、性价比方面都有优势。

2019年1月1日，在义乌市场发展委员会、陆港集团等单位的共同努力下，义乌跨境电商保税进口（1210）业务率先实现"第一单"，随后该项业务量呈现稳步增长态势。经过3年时间的发展，义乌大力培育发展跨境电商保税进口（1210）业务，先后引进考拉海购、行云集团、天猫国际（菜鸟）等多家跨境电商企业和平台，货物品类从最初的几十种增长到上千种。

大胆闯、勇敢试、自主改，4年时间，义乌跨境电商综试区"试验田"正在变为"高产田"，相关创新的溢出效应逐渐显现。义乌市场发展委员会相关负责人介绍，义乌重点在创新驱动、主体引育、环境营造等方面发力，先后创新推出了"市场采购＋跨境电商"出口、"跨境电商＋国际快船"物流服务模式，并率先在全国开展跨境电商数字清关业务及"数字监管＋跨境电商新零售"业务，同时完善跨境电商线上综合服务平台功能，持续推动跨境巨头落地开办线下服务中心。

（资料来源：义乌市融媒体中心）

思考：

1. 为何保税进口对商家与消费者具有很大的吸引力？
2. 保税进口面临的挑战有哪些？

相关知识

6.1.1 保税制度概念

保税制度是允许对特定的进口货物在入关进境后确定内销或复出口的最终去向前暂缓征缴关税和其他国内税，由海关监管的一种海关制度。进口货物可以缓缴进口关税和其他国内税，在海关监管下在指定的或许可的场所、区域进行储存、中转、加工或制造,是否征收关税视货物最终进口内销或复运出口而定。

1. 我国保税制度的历史

20 世纪,世界各国为促进和鼓励本国对外贸易,特别是出口贸易的发展,竞相建立保税制度,其范围也从单纯加工生产的保税扩大到包括商业性质的保税(如转口贸易货物的保税)和进口寄售商品的保税等。在我国,保税制度源于 19 世纪。1882 年,为方便和扩大外国商人对华出口贸易,当时的中国海关总税务司在上海筹建保税制度。1888 年,第一批保税仓库在上海建立,这是我国保税制度的开始。当时的保税制度主要是对进口货物的加工包装等进行保税,随后逐步扩大到其他工业生产性保税和商业性保税。中华人民共和国成立后,保税制度基本废弃。1978 年,改革开放以后,为适应对外经济贸易的发展和改善投资环境的需要,我国的保税制度逐步恢复,并不断扩大业务,实行了一些新的保税形式,保税制度已成为我国发展对外经贸、扩大出口创汇、吸引外资的一项重要措施。

2. 保税区与保税仓库

保税仓库是经海关批准,进口货物可以不办理进口手续和较长时间储存的场所。进口货物再出口不必纳税,便于货主把握交易时机出售货物,有利于业务的顺利进行和转口贸易的发展。

保税区是经海关批准专门划定的实行保税制度的特定地区。进口货物进入保税区内可以免征关税,再出口,也免征出口税。运入保税区的商品可以储存、改装、分类、混合、展览、加工和制造。海关对保税区的监管主要是控制和限制运入保税区内的保税货物销往国内。保税区一般设在港口或邻近港口、国际机场等地方。设立保税区的目的是吸引外商投资、扩大加工工业和出口加工业的发展,增加外汇收入。因此,国家对保税区除在关税等方面给予优惠外,还在仓储、厂房等基本设施方面提供便利。

相关链接

家门口就能"扫货全球",金义综保区加快打造高能级开放平台

本地市民所需的进口日用品,在综保区进口商品直购中心可以挑选购买;企

业生产需要的电解铜、木浆等大宗商品，可根据需求从综保区仓库内"化整为零"购买现货……从小商品到大宗商品，无论是消费者还是企业，都可以实现在家门口"扫货全球"。这样的场景，是金华金义综合保税区（以下简称"金义综保区"）加快打造高能级开放平台带来的红利之一。

金义综保区位于金华金义新区。2020年，浙江自贸试验区迎来扩区，在金华，由义乌商城、义乌陆港和金义新区组成的35.99平方千米土地被作为金义片区纳入自贸试验区范围。近年来，依托"综保区＋自贸区"的叠加效应，金义综保区成为当地构筑开放高地的重要引擎。

2023年12月15日，浙江在线记者跟随"自贸浙江 商通全球"浙江自贸试验区媒体采风团队来到金义综保区，触摸开放东风为当地带来的发展活力。

当天，走进综保区的前海仓内，一块块打包整齐的电解铜排列在眼前。这些来自乌兹别克斯坦的大宗商品"乘坐"中亚班列，经金华南站公铁联运抵达这里。商品在此经过报关查验后，或存放等待周边企业前来现场分割"扫货"，或直接装车送往宁波、温州及江苏、江西等地交付。

"境外的铜、铝等大宗商品入境后，可以直抵前海指定交收仓，再分拨到全省和周边省市。"盯着货物进出的忙碌画面，金华市综保公共仓储管理有限公司工作人员方柯柯介绍。眼前的仓库在2023年挂牌启用，是浙江省内唯一经深圳前海联合交易中心认证的大宗商品指定交收仓，主要承担大宗商品的出入库装卸与保管等相关工作。该仓库自投用以来，有色金属交易火爆。该仓库的挂牌成立，将进一步推动金义综保区成为浙江省乃至长三角地区大宗商品集散地。

"我们的大宗商品业态是在2020年开展的，起初是基于金华周边县市区块状经济的需求，如永康的五金、兰溪的棉纱等，通过这里可以及时配送给周边企业。"方柯柯透露。金义综保区的大宗商品交易集散中心建设，是2023年浙江自贸试验区的"十大进展"之一。该中心通过打通仓储物流、创新全方位监管方式等方式，使金华周边企业需要的原材料2小时可送达，兼顾"扫货全球"和企业降本增效。

"除此之外，附近的企业还可以来现场看货，再下单，对客户来说很方便。"金华市综保公共仓储管理有限公司副总经理丰媛媛介绍。有数据显示，截至2023年11月底，金义综保区年内实现进口货物总值超过300亿元，其中大宗商品货值达218亿元。

跳动的数字背后惠及的不仅是企业，还有周边消费者。在金义综保区进口商品直购中心，近2000平方米的场地展示了4000多款进口商品。从进口零食到护肤美妆，再到厨房电器，消费者在家门口就可以买到兼具价格和品质优势的源头直供进口商品，实现"扫货全球"。

金义综保区已招引落地跨境平台商、物流运营商等 200 余家企业，占华东地区 80% 以上的进口宠物粮、浙江地区 1/3 的坚果通过这里进口……当前，依托"综保区＋自贸区"的叠加优势，金义综保区重点发展跨境电商、大宗商品、冷链物流、保税加工"四大业态"，正在成为推动自贸区金义片区开放发展、高质量发展的重要增长极。

（资料来源：《浙江日报》）

6.1.2 保税进口与直邮进口概念

保税进口模式是指国外商品整批抵达国内海关监管场所——保税港区，在消费者下单后，商品从保税区直接发出，在海关等监管部门的监管下实现快速通关，能够在短时间内配送到消费者手中的一种模式。在实际操作中，商家将商品从海外大批运至保税区存放。当消费者购买商品时，及时清关发货，到货时效快。该模式需要提前备货，故商品的种类比较少，规模较大的企业一般对销量较大的商品选择保税仓备货模式。

直邮进口模式是指符合条件的电商平台与海关联网，境内消费者跨境网购后，电子订单、支付凭证、电子运单等由企业实时传输给海关，商品通过海关跨境电商专门监管场所入境，按照个人邮递物品征税。海外直邮即商家收到订单后，在国外打包，直接从海外通过快递发货、清关、入境的消费形式。相比保税进口，其物流速度相对较慢，费用可能更高，但可供选择的商品种类多于保税进口。直邮进口和保税进口模式比较如表 6-1 所示。

表6-1 直邮进口和保税进口模式比较

项 目	直邮进口	保税进口
模式类型	进口 B2C 模式	进口 B2B2C 模式
海关监管	电子订单、支付凭证、电子运单实时传输、实现阳光化清关	货物存放在海关监管场所，可实现快速通关
发货地点	国外	保税区
时效	7~10 天	5 天以内
商品种类	更丰富	有限

截至 2023 年，商务部先后发布了 7 批，共 165 个跨境电商综合试验区。跨境电商综合试验区已经成为跨境电商发展的重要载体和平台，目前已经覆盖 31 个

省、自治区和直辖市。在海关备案的跨境电商海外仓企业已经达到 1713 家，基本形成了陆海内外联动、东西双向互济的发展格局。

海关数据显示，2022 年，我国跨境电商进出口额达到 2.11 万亿元，增长 9.8%，其中各综合试验区的进出口额占比超过九成。目前，各综合试验区跨境电商相关企业约 20 万家，其中被认定为高新技术企业的超过 9300 家。各综合试验区积极建设跨境电商产业园，丰富各类配套设施，涌现了一批支付、物流、营销等环节的专业服务商。

结合保税进口和直邮进口的本质及其特点，未来采用保税模式的商品将主要是购买频率高、销量比较大的商品，如母婴产品、奶粉等；而采用直邮进口模式的商品主要是价值较高，消费者自主性较大、购买频率一般的商品，如首饰、手表等。

6.2 保税进口与直邮进口业务流程

引导案例

唯品会开通"全球特卖"实现"三单对接"标准

2014 年 9 月 24 日，唯品会开通正规海外快件进口的"全球特卖"业务，通过与中远物流等多家企业合作，成为第一家与海关完整对接订单、运单、支付三单信息的电子商务平台。唯品会开通"全球特卖"后，消费者只需要根据唯品会上的网购流程即可享受到"正品承诺、全球选品、全球包邮、一价全包"的便捷全球特卖体验。

唯品会"全球特卖"采用的是海关管理模式最高级别的"三单对接"标准，能够实现消费者下单信息自动生成用于海关核查备案的订单、运单及支付单，并实时同步给电商平台供货方、物流转运方、信用支付系统三方，形成四位一体的闭合全链条管理体系，最大化地提升流程效率。简而言之，就是能够让有关部门提前审核订单，在货物到达海关之前就将订单审核通过，能够实现快速通关。

唯品会"全球特卖"凭着强有力的海外供应链,为国内的消费者提供海外正品货源,在试行推广期间推出"全球商品任意购,无条件国内国外全程包邮",而且能够实现"七天无条件退货"。与唯品会合作的品牌不乏一些国际知名品牌,有Coach、Juicy Couture、CK等,也有不少国外新锐品牌,如Fairydrops、Mediheal等。

各大电商现在相继开发海淘业务,有关跨境电商的创新模式层出不穷,唯品会"全球特卖"与海关三单对接的模式增加了唯品会在跨境电商行业的竞争力。

(资料来源:亿邦动力网)

思考:

1. 唯品会"全球特卖"案例中的"三单对接"是指哪三单?
2. "三单对接"为电商企业与消费者能够带来哪些好处?实施"三单对接"的难度在哪里?
3. 为了实现"三单对接",商家需要与哪些部门做好协调工作?

相关知识

6.2.1 保税进口业务流程

1. 保税进口清关模式

保税进口清关模式指跨境进口电商提前批量采购商品并将商品运至保税区内的保税仓库免税备货,客户订单发出后,商品直接从保税仓库发出,在海关等部门监管下通关。该模式借助保税区的政策优势,针对特定的热销日常消费品开展"整批商品入区、消费者下单后分批以个人物品出区,征税的进口业务。试点商品以"个人自用、数量合理"为原则,可以降低进口电商企业的商品价格,商品从国内发出,缩短了消费者的等待时间。保税进口模式业务流程如图6-1所示。

保税进口业务的清关模式为:商家将境外商品批量备货至海关监管下的保税仓库(保税区);消费者下单后,电商企业根据订单为每件商品办理海关通关手续,在保税仓库完成贴面单和打包工作;经海关查验放行后,商品由电商企业委托国内快递企业配送至消费者手中。每个订单都附有海关单据。

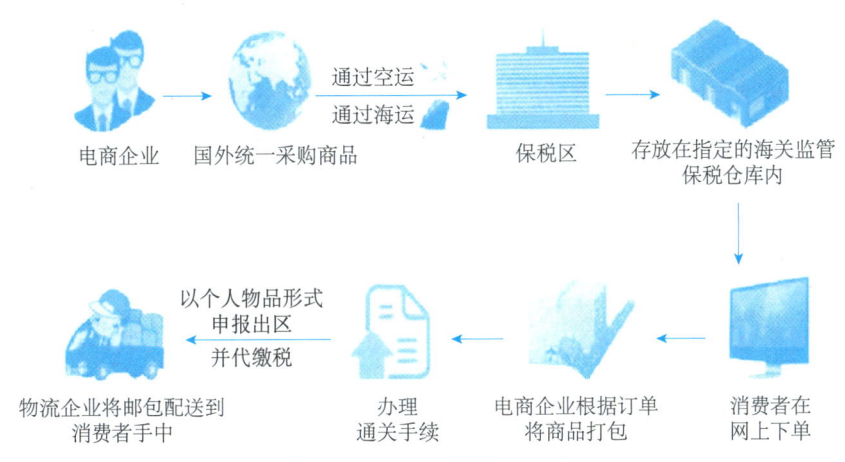

图 6-1 保税进口模式业务流程

2. 浙江与上海保税进口流程

浙江与上海保税进口流程如图 6-2 所示。

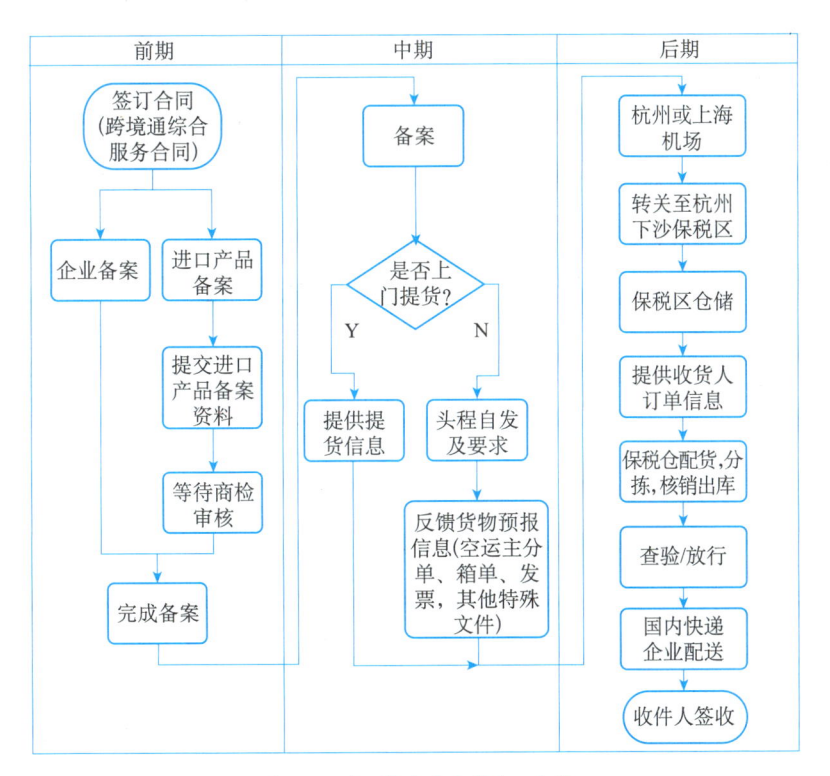

图 6-2 浙江与上海保税进口流程

在保税模式前期准备中,企业备案包括海关备案。海关备案所需资料(根据实际情况提供相应材料)包括以下内容。

（1）备案申请表。

（2）电商企业承诺书。

（3）境内企业资料。

（4）网站信息。

（5）提供网站与境内企业的关联关系。

跨境电商需要确定保税区内的仓储企业，包括办理保税区内入驻企业。监管部门要求入驻企业注册地址在保税区内，最低注册资金不低于500万元，且经营范围包括货物和技术进出口业务、仓储服务。同时，跨境电商需要与区内入驻企业签订仓储协议。

6.2.2 直邮进口业务流程

1. 直邮进口模式下的快件清关与集货清关

（1）快件清关。

在确认订单后，国外供应商通过国际快递企业将商品直接从境外邮寄到消费者手中，无海关单据。该清关模式灵活，有业务时才发货，不需要提前备货，但商品与其他邮件混在一起，物流通关效率较低，商品量大时成本会迅速上升。这种模式适合业务量较少，偶尔有零星订单的情况。

（2）集货清关。

商家将多个已售出的商品统一打包，通过国际物流企业运至国内的仓库。电商企业为每件商品办理海关通关手续，海关查验放行后，商品由电商企业委托国内快递企业配送至消费者手中。每个订单都附有海关单据。

2. 浙江与上海直邮进口流程范例

浙江与上海直邮进口流程如图6-3所示。与保税进口模式相似，在直邮进口模式前期准备中，企业备案也包括海关备案。海关备案所需资料（根据实际情况提供相应材料）包括以下内容。

（1）备案申请表。

（2）电商企业承诺书。

（3）境内企业资料。

（4）网站信息。

（5）提供网站与境内企业的关联关系。

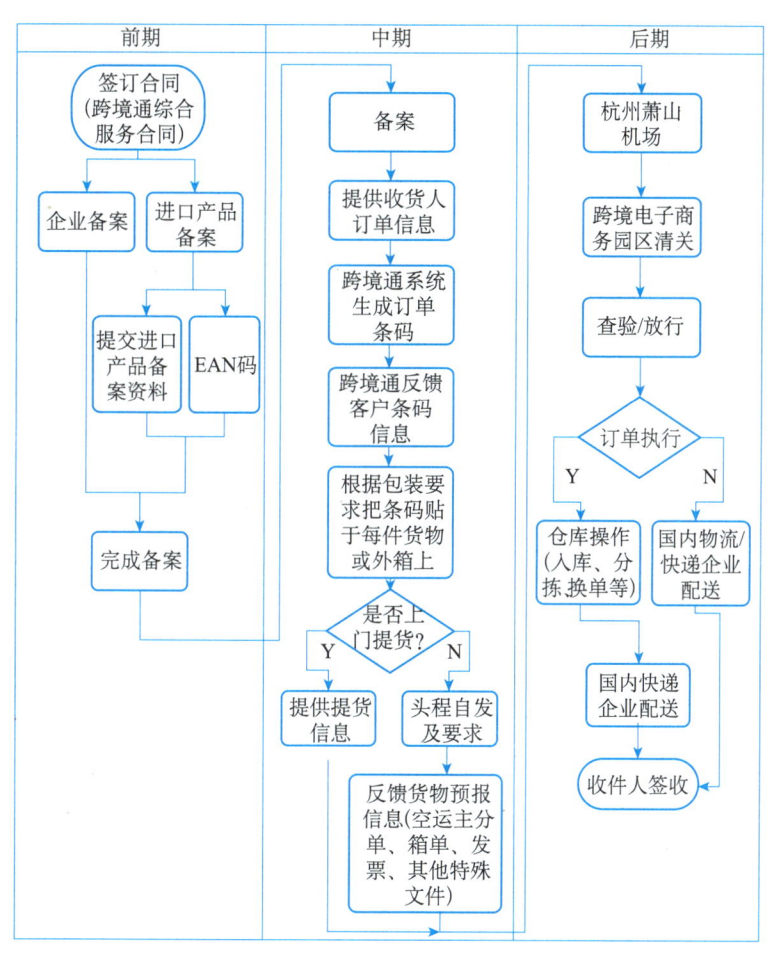

图 6-3　浙江与上海直邮进口流程

6.3 保税进口与直邮进口案例分析

引导案例

温州综保区让"畅购全球"更便利

在线下实体店体验过的跨境商品，扫扫二维码，下单提交，最快当天就能快递到家。2023年7月12日，记者来到位于海经区的温州综合保税区（以下简称"温州综保区"）跨境全球直销体验中心（以下简称"直销体验中心"），体验了一把家门口的快速海淘自由。

这样的便捷得益于跨境电商新零售模式。温州综保区以"免关税（1210进口）、直销价、可溯源"的概念打造特色亮点，推行"线下展示＋线上下单"的跨境电商新零售模式，为温州消费者带来全新的国际购物和跨境购物体验。同时，直销体验中心作为国有企业平台，商品的保真性和质量经得起考验。

据了解，直销体验中心的货物分为两种，一种是一般贸易商品，消费者可以在逛店时直接付钱带走；另一种是跨境电商商品，消费者可以在线下体验，扫描商品二维码或登录"温州综保区跨境展示交易"小程序进行线上下单，最快当天可达。该中心负责人告诉记者，他们针对消费群体及消费者需求进行了分析，精选了美妆个护、母婴、服饰、家居器皿、红酒等多品类精品在体验店进行陈列。目前，小程序商品种类多达上千个。

"现在很多人喜欢海淘，但网购存在时间长、商品是否为正品等问题，让消费者有所顾虑，而这背后巨大的消费潜力需要释放，因此打造跨境新零售试点体验店很有必要。"该负责人表示，跨境电商商品的价格优势明显。例如，一款进口美妆商品，专柜零售价为300多元人民币，而通过跨境电商方式购买只要200多元人民币。这种新型零售方式依托综合保税区，打通了一般贸易、跨境电商、个人包裹等全体系的进出口物流链路，让消费者享受到真正的实惠。

直销体验中心于2022年12月7日启动试运营，现有展厅面积约300平方米，作为消费者场景化体验的窗口，消费者可通过它近距离了解全球各地的优质产品。为了让更多消费者体验这种新型的购物模式，直销体验中心邀请数名抖音网红达人，推出探店活动，让消费者更直观地了解跨境电商进口商品和免税购物。

未来，随着温州综保区综合服务大楼落成，直销中心面积将扩展至6000平方米，届时将集购物、餐饮、休闲等功能于一体，以国家馆的形式提供更优质、更丰富的进口商品，以满足消费者多元化、高品质的消费需求，让消费者买得放心、买得实惠、买得方便，打造温州综保区金名片。

（资料来源：《温州日报》）

思考：

1. 温州为什么要建设综合保税区？
2. 综合保税区能为温州的经济发展带来什么改变？

案例分析

6.3.1 青岛保税仓：巧用保税仓降低企业物流成本

进境存入青岛保税仓的保税货物可以暂时免缴进口税费，免交进口许可证，所有未办结海关手续的货物都可以存入保税仓，通过暂缓缴税减少企业资金占用于保税仓。企业可以对采购入境的货物进行流通性简单加工，然后向境内外分销配送，加上国内劳动力成本和仓储费用低的优势，还有利于吸引外商，将其配送中心、物流中心、采购中心的功能转移到国内。

对于进口货物而言，保税仓在功能上被视为"陆上保税港"，是因为在国际贸易中，企业可以充分利用保税仓储业务"见机行事"。例如，青岛一家知名水产品贸易企业在经济危机时以低价收购冷冻鳕鱼并利用保税仓存储，在经济回暖后直接以比经济危机前高出15%的价格出售，获利颇丰。

利用保税仓，贸易商可以根据国际市场价格变化，低购高卖，既可以从事国际转口贸易，也可以供应国内市场。在经济危机期间，青岛保税仓业务未见萎缩，就是因为供应商将货物在保税仓中存储等待，有效防范和化解了剧烈波动的价格风险。

从事进口业务的企业，尤其是中小型企业，更是从保税仓获益良多。企业直接进口原料，往往需要大批量采购，资金需求大；进口数量大则生产周期长，资金占用时间也长，贸易成本提高，风险增加。这些都不利于中小型企业开展贸易。保税仓设立后，可以在境内形成一个境外货物市场，企业需要进口原料时，可以直接从保税仓多批次、小批量采购，有助于企业形成"即时生产、零库存"的现代经营方式，降低中小企业的经营风险。

企业还可以采取异地报关、转关、集中申报等方式，跨关区直接从保税仓提取货物，能够提高货物的流转速度，大幅节省物流费用，有效减少"境外游"和"迂回运输"的现象。

在进口保税物流功能上，"麻雀虽小，五脏俱全"的保税仓，较其他海关特殊监管区域也具有独特的优势。

"特殊区域需国家审批，物流业务的开展限于固定区域，增加了中间环节，提高了成本。"青岛海关负责人介绍，保税仓只需经过直属海关审批，选址无地域限制，规模可大可小，仓库可租可建，由经营企业自行选择，筹建周期短，投入资金少，建设成本、运作成本低，对市场反应灵敏。

出口加工区侧重发展为区内加工企业配套的物流业务，保税港区的优势是兼重保税加工与物流，而保税仓专注于进口保税物流，以周边密集分布但不限制固定区域的大量加工贸易企业为其稳定的后盾，依托众多进出口贸易企业开拓国际供货渠道和销售市场，有四通八达的港口、仓库及消费市场之间便捷高速的交通网络作为开展物流业务的优越基础条件，与市区终端消费客户"零距离"，更易满足并扩大本地化服务需求。

在未来趋势方面，青岛保税仓将朝着智能化、绿色化和专业化的方向发展。首先，随着物联网、人工智能等技术的不断应用，青岛保税仓的运营将更加智能化，提高运营效率和降低成本。其次，绿色物流将成为未来保税仓发展的重要趋势，通过推广环保理念和技术，降低能源消耗和排放，实现可持续发展。最后，随着跨境电商的快速发展，青岛保税仓将更加注重专业化发展，提供更加精细化、个性化的服务，以满足不同客户的需求。

6.3.2 宝贝格子海外直邮平台：完善供应链体系，提高服务质量

宝贝格子是一家面向国内消费者的跨境电商平台。作为自营直邮跨境电商，该平台于2015年2月开通海外直邮业务，建立国际物流体系，目前已开通美国、加拿大、澳大利亚、新西兰、日本、韩国、德国、英国、荷兰、意大利10个国家的海外直邮业务。宝贝格子作为一家海外直邮电商平台，供应链为其起到了非常重要的作用。宝贝格子的供应链完整便捷，发展迅速，具有一定的市场优势。

宝贝格子的产品供应链包括国内代理商、海外零售渠道和海外品牌商。

（1）在国内代理商方面，企业建立了严格的供货商甄选标准，通过供货商资质审查、产品市场摸底和产品原产地考察等方式，甄选优质产品和供货商。

（2）公司与海外零售商建立合作关系。这些商家本身就是有零售资质的海外商户，相比个人买手，他们有资质做采购业务，有很强的议价能力和组织货源的能力，商品价格和质量都更有保证。

（3）通过与亚太经合组织（APEC）合作，宝贝格子对接国外品牌和经销商的优势更加明显。宝贝格子海外商务拓展团队依托海外仓与海外的母婴品牌商进行洽谈，从品牌商处批量拿货，再经由海外仓或者保税仓将货物发送给国内用户，

在保证质量的前提下进一步降低成本。

宝贝格子在售商品包含婴儿奶粉、辅食、纸尿裤、服饰、图书玩具等8个品类，涵盖1万多种商品，同时支持桌面端和移动端应用。2015年，宝贝格子正式开通海外直邮业务，此后主要通过海外商品直邮和特价商品限时供应的方式为国内消费者提供母婴商品，首创"海外直邮+全球特卖"的运营模式。

宝贝格子优化物流程序，商品从各国直邮寄回，清关时间大大缩短。用户下单后，最迟会在14个工作日内收到商品。从美国直邮的商品，到达用户手里，最快只需要3个工作日，仅仅相当于从乌鲁木齐到齐齐哈尔的快速列车所用时间。

直邮模式的跨境电商企业，在完善供应链、仓储、物流等基础布局以后，应该将提升用户量和交易额作为经营重心，这样一方面会使边际成本降低，另一方面可以促进物流体系进一步优化。用户的需求越来越多元化、个性化、碎片化，满足经营用户的需求，正成为未来直邮模式跨境电商的关键发展因素。

创新案例

627亿元！2022年青岛跨境电商进出口规模实现倍增

2022年，青岛跨境电商进出口规模达627亿元，实现倍增发展，占全市外贸进出口比重为6.9%，高于全国平均水平2个百分点，总量稳居山东省首位，占山东省跨境电商进出口总额的20%，增速高于全省8个百分点。

1. 精准施策，打造高质量发展政策高地

青岛相继出台《加快推进跨境电商高质量发展的若干政策措施》《推动海外仓高质量发展的实施意见》，重点扶持跨境电商公共海外仓、独立站、零售进出口、综合服务平台等领域发展壮大，鼓励西海岸新区、城阳、胶州、即墨等地结合实际，从壮大市场主体、完善物流体系、建设服务体系、创新金融产品等多个维度完善跨境电商产业链。青岛商务局联合青岛海关优化跨境电商零售进出口商品退货监管流程，落实RCEP缔约方进境商品6小时放行。

2. 优化升级，综试区公共服务平台进入2.0时代

2022年上半年，青岛跨境电商综合试验区（以下简称"综试区"）公共服务平台2.0版本上线运行。作为综试区"跨境电商线上公共基础设施"，新版本强化

系统集成、资源整合、信息共享等功能，为综试区企业提供通关申报、资质办理、税务办理、资源对接等服务，实现"一点接入、一站服务、一平台汇总"，为传统外贸和生产加工类企业转型升级、拓展跨境电商新业态提供了有力支撑。同时，平台2.0版本在跨境电商企业出口退税、无票免税、核定征收、外汇核验等政策实施方面也发挥了重要作用，强化了商务、海关、税务、外汇管理等部门间的信息共享、业务办理和数据分析等系统功能。

3. 内外贸融合，新模式、新业态带动消费升级

为促进消费升级，综试区大力推动本土企业探索业务模式创新。全省首家以"跨境电商+新零售"为特色的中日韩消费专区电商体验中心，在高端品牌分销孵化、小众品牌市场推广、线上连同各大平台小程序、线下门店与仓储系统全线实现突破，奥特莱斯名品馆入驻体验中心，私域分销加持平台销售；4000平方米直播基地与保税仓联动，小红书达人现场带货，多维直播激发平台活力。

2022年"双11"期间，青岛西海岸新区保税物流中心申报单量突破120万单，交易金额超过2.7亿元。

2023年初，中日韩消费专区电商体验中心推出新春年货大促"新春不打烊"等优惠活动，增加上千款跨境单品，涵盖近万款优质进口商品，推出新年定制礼盒等大力度促销活动，联动平台内电商企业，开设"直播带货—新年特惠""云上促消费"活动。2023年春节期间，销售额同比增长55.6%，环比增长68.9%；客流量同比增长50%，环比增长30%。会员数累计已达10万余人。

综试区自获批以来，依托政策环境的不断优化，集聚效应初步显现，为青岛跨境电商快速发展提供了强劲动力。国内主流平台唯品会、京东、天猫、考拉海购、菜鸟网络、淘分销、抖音、快手相继落户。郑州舶乐蜜在青岛设立波罗蜜跨境电商运营中心，日本垂直跨境电商平台豌豆公主落户青岛。亚马逊全球开店官方山东团队、速卖通山东商家运营中心、Meta（原名为Facebook）运营中心、蜜桔科技跨境电商运营中心、德国联邦电子商务协会山东代表处相继落户青岛；河南易通、天府盛、深圳新境界均已在青岛设立跨境供应链企业。

在新发展格局下，青岛外贸面临新形势和新问题，跨境电商是推动外贸转型升级的重要抓手，也是贯通国内国际双循环的重要引擎。作为全国跨境电商综试区一档城市（全国10个），青岛综试区将立足挖掘优势产业带潜力，大力培育跨境电商品牌，加快完善产业链、生态圈，全面推动跨境电商高质量发展，打造青岛外贸新业态的"金字招牌"。

（资料来源：《大众日报》）

天猫国际发布"全球探物"品牌，打造海外新品的孵化阵地

2022年10月26日，天猫国际海外直购业务正式升级，发布全新品牌"全球探物"，如图6-4所示。"全球探物"是由天猫国际的海外采购团队，通过全球直采进口尖货，专机直邮到消费者手中的一种新的进口模式。与此同时，天猫国际还宣布，美国最大的奥莱购物集团SPO(Shop Premium Outlets)官方入驻"全球探物"，超过10万款奥莱商品全球同步上新。

图6-4 "全球探物"购物平台上线

天猫国际总经理董臻贞在品牌发布会上表示，在跨境进口市场，人们的消费需求正在发生演变，消费者更热衷于探索和发现海外新奇特的商品。"全球探物"正是为了满足这种需求而诞生的，它是天猫国际重要的非标孵化阵地，通过灵活的海外仓供应链模式实现海量非标商品的高效接入。

"全球探物"是天猫国际的三大进口模式之一，另外两种进口模式分别是平台模式和自营模式。平台模式是让海外的商家在天猫国际开设官方旗舰店，自营模式是由天猫国际自己采购、控货、控价、控体验。海外直购模式是让海外的商家直接在海外仓备货，通过专机直邮的方式将商品销售给国内消费者。这三种模式相互协同，为消费者提供更多的进口商品和服务。

董臻贞表示,天猫国际的愿景是让国内消费者能够轻松买到全球好物,让海外品牌能够快速进入国内市场。"全球探物"是天猫国际的重要创新和升级,也是天猫国际对跨境进口市场一次深度的洞察和布局。她说:"我们希望通过'全球探物',让更多的海外新品、新品牌、新趋势能够第一时间呈现给国内消费者,让天猫国际成为全球新品的首选阵地。"

(资料来源:搜狐网)

实践项目操作

1. 实践项目

(1)联系实际情况,简要分析保税进口及直邮进口的发展优势与劣势。
(2)编制主要跨境电商平台进口模式调查报告。

2. 实践目的

通过实地调研、资料收集、文献阅读,加强对跨境电商保税进口与直邮进口发展现状和未来发展侧重点的了解和探讨。

3. 实践要求

通过资料收集,举出现实中大型跨境电商平台(两个及两个以上)的进口模式并加以说明,比较并讨论不同跨境电商为何采取不同的进口模式。

通过实地调研和小组讨论,结合当前相关政策,了解现阶段跨境电商保税进口与直邮进口模式的发展。

4. 实践环节

(1)收集调查现阶段主要跨境电商的进口模式。
(2)复习本章有关内容,结合当前相关政策,提出对未来跨境电商保税进口与直邮进口模式发展的看法。

5. 实践结果

以小组为单位,建议3～5人为1组,分工合作,共同完成调查报告。

专业知识测试

一、选择题

1. 截至2022年12月，下列哪个城市不是我国跨境电商试点城市？（　　）
   A. 上海　　　　B. 宁波　　　　C. 大连　　　　D. 衢州

2. 在直邮模式前期准备中，海关备案所需资料（根据实际情况提供相应材料）不包括以下哪一项？（　　）
   A. 备案申请表　　　　　　　B. 电商企业承诺书
   C. 境内企业资料　　　　　　D. 企业质量诚信承诺书

3. 综合保税区一般具备哪些功能？（　　）
   A. 保税加工　　　　　　　　B. 保税物流
   C. 国际贸易　　　　　　　　D. 口岸通关

4. 下列哪一项不属于保税进口模式的特点？（　　）
   A. 货物存放在海关监管场所，可实现快速通关
   B. 发货地点为保税区
   C. 发货地点为国外
   D. 商品种类一般有限制

5. 下列哪一项不属于直邮模式流程？（　　）
   A. 保税区仓储　　　　　　　　B. 国内快递配送
   C. 跨境通系统生成订单条码　　D. 跨境电子商务区清关

二、判断题（对的在括号中打"√"，错的在括号中打"×"）

1. 在实际操作中，保税进口模式即商家收到订单后，在国外打包，直接从海外通过快递发货、清关、入境的消费形式。（　　）

2. 结合保税进口和直邮进口的本质及其特点，未来保税进口模式商品的主流将会是价值较高，消费者自主性较大、购买频率一般的商品，如首饰、手表等。（　　）

3. 综合保税区的主要类型有转口集散型、贸易为主型、出口加工型、保税仓储型。（　　）

4. 截至2023年11月，我国综合保税区数量已经超过160个，占现有海关特殊监管区域数量的比例达90%以上。（　　）

5.与保税进口模式不同,在直邮进口模式前期准备中,不需要向海关备案。

(　　)

6.在直邮进口模式下的清关流程包括快件清关与集货清关。(　　)

三、简答题

1.简述保税进口模式的概念。

2.简述直邮进口模式的概念。

3.分析比较保税进口与直邮进口模式的区别。

4.简述保税进口相比直邮进口模式的优势与劣势。

5.简述保税进口模式流程图。

6.分析保税进口与直邮进口未来发展的侧重点。

7.探讨潜在制约保税进口与直邮进口模式的因素。

第7章 跨境电商供应链管理

内容概述

跨境电商的兴起得益于全球化和数字化趋势，以及互联网的普及和支付、物流、清关等基础设施的不断完善。作为一种新业态、新模式，跨境电商已成为我国外贸发展的新动能、转型升级的新渠道和高质量发展的新抓手。众多消费者对海外代购与海淘的兴趣越来越浓厚，促使跨境电商的成交额和用户数量不断增长。如今，跨境电商已经是我国外贸经济的重要增长点和生力军。国内业界龙头阿里巴巴和京东等都已把海外购转到了至关重要的战略地位，海外电商也是如此，纷纷在海外购方面加力，希望提升其在我国的市场份额。

贸易全球化，使国际人均购买力不断增强，电商中的物流、支付环节也在不断改进，相信跨境电商在我国依旧能够保持快速发展的趋势。虽然前景看起来很好，但怎样提升企业竞争力，使自家企业在众多企业中脱颖而出，是大多数跨境电商企业一直在思考的问题。

现在，各家跨境电商企业分割跨境电商市场，并未呈现一家独大的局势。在跨境供应链管理这一方面，各家企业都处于起步摸索的阶段，并没有多少差距。影响跨境电商竞争力的关键因素是品牌、服务和供应链，而决定一家企业成败的核心要素是供应链。然而，做好供应链管理对于跨境电商来说更为艰难，因为跨境供应链管理涉及环节多而复杂，各国的文化和环境又有很大的差异，所以要打通跨境供应链不是一件容易的事。

跨境电商的兴起，使企业产品走向了国际化，带动社会经济发展。与此同时，跨境电商对供应链的管理也提出了新的要求。通过对跨境电商企业的供应链管理进行研究，可以帮助跨境电商企业找到适合时代发展的供应链管理模式，提高企业的管理水平。

知识目标

1. 理解供应链的概念和特征。
2. 掌握供应链的分类标准与类型特点。
3. 了解供应链的结构与运作特点。
4. 掌握供应链管理的概念与内涵。
5. 了解供应链管理的目标与特征。

能力目标

1. 能够运用所学理论知识分析供应链的特征和类型。
2. 能够结合企业实际情况分析供应链管理的特点。
3. 能够结合实际情况提出跨境电商供应链管理的对策。

7.1 供应链管理

引导案例

福特 Festiva 的"横向一体化"全球制造战略

美国福特汽车公司在推出新车 Festiva 时，在美国设计，在日本的马自达发动机工厂生产发动机，在韩国的制造厂生产其他零部件，在其他地区的工厂组装，最后将整车运往世界各地的市场销售。福特汽车公司作为制造商,这样做的目的,是利用其他企业的资源促使产品快速上马,避免自己投资带来的基建周期长的缺陷,显然是追求低成本、高质量,提高自己的竞争力。Festiva 从设计、制造、运输、销售各方面,采用的就是"横向一体化"的全球制造战略。福特汽车公司在制造汽车的过程中,形成了一个企业群体。这些企业群体组成了一个企业利益共同体,在运行形式上构成了一条从供应商、制造商、分销商到用户的"链"。"链"上的企业之间都是供应和需求的关系。

企业利用现代信息技术,通过改造和集成业务流程,与供应商及客户建立协同的业务伙伴联盟,实施电子商务,大大提高了竞争力,使其在复杂的市场环境中立于不败之地。根据有关资料,供应链管理的实施可以使企业总成本下降10%;供应链上的节点企业按时交货率提高15%以上;订货与生产的周期缩短25%~35%;供应链上的节点企业生产率提高10%以上。这些数据说明,供应链企业在不同程度上都取得了发展,其中以"订货与生产的周期缩短"最为明显。这样的成果完全得益于供应链企业相互合作、相互利用对方资源的经营策略。试想一下,如果制造商从产品开发、生产到销售完全自己承担,那么不仅要背负沉重的投资负担,还要花费相当长的时间。企业采用供应链管理模式,可以使企业在最短时间里寻找到最好的合作伙伴,用最低的成本、最快的速度、最好的质量赢得市场。这样受益的不止一家企业,而是一个企业群体。因此,供应链管理模式吸引了越来越多的企业。

思考:

1. 什么是供应链管理?
2. 供应链管理的核心竞争力是什么?
3. 福特汽车公司供应链管理模式给我们哪些启示?

相关知识

7.1.1 供应链特征

供应链是围绕核心企业,通过对信息流、物流、资金流的控制,从采购原材料开始,到制成中间产品与最终产品,最后由销售网络把产品送到消费者手中的将供应商、制造商、分销商、零售商与最终用户连成一个整体的功能网链结构。

国家标准《物流术语》对供应链管理是这样定义的:"从供应链整体目标出发,对供应链中采购、生产、销售各环节的商流、物流、信息流及资金流进行统一计划、组织、协调、控制的活动和过程。"

供应链特征如图 7-1 所示。

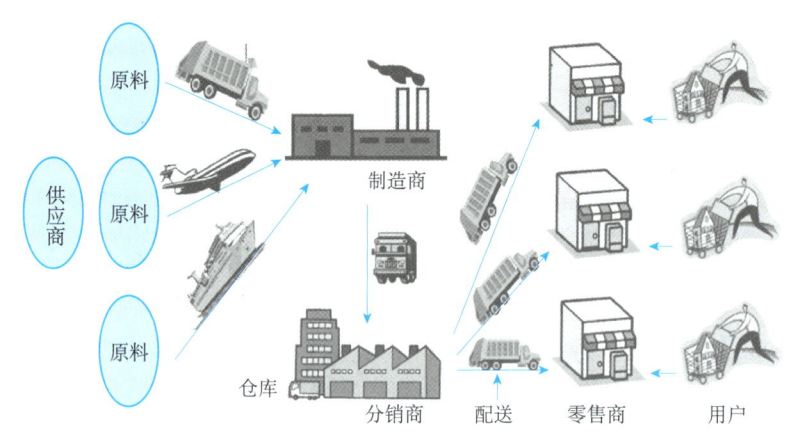

图 7-1 供应链特征

从供应链的结构模型可以看出,供应链是一个网链结构,节点企业和节点企业之间是一种需求与供应的关系。供应链主要具有以下特征。

1. 复杂性

因为供应链节点企业组成的跨度(层次)不同,供应链往往由多个、多类型甚至多国企业构成,所以供应链结构模式比一般单个企业的结构模式更为复杂。

2. 动态性

供应链管理因企业战略和适应市场需求变化的需要,其中节点企业需要动态更新,这就使供应链具有明显的动态性。

3. 面向用户需求

供应链的形成、存在、重构都是基于一定的市场需求而发生的,并且在供应链的运作过程中,用户的需求拉动是供应链中信息流、产品/服务流、资金流的驱动源。

4. 交叉性

节点企业可以是这个供应链的成员,同时是另一个供应链的成员,众多的供应链形成交叉结构,增加了协调管理的难度。

7.1.2 供应链分类

根据不同的分类标准,供应链可以分为不同的类型,下面主要介绍两种常见的分类类型。

1. 以产品的生命周期、需求稳定程度划分

以产品的生命周期、需求稳定程度划分,供应链可以分为效率型供应链和反应型供应链,对两者的比较分析如表 7-1 所示。

表7-1 效率型供应链和反应型供应链比较分析

项 目	效率型供应链	反应型供应链
追求目标	最低的成本供应	对不可预测的需求做出有效反应,使缺货现象降到最低
管理核心	保持高的平均利用率	配置多余的缓冲库存
库存策略	降低整个供应链的库存	部署缓冲库存,应对不稳定的需求
提前期	在保持稳定的情况下尽可能缩短提前期	大量投资,以缩短提前期
供应商选择	以成本和质量为核心	以速度、柔性、质量为核心

2. 以动力因素的来源划分

以动力因素的来源划分,供应链可以分为推式供应链和拉式供应链。

(1)推式供应链的运作以产品为中心,以生产制造商为驱动原点,这种传统的推式供应链管理以生产为中心,力图尽量提高生产率,降低单件产品成本,以此获得利润。推式供应链如图 7-2 所示。

供应商 → 制造商 → 分销商 → 零售商 → 用户

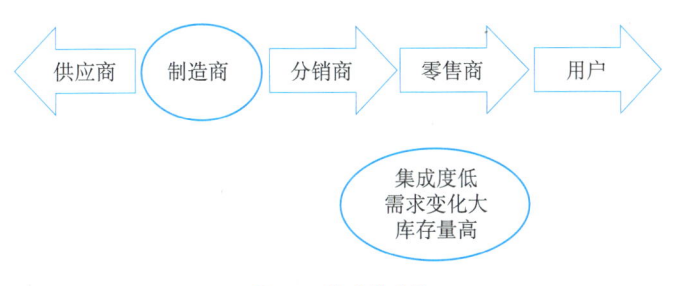

集成度低
需求变化大
库存量高

图 7-2 推式供应链

(2)拉式供应链管理以客户为中心,通过对市场和客户的实际需求,以及对其需求的预测来拉动产品的生产和服务。拉式供应链如图 7-3 所示。

供应商 ← 制造商 ← 分销商 ← 零售商 ← 用户

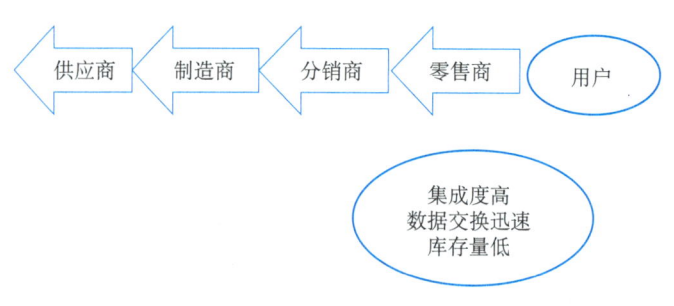

集成度高
数据交换迅速
库存量低

图 7-3　拉式供应链

7.1.3　供应链管理的作用

供应链管理是对供应链所涉组织的协同和对物流、信息流、资金流的集成，以满足用户的需求，提高供应链整体竞争能力。供应链管理流程如图 7-4 所示。

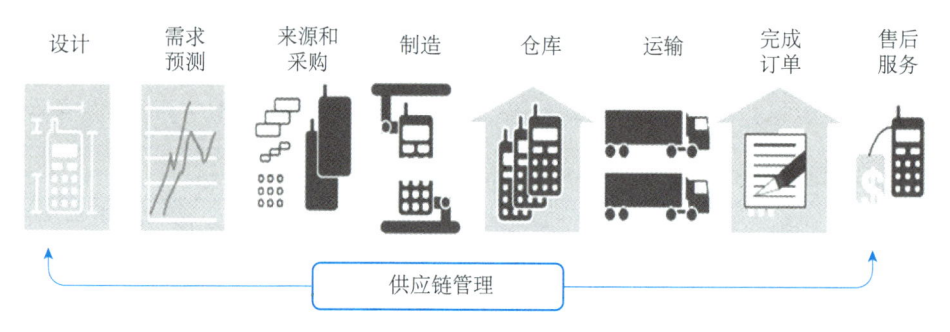

设计　需求预测　来源和采购　制造　仓库　运输　完成订单　售后服务

供应链管理

在正确的地点、正确的时间，以正确的价格提供正确的产品

图 7-4　供应链管理流程

（1）供应链管理把产品在满足客户需求的过程中对成本有影响的各个成员单位都考虑在内，包括原材料供应商、制造商、仓库、配送中心、渠道商。

（2）供应链管理的目的在于追求供应链的整体效率和整个系统的有效性，力图使系统总成本降至最低。因此，供应链管理的重点不在于简单地使某个供应链成员的运输成本达到最小或减少库存，而在于通过采用系统方法来协调供应链成员，以使整个供应链总成本最低，使整个供应链系统处于最流畅的运作状态。

（3）供应链管理是围绕把供应商、制造商、仓库、配送中心和渠道商有机结合成一体这个问题展开的，包括企业许多层次的活动，如战略层次、战术层次和作业层次等的活动。

有研究表明，有效的供应链管理总是能够使供应链上的企业获得并保持稳定持久的竞争优势，进而提高供应链的整体竞争力。越来越多的企业已经认识到供应链管理带来的巨大好处，如惠普、IBM、戴尔等在供应链管理实践中取得的显著成绩就是明证。

7.1.4 供应链管理技术

1. 集成化供应链

为了成功地实施供应链管理，使供应链管理真正成为有竞争力的武器，应将企业内部及供应链各节点企业之间的各种业务看作一个整体功能过程，形成集成化供应链管理体系。供应链的发展过程是一个不断集成的过程，该集成过程一般要经过四个阶段：初始阶段、职能集成阶段、内部集成阶段、外部集成阶段。在完成以上四个阶段的集成以后，就构成了一个网络化的企业结构，从而实现对企业内外的动态控制和对各种资源的集成和优化，力求达到整个供应链全局的动态最佳目标。

2. 敏捷供应链

20世纪80年代后期，美国提出了敏捷制造的概念，强调基于互联网的信息开放、共享和集成。敏捷制造和供应链管理的概念都是把企业资源的范畴从单个企业扩大到整个社会，使企业之间为了共同的市场利益而结成战略联盟，借助敏捷制造战略的实施，供应链管理也得到越来越多人的重视，成为当代国际很有影响力的一种企业运作模式。

3. 绿色供应链

新时代对全球范围内制造型企业和生产型企业提出了一个新的挑战，即如何使工业生产和环境保护协调发展。由于公众、法规及环境标准的压力，环境管理已成为企业不容忽视的重要问题。面对这种压力，企业必须重新调整供应链流程，把环境问题融入整个供应链。绿色供应链管理是企业有效的环境管理方法。为了实现绿色供应链管理，企业必须首先建立绿色供应链管理概念，把绿色管理作为企业文化，渗透到企业的各个环节，同时在产品设计、材料选择中加强绿色管理，既降低成本，又达到环境标准，实现可持续发展。

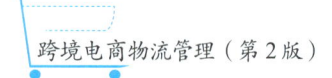

4. 供应链设计

设计和运行一个有效的供应链对每个企业都是至关重要的，供应链的设计要以产品为中心，必须设计出与产品特性一致的供应链，即产品的供应链设计策略。不同的产品类型对供应链设计有不同的要求，效率型供应链流程设计适于低边际利润、有稳定需求的功能型产品，反应型供应链流程设计适于边际利润高、需求不稳定的革新型产品。

5. 供应链伙伴选择

供应链管理是通过供应链上的成员之间的合作和能力的协同，来有效地实现对各种资源的集成与优化利用。合作伙伴关系是供应链管理研究的一个重要部分，供应链的伙伴选择涉及诸多因素，如产品质量、价格、交货提前期、加工能力、运输距离、企业信誉、批量柔性、技术实力、资金状况等。大多数关于供应商选择的研究在本质上是定性的或实证的，考虑在经济上的重要性，定量分析就非常适用。目前，供应商选择的方法主要分成线性加权方法、数学规划方法、统计/概率方法三类。

6. 供应链库存管理技术

供应链库存管理技术主要包括供应商库存管理、联合库存管理，以及协同规划、预测和补给。供应商库存管理以供应链上的合作伙伴成本最低为目的，在一个共同的协议下，由供应商设立库存、确定库存水平和补给策略，拥有库存控制权。该方法体现了供应链的集成化管理思想。联合库存管理是一种基于协调中心的库存管理方法，强调供需双方同时参与，相互协调，共同制订库存计划，可以消除供应链上的需求变异和放大现象。协同规划、预测和补给是一种协同式的供应链库存管理技术，能够同时降低销售商的存货量，增加供应商的销售量，其最大优势是能够及时准确地预测由各项促销措施或异常变化带来的销售高峰和波动，从而使销售商和供应商都能做好充分的准备，赢得主动。

7. 供应链信息技术

信息共享是实现供应链管理的基础，有效的供应链管理离不开信息技术系统提供可靠的支持。信息技术在供应链管理中的应用主要包括基于电子数据交换、互联网技术及电子商务的供应链管理信息技术支撑体系。信息技术的应用有效地推动了供应链管理的发展，它可以节省时间，提高企业信息交换的准确性，减少工作中的人为错误，从而提高供应链管理的运行效率。

8. 供应链建模技术

研究供应链建模技术，建立相应的供应链模型，对于供应链管理中的各项分析和决策活动是十分必要的。目前，供应链建模技术主要包括网络设计法、近似法和基于仿真的方法。

（1）网络设计法一般使用整数规划或混合整数规划来描述和求解问题模型，其建立的模型可以覆盖供应链管理中的所有决策领域，但对规模较大的模型存在求解困难的问题，考虑随机因素的能力也十分有限。

（2）近似法主要用于供应链多级库存问题，研究在考虑多级库存的情况下建立库存控制策略及确定控制参数。该方法在降低库存、提高用户服务水平等方面相当重要，但忽略非平稳随机因素的存在，忽视生产和运输问题。

（3）基于仿真的方法可用于分析全面的供应链模型。由于不存在数学求解问题，因此该方法建立的模型可以考虑各种复杂因素，包括结构和参数的随机性，比较适合评价现有策略。

7.1.5 供应链管理内容

供应链管理主要涉及四个领域——供应、进度计划、物流、需求。供应链管理是以同步化、集成化生产计划为指导，以各种技术为支持，尤其以互联网与局域网为依托，围绕供应、生产作业、物流（主要指制造过程）、满足需求来实施的。供应链管理主要包括计划、合作、控制从供应商到用户的物料（零部件和成品等）和信息。供应链管理的目标在于提高用户服务水平和降低总的交易成本，并且寻求两个目标之间的平衡。

供应链管理可以细分为职能领域和辅助领域。职能领域主要包括产品工程、产品技术保证、采购、生产控制、库存控制、仓储管理、分销管理。辅助领域主要包括客户服务、制造、设计工程、会计核算、人力资源、市场营销。

供应链管理关心的不只是物料实体在供应链中的流动，供应链管理注重总的物流成本（从原材料到最终产成品的费用）与用户服务水平的关系，为此要把供应链各个职能部门有机地结合在一起，从而最大限度地发挥供应链整体的作用，达到供应链企业群体获益的目的。

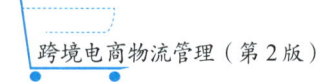

7.1.6 供应链管理流程

1. 分析市场竞争环境

竞争环境分析是为了识别企业面对的市场的特征和机会。要完成这一过程，我们可以根据波特模型提供的原理和方法，通过采取调查、访问、分析等手段，对供应商、用户、现有竞争者及潜在竞争者进行深入的研究，掌握第一手准确的数据和资料。一方面，这项工作取决于企业经营管理人员的素质和对市场的敏感性。另一方面，企业应该建立一种市场信息采集监控系统，并开发对复杂信息的分析技术和决策技术。例如，一些企业建立的客户服务管理系统，就是掌握客户需求，进一步开拓市场的有力武器。

2. 分析客户价值

供应链管理的核心在于提高客户价值和降低总的交易成本，企业要从客户价值的角度来定义产品或服务，并在不断提高客户价值的情况下，寻求最低的交易成本。按照营销大师科特勒的定义，客户价值是指客户从给定产品或服务中期望得到的所有利益，包括产品价值、服务价值、人员价值和形象价值。一般来说，发现市场机会并不意味着真正了解某种产品或服务在客户心目中的价值。因此，必须真正从客户价值的角度出发来定义产品或服务的具体特征，只有不断地为客户提供超值的产品，才能满足客户的需求，而客户的需求拉动是驱动整个供应链运作的源头。

3. 确定竞争战略

从客户价值出发找到企业产品或服务的定位之后，企业要确定相应的竞争战略。竞争战略形式的确定可以使企业清楚认识到要选择什么样的合作伙伴，以及与合作伙伴的联盟方式。根据波特的竞争理论，企业获得竞争优势有三种基本战略形式——成本领先战略、差别化战略、目标集中战略。例如，当企业确定应用成本领先战略时，往往会与具有相似资源的企业联盟，以形成规模经济；当企业确定应用差别化战略时，它选择的合作伙伴往往具有很强的创新能力和应变能力。商业企业中的连锁经营是成本领先战略的典型应用，它通过采用大规模集中化的管理模式，在整个商品流通过程中把生产商、批发商与零售商紧密结合成一个整体，通过物流配送中心把货物从生产商手中及时地、完好地运送到各个分店手中，进而提供给消费者。这样的战略减少了流通环节，使企业直接面对消费者。其结果不仅加快了流通速度，也加快了信息反馈速度，从而达到成本领先的目的。

4. 分析本企业核心竞争力

核心竞争力是指企业在研发、设计、制造、营销、服务等某个环节上明显优于并且不易被竞争对手模仿的、能够满足客户价值需要的独特能力。供应链管理注重的就是企业核心竞争力，企业把内部的智能和资源集中在有核心竞争优势的活动上，将剩余的其他业务活动移交给在该业务上有优势的专业企业来弥补自身的不足，从而使整个供应链具有竞争优势。

5. 评估、选择合作伙伴

供应链的建立过程实际上是一个对供货商的评估、选择过程，选择合适的合作伙伴，是加强供应链管理最重要的基础，企业需要从产品的交货时间、供货质量、售后服务、产品价格等方面全面考核合作伙伴。如果企业选择的合作伙伴不合适，不仅会侵蚀企业的利润，还会使其失去与其他企业合作的机会，从而在无形中抑制企业竞争力的提高。对于供应链合作伙伴的选择，可以遵循以下原则。

（1）合作伙伴必须拥有各自的可以利用的核心竞争力。

（2）加强合作企业核心竞争力的相互结合，提高供应链的整体竞争力，从而为企业带来可观的贡献。这些贡献包括及时的、准确的市场信息，快速高效的物流，快速的新产品研制速度，高质量的消费者服务，成本的降低，等等。

7.2 跨境电商供应链管理

引导案例

全球供应链进入升级期，菜鸟跨境物流用三大优势打造市场竞争力

伴随跨境电商平台的发展，全球供应链服务产品逐渐覆盖供应链全场景并跨

行业延伸，侧重定制化服务及数智化能力，进入进阶升级阶段。

菜鸟目前服务7000多家全球跨境电商、品牌商、贸易商，作为全球化的物流产业互联网企业，持续为跨境供应链上的企业提供高效、灵活、高品质的服务。目前，菜鸟已经形成全球物流基础设施、全渠道业务运营和拓展、数字化三大竞争优势。

1. 全球物流基础设施布局，打通全链路国际供应链，形成独特优势

跨境物流作为跨境电商的重要基础设施，正在成为消费者选择商品和平台的重要考量因素。加强物流调控能力，海外仓、保税仓、物流枢纽、国际干线的建设至关重要。

菜鸟为商家打造的具备全球干线运输、清关申报及库存部署能力的供应链网络服务，通过对物流、信息流和商流的优化整合，打通全链路国际供应链，形成独特优势，降低全链路物流成本，提升库存周转效率，拓展生意规模，成为品牌加速全球化步伐的助推器。

2. 全渠道业务运营和拓展能力，规模化效应为全球商家赋能

跨境电商物流包括揽件、仓储、分拣、国内清关等不同环节。跨境贸易模式多样，不同模式在海外仓储、进出口报关流程及末端配送时效性要求上各有不同。因此，跨境电商物流综合服务商能否满足多样化的贸易模式及末端配送的敏捷性将是商家选择的重要考量因素。

目前，菜鸟全链路物流服务已支持保税、直邮、一般贸易、免税等贸易模式，形成覆盖 To B/To C、进出口、线上与线下的全渠道服务和拓展能力，并建立覆盖全国的仓储配送体系，保证末端配送的服务质量和体验，以规模化效应为全球商家赋能。

3. 品牌行业特点与服务差异大，菜鸟定制化行业解决方案为商家减负降本

跨境电商面临采购地点分散、国家分布范围广、终端用户需求多样、渠道拓展慢等问题，一个能提供多种业务线的供应链平台对商家来说尤为重要。

不同品类的货物在运输条件、包装要求、时效要求、报关审核流程、分销方式、渠道通路上特点不同，菜鸟能够提供覆盖多种行业的供应链解决方案，根据不同行业的特殊性，为不同业务量级的商家提供定制化方案，帮助商家减负降本，应对复杂多变的消费者需求。

4. 海南免税区政策红利不断释放，菜鸟海南供应链能力已覆盖物流全场景

2020年7月，财政部、海关总署、国家税务总局对海南离岛免税购物政策进行了调整，在免税额度、品种、单次消费额度等方面释放政策红利，初步建立

了具有国际竞争力的离岛免税购物政策体系，海南已成为中国香港与韩国等传统购物目的地的替代选择。2023年春节期间，海口海关共监管离岛免税购物金额15.16亿元，免税购物人数15.7万人，人均消费9959元，三项指标均实现同比增长。

菜鸟海南业务起步于2020年，服务范围包括国际货运、关务申报、保税仓、免税仓、本岛运输、国内配送等物流全场景。截至目前，菜鸟海南供应链已在海口、三亚两地在建和运营近20万平方米的保税仓库，服务多家国际知名品牌及免税牌照方，链接国内600个城市和全球200个国家和地区；可提供专业的行业解决方案，满足美妆、奢侈品、酒水等品类的差异化操作要求。

5. 对标逆向物流痛点，菜鸟逆向物流解决方案为品牌商降本增效

与传统物流模式不同，逆向物流涉及链条较长，且退货成本较高。因此，为了节约成本，将商品退至国内保税仓或者海外逆向退货仓（进行销售）是更为妥当的处理方式。

数智化能力贯穿跨境物流核心环节，提升物流时效，实现柔性供应。近年来，菜鸟的数字化能力渗入供应链下属子环节全过程，包括数字化仓储系统、电子面单、数字清关、自动化分拨等，通过技术赋能增强供应链效率，针对复杂多变的市场需求实现柔性供应，保障供应的稳定性。

（来源：亿欧网）

思考：

1. 什么是跨境电商供应链管理？
2. 菜鸟物流上游供应链整合有什么特点？
3. 菜鸟物流是如何解决物流难题的？

相关知识

7.2.1 跨境电商供应链特征

1. 跨境电商供应链概念

跨境电商供应链是指跨境电商利用供应链开展跨境电子交易、跨境物流、跨境供应等活动，进而把供应商、海关、物流商和网络消费者等连接成一个整体的功能网链。跨境电商供应链如图7-5所示。

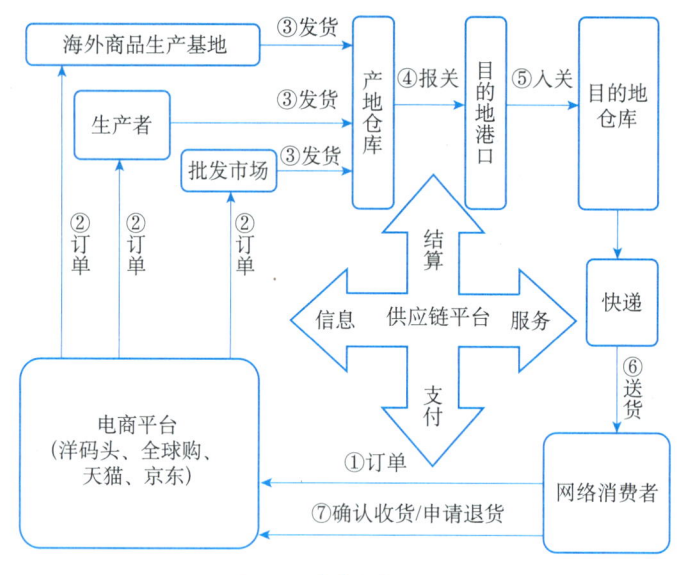

图 7-5　跨境电商供应链

2. 跨境电商供应链特征

（1）更为个性化的服务。

电商企业在一定程度上打破了时间和空间的界限，使生产和消费过程变得和谐统一，而跨境电商也属于电商模式，所以跨境电商企业的供应链是简单、高效、开放且灵活的。另外，企业通过消费者在电子商务中的信息交流，能够获取很多关于消费者和市场需求的信息。

（2）独特的管理方式。

与一般企业相比，跨境电商企业采用的供应链管理方式的主动性与积极性更高，特别是跟传统的供应链比较，这种独特的管理方式能够显现出更加积极的作用。

（3）高度共享和集成的信息系统。

因为跨境电商的交易活动是一个电子化、数字化与网络化的过程，所以要使交易活动成功进行，就必须依靠高度共享和集成的信息系统。有这样的信息系统为基础，就能够以动态链接的形式进行跨境电商供应链管理，实现既高效又准确的信息传输。

（4）高效的营销渠道。

现在的电商企业基本上是通过建立零售商订单和库存系统的方式来进行电子

商务活动的。企业利用信息系统对各个零售商发出商品销售通知，还可以收集相关新闻来确定下一次的库存数量和进一步的销售计划，并对零售商进行指导，这样可以明显提高企业的运营效率。

跨境电商和传统国际贸易在交易主体、交易环节、运作模式方面皆有区别。因此，供应链作为跨境电商的行业纽带，必须迅速完成从传统到现代的转型，为行业发展保驾护航。供应链的优化十分复杂，不是所有跨境电商都有能力像天猫国际一样将各大著名品牌的授权悉数收入囊中，或者模仿京东在全球范围内布局仓库，所以更现实的做法是基于各自的优势，找准定位，有序、有效、全面地分析和整合物流、资金、商品等资源，形成完善的供应链，针对不同的订单情况和业务需求，找到最适合的供应链优化方案。

7.2.2 跨境电商供应链管理流程

跨境电商供应链较长，其中供应商、物流、通关、选品策略是关键点，未来发展可以从这几个方面寻求突破。下面分别介绍这四个关键点，以及支付先行。

1. 供应商

现有的跨境电商企业的供应商主要分为四种类型——经销商/代理商供货、厂商直接供货、从海外商超（商场、超市）采购、买手代购，如图7-6所示。

供应商	类型	特点
	经销商/代理商供货	比厂商直供价格高，很难保证稳定供货
	厂商直接供货	具备厂商品牌背书，定价优势大，加价环节最少，货物直供，保证货源稳定
	从海外商超采购	货源不稳定，价格优势小，且很难获得厂商认可，法律风险高
	买手代购	商品SKU丰富，个人代购存在法律政策方面的风险

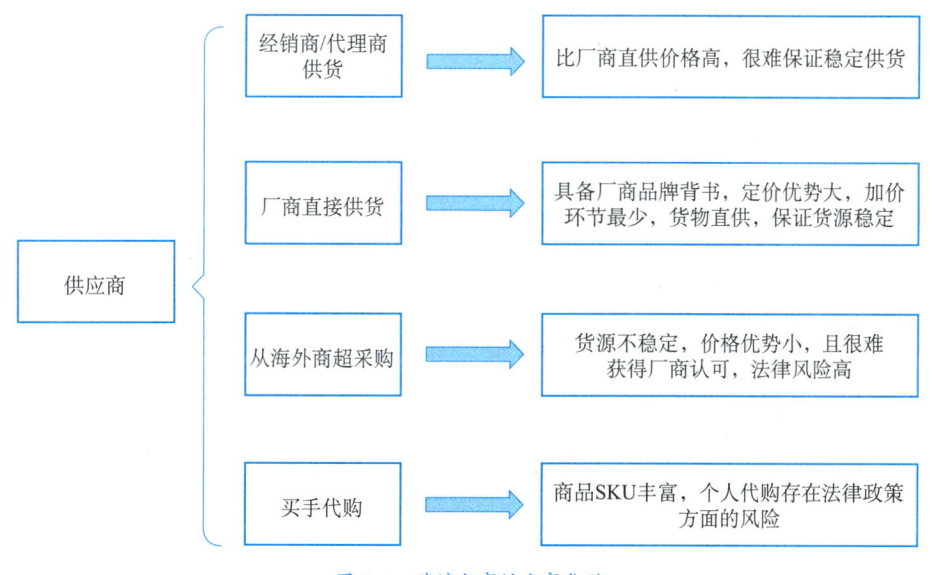

图7-6 跨境电商供应商类型

（1）经销商/代理商供货：由海外品牌经销商或代理商分拨货物给跨境电商企业，其价格比厂商直供的价格高，很难保证稳定供货。

（2）厂商直接供货：厂商直接供货模式具备厂商品牌背书，定价优势大，加价环节最少，货物直供，可以保证货源稳定。

（3）从海外商超采购：从当地商场、超市批量采购商品，货源供给不稳定，价格优势小，而且很难获得厂商认可，法律风险较高。

（4）买手代购：买手代购模式通常用于C2C平台，商品SKU丰富。海外买手为满足消费者的个性需求，在海外商品市场选购各式各样的商品，存在法律政策方面的风险。

随着我国跨境电商的日渐成熟，货源渠道的困局慢慢破冰。跨境电商平台在建立正品保障机制方面进行了诸多尝试，在消费者、商家、采购过程监督、物流追溯等方面全方位采取措施，将风险降到最低。以天猫国际、蜜芽宝贝等为代表的跨境电商在与海外品牌合作方面打开了新局面。天猫国际通过与海外国家进行洽谈对接，实现了品牌方直接入驻平台销售，而蜜芽宝贝则采取重资产模式，获得海外品牌商授权后进行自营。无论哪种模式，都说明越来越多的海外品牌开始关注我国跨境电商，利好我国跨境电商业务的良性发展。

2. 物流

目前，跨境电商采用的发货模式主要有海外直邮模式和保税仓发货模式两种，对应"保税仓+国内物流"和"自建跨境物流+国内物流"两种物流模式。

（1）海外直邮模式。

海外直邮模式是跨境电商企业直接参与采购、物流、仓储等海外商品的买卖流程。海外直邮模式商品入境类似个人物品直邮入境，因而不受通关单的限制。

在海外直邮模式中，较常见的是C2C。目前，也有平台采用"自建跨境物流+国内物流"的方式。

"自建跨境物流+国内物流"模式相较保税仓发货模式而言，对品类的选择更多，不需要在保税区内压货，主要是通过对平台上的买手商品和品牌做有效的背书，提升用户的购物体验。其代表平台的有洋码头、亚马逊等。

（2）保税仓发货模式。

保税仓发货模式分两段物流——国际段和国内段。商品完成国际段的运输后，要在该平台建立的保税仓进行拆包、检验、清关、分拣和打包，再由国内快递企业寄送给消费者。现在，保税仓商品申请通关单被提前到商品进入保税区时进行。

"保税仓＋国内物流"模式采取跨境直采、入库自营的模式，用户下单后，平台从保税区清关发货，再通过第三方物流送货至消费者手中。其典型的平台有天猫国际、蜜芽宝贝、小红书、京东全球购等。

表7-2为跨境电商平台类型举例。

表7-2 跨境电商平台类型举例

跨境电商平台	保税仓	国内物流商
蜜芽宝贝	宁波、重庆、广州	第三方物流
小红书	郑州、深圳、上海	第三方物流
京东全球购	杭州、广州、郑州、宁波、上海	京东快递＋第三方快递

3. 通关

目前，国内跨境电商进口业务的通关模式有三种——快件清关、集货清关、备货清关。其中，海关对集货清关、备货清关的跨境电商企业征收综合税，由电商、物流商、支付商统一向海关报送三单数据，要求三单统一。

海关的清关速度直接决定保税仓（区）内物流的速度和效率。我国进口跨境电商报关流程为：企业申报（换单、电子申报、报检、现场交接单）→海关查验（审单、查验、征税）→海关放行。一般来说，不同的货物清关时间不同，木材、机械、化工清关时间通常需要3～5个工作日，而食品需要7～15个工作日，因为还有抽样送检过程。不同通关模式的优劣对比如表7-3所示。

表7-3 不同通关模式的优劣对比

通关模式	优 势	劣 势	适合业务	有无海关单据
快件清关	比较灵活，有订单才发货，不需要提前备货	申报品名要求高，物流通关效率较低，量大时成本会增加	企业创业初期，业务量少	无
集货清关	无须提前备货、相比快件清关，物流效率高，成本低	需在海外完成打包操作，成本高，海外发货物流时间长	业务量迅速增长的企业，每周有多笔订单	有
备货清关	需提前批量备货，国际物流成本低，通关效率高，可及时响应售后服务要求	使用保税仓，有仓储成本，备货会占用资金	业务规模较大，业务量稳定的企业	有

4. 选品策略

从本质上来说，选品决定一个跨境电商平台的命脉。当电商平台决定选品时，最先思考的是以下问题：它能否在国内热卖；在实际操作中能否拿到不错的代理权；在物流、清关、政策等因素外能产生多大的利润，是打造出高品质的"爆款"，还是经过市场运作后达成消费共识。

以聚美海外购为例，聚美海外购选品主要有以下几个特点。

（1）向品牌商直接采购，以美妆和母婴产品为主，倾向于价格较低的韩妆品牌。

（2）刻意避开国外的"爆款"，根据用户消费数据筛选商品。

（3）用少量单品限时销售，避开拿不到品牌代理权的尴尬。

随着数字技术和物流技术的不断发展，越来越多的企业开始进入跨境电商市场。跨境电商行业结束野蛮生长期，进入洗牌期，而供应链始终是跨境电商发展的命门。未来，跨境电商行业将在选品、物流、支付等方面得到规范，获得新生。

5. 支付先行

支付环节是真正产生现金流的环节。从供应链的角度来看，高效、安全、便捷地向海外消费者收取不同的货币并接入本土支付方式，是跨境电商控制和优化资金流的重要环节。网络支付是跨境电商基础设施，也是推动电商国际化的必要支持手段。我国跨境网络支付的发展刚刚起步，在跨境网络资金渠道建设、国际商户接入等方面都处于积累阶段。在跨境电商高速发展的刺激下，对网络支付的需求迅速增长，支付方式也逐渐多元化。

目前，我国跨境支付市场主体可以分为三大类：第一类是境内第三方支付机构，主要涉足跨境网购、出口电商市场，如支付宝；第二类是境内传统金融机构，凭借强大的银行网络，不仅支持跨境网购、出口电商，还支持境外自动柜员机（ATM）取款和刷卡消费等业务市场，如银联；第三类是境外支付企业，提供全球在线收付款业务，如 PayPal。

我国跨境电商主要通过以上三类企业的支付业务完成支付环节，特别是第三方支付的应用大大提升了跨境网购的交易效率，得到消费者的青睐。在这样的市场环境下，有效管理多种支付方式成为跨境电商必须面对的挑战。

目前来看，跨境支付依然是我国跨境电商发展的瓶颈之一，尤其随着第三方支付平台的迅速成长，管理政策、业务操作等方面存在的漏洞愈加凸显出来。跨境支付业务使商务活动突破了时空限制，辐射到全球各个角落，使金融信息和资金链在数据平台上不断集中。而电子商务的电子化和虚拟性使得资金的真实来源和去向难以辨别，存在虚假交易和欺诈风险、资金跨境流动和洗钱风险等；同时，支付机构备付金账户会产生资金沉淀，存在资金安全隐患、支付风险及道德风险。

目前，我国在跨境支付方面尚无监管细则出台，相关企业在处理支付风险问题时无章可循，一旦支付系统出现问题或者交易方资信出现问题，将对客户资金形成极大威胁。因此，完善跨境支付体系，并对其进行严格规范和监管显得尤为重要和迫切，而这需要企业和政府共同努力才能实现。

对于支付企业而言，建立健全客户认证机制是当务之急。客户身份的隐蔽性是困扰跨境支付行业的一大因素。对客户身份、业务范围、资信情况、交易信息等进行了解、核实、记录和更新，将有利于相关部门进行有效的监管，降低交易风险，遏制通过跨境支付进行犯罪的行为。支付企业通过数据挖掘，可以针对不同客户的需求开展增值服务，以增加企业的盈利点。

跨境支付企业应该与银行签订相关协议，明确双方的权利与义务，积极进行信息沟通，协作配合，防范各类交易风险。同时，跨境支付企业还可以聘请专业的审计机构定期对境外收单业务进行审计核查，一方面促进境外收单业务操作规范，另一方面可以确保沉淀资金的安全。

对于政府而言，要充分发挥监管和服务职能，为跨境支付行业的发展提供良好的市场环境。

（1）放宽业务限制，加大扶持力度。

尽管国内支付企业的境外合作商户数量正在逐步增加，但与 PayPal 等国际支付巨头相比，差距依然很大。因此，政府可以适当放宽对跨境支付业务的限制，通过扩大业务范围、提高跨境支付单笔交易限额等手段，加大扶持力度，增强我国跨境支付企业的竞争力。

（2）建立跨境支付业务准入机制。

在对从事跨境电商的境内主体进行登记和严格审核外，对跨境支付机构的外汇业务经营资格、业务范围等建立市场准入标准，防止不具备条件的支付组织办理跨境支付及相关业务，造成市场混乱无序。

（3）各部门协调配合，形成监管合力。

跨境支付监管涉及银行、外汇管理局、工商、税务、海关、公安等多个政府部门。目前,各部门的监管行为缺乏统一规划,运转协调、相互配合的监管体系尚未形成,多部门信息不对称而导致重复监管和要求不统一的问题依然存在。因此,应该建立各部门联合机制,形成监管合力,以实现对跨境支付的有效监测,为跨境支付机构办理业务提供更多的便利。而跨境电商信息交互平台无疑是各部门进行联合监管的有效方式。具体来说,就是由监管部门共同建立跨境电商信息交互平台,跨境支付机构将网络交易订单、资金流、物流等信息导入信息平台,各监管部门进行交叉比对,以信息化手段防控风险,维护国家经济的金融和信息安全。

7.2.3 跨境电商供应链管理策略

在确定某种形式的供应链结构后,跨境电商可以在此基础上进一步对原有供应链结构进行优化。以下从收益、效率、风险三个角度来阐述三种不同的跨境电商供应链管理战略。

1. 跨境电商供应链协同战略

跨境电商的供应链尚处于构建阶段,其商品主要来自境外线上、线下零售企业或生产企业。跨境电商与这些企业维持相对独立的状态。理想的供应链应该具备不同主体之间的协同合作,以达到供应链总体收益的最大化。在现实中,供应商的采购价决策的依据是自身利益最大化,更偏向于上调跨境电商的采购价格。对于小型跨境电商而言,其在价格谈判中处于弱势地位。较高的采购价格将导致较高的市场价格,从而降低市场需求。使供应链总体收益最大化的市场价格要低于该市场价格,只能通过扩大市场规模来获取最大的收益。此时,跨境电商可以采取供应链协同战略,通过收益共享合同,按照一定的比例,将收益共享给供应商,以换取较低的采购价格。较低的采购价格带来更多的市场份额,从而提高跨境电商的收益。同时,由销量提升带来的收益提升加上收益补贴,使供应商也能获得更多的收益。供应链协同战略同时能够降低市场价格,有利于跨境电商的竞争和发展。

2. 跨境电商供应链整合战略

跨境电商的供应链结构冗长、提前期长,涉及多个第三方主体,导致供应链总体效率较低,影响了终端消费者的购物体验,而供应链的整体竞争力也较低。

因此，有实力的跨境电商可以选择供应链整合战略，将许多环节整合在一起，进行总体上的统筹规划，以实现高效的供应链运作。

目前，采用跨境电商供应链整合战略的企业主要是亚马逊。亚马逊几乎整合了供应链的所有环节。从供应商（各地亚马逊网站）、物流仓储服务到跨境支付，再到最终的零售平台（国内亚马逊），都由亚马逊构建的体系掌控。亚马逊还搭建了庞大的物流信息系统，可以实时跟踪物流信息。因此，亚马逊的供应链效率是极其高效的，客户体验也是非常好的。对于国内的大型跨境电商而言，应该学习亚马逊的供应链整合战略。例如，京东是国内在供应链方面管理较好的主要电商企业之一。京东可以将国内的实际经验拓展至跨境供应链领域，通过搭建海外仓、保税仓网络，培养自身的国际物流，来实现对跨境供应链的整合。

3. 跨境电商供应链分散化战略

为应对国际政治经济形势的变化，跨境电商在供应链优化时还应该考虑风险管理。跨境电商的风险来自方方面面，供应链分散化战略能够帮助跨境电商降低风险。当风险发生时，供应链分散化的战略布局能够将损失降到最低。

实践项目操作

1. 实践项目

（1）联系实际情况，简要阐述跨境电商供应链管理的特点。
（2）编写所在城市跨境电商供应链管理发展现状及对策调研报告。

2. 实践目的

通过实地调研、资料收集、文献阅读，加强对跨境电商供应链管理的了解。

3. 实践要求

举出现实中两个跨境电商供应链管理类型并加以说明，比较分析两种类型的异同。

通过实地调研和资料收集，了解自己所在城市跨境电商供应链管理的发展情况，形成一份调研报告。

4. 实践环节

（1）复习以前所学的供应链管理与国际物流相关知识。

（2）复习本章有关内容，提出自己的问题。

5. 实践结果

以小组为单位，建议 3～5 人为 1 组，分工合作，共同完成调研报告。

专业知识测试

一、选择题

1. 出口电商采用海外仓的最大风险来自（　　）。

　　A. 货物的库存成本　　　　　B. 物流配送周期

　　C. 消费者购买体验　　　　　D. 结汇

2. 跨境电商弥补了传统供应链管理的不足，覆盖产品设计、需求预测、外协和外购、制造、分销、储运和客户服务等全过程。这说明跨境电商（　　）。

　　A. 促进了企业流程再造　　　B. 引起企业的供应链管理变革

　　C. 机构内部的流程再造　　　D. 企业间的流程再造

3. 在跨境电商环境下，采购库存管理的特点不包括（　　）。

　　A. 纵向一体化　　　　　　　B. 网络化

　　C. 物流系统化　　　　　　　D. 管理信息化

4. 电商强调（　　），其核心在于提供服务、产品、信息和决策反馈的及时性。

　　A. 便利性　　　　　　　　　B. 可靠性

　　C. 一致性　　　　　　　　　D. 时效性

5. 跨境电商迅速发展，面临多种问题，其中以通关便利性和（　　）为最大痛点。

　　A. 仓储物流　　　　　　　　B. ABC 分类

　　C. 6S 管理　　　　　　　　　D. 海外仓储

6. 跨境电商第三方支付的风险不包括（　　）。

　　A. 法律风险　　　　　　　　B. 道德风险

　　C. 金融风险　　　　　　　　D. 网络安全

7. 在传统管理模式下，生产方式的主要特征不含（　　）。

　　A. 少品种　　　　　　　　　B. 大批量生产

　　C. 柔性　　　　　　　　　　D. 专用流水线

8. （　　）是指在竞争、合作、动态的市场环境中，由若干供方、需方等实体（自主、半自主）构成的快速响应环境变化的动态供需网络。

　　A. 敏捷供应链　　　　　　　B. 稳定供应链

　　C. 反应型供应链　　　　　　D. 平衡供应链

9. 降低物流成本的目的是追求（　　）的最小化。

　　A. 物流分成本　　　　　　　B. 各部门的物流成本

　　C. 物流总成本　　　　　　　D. 设备费、运输费、仓储费

10. 根据物流理论，物流服务与物流成本之间存在（　　）关系。

　　A. 效益背反　　　　　　　　B. 相反

　　C. 效益一致　　　　　　　　D. 动态

二、判断题（对的在括号中打"√"，错的在括号中打"×"）

1. 随着信息技术的不断完善，以 PayPal 为代表的国际第三方在线支付平台在全球范围内被广泛使用。（　　）

2. B2C 模式仍是跨境电商的主要模式。（　　）

3. 传统海淘模式是一种典型的 B2C 模式。（　　）

4. 跨境电商是基于网络发展起来的，网络空间是一个由网址和密码组成的虚拟但客观的物流空间。（　　）

5. PayPal 是目前全球最大的网上支付企业。（　　）

6. 综合型 B2B 网站在某个行业的专业性方面，胜于垂直 B2B 网站。（　　）

7. 海外代购通常是消费者面对消费者，是典型的 B2C 模式。（　　）

8. 外贸一站通是由 PayPal 牵头联手其他几家涉足外贸电商领域的服务提供商，为广大跨国商家或准商家提供的整套电子商务服务。（　　）

9. 跨境专线物流优势在于集中大批量货物发往目的地，通过规模效应降低成本。（　　）

10.俄速通专线是黑龙江俄速通公司与速卖通合作的项目,专为速卖通平台上的电商设立,是速卖通平台的"合作物流"。(   )

三、简答题

1.简要分析供应链的结构模型。

2.简述供应链管理的特征。

3.分析企业实施供应链管理的原因。

4.分析企业实施供应链管理的对策。

5.分析跨境电商供应链管理的特点。

6.分析跨境电商供应链管理存在的问题。

7.简要概括跨境电商供应链管理的流程。

8.简述跨境电商供应链管理的对策与建议。

第 8 章

跨境电商物流信息管理

内容概述

2024 年，跨境电商行业在全球贸易需求下滑、供应链危机和国际争端等多重阻力下依旧保持较强的韧性，中国跨境电商市场规模预计达到 17.9 万亿元。

受益于跨境电商产业的持续发展，对跨境物流的需求快速增长，跨境电商物流企业如雨后春笋般涌现。跨境物流企业需要面对电商平台、船运企业、国内快递、全球邮政和国际快递五股力量，行业竞争维度更加多元化。

跨境电商如何应用物流信息技术，如何构建物流信息系统，如何构建物流信息平台，完成对物流信息的采集、处理、传输、共享，保障跨境物流的高质量发展，助力双循环战略，是我们亟待探索和学习的领域。本章介绍了条形码技术、射频识别技术、电子数据交换技术与大数据技术等信息技术，以及它们在跨境电商物流领域中的应用，并在此基础上讲述国际物流信息系统管理、跨境电商物流企业资源计划系统及跨境电商物流平台构建等内容。

知识目标

1. 了解条形码技术、射频识别技术、电子数据交换技术、大数据技术的含义和工作原理。

2. 了解条形码、射频识别、电子数据交换、大数据等技术在跨境电商物流中的应用。
3. 了解国际物流信息系统管理的应用与发展。
4. 了解国际物流信息系统管理的作用。
5. 熟悉跨境电商物流企业资源计划系统。
6. 了解"互联网＋物流"的含义。
7. 了解跨境电商物流平台的构建途径及其作用。

能力目标

1. 熟悉跨境电商物流信息管理业务。
2. 能够操作基于条形码、射频识别、电子数据交换等技术的物流作业。
3. 熟悉各种跨境电商物流平台。

8.1 跨境电商物流信息技术

引导案例

跨境贸易综合服务平台解决方案

近年来，跨境电商发展如火如荼，国家为了加速跨境电商的健康发展，同时加强对跨境电商的管控，大力鼓励建设跨境电商服务平台。那么，跨境电商服务平台是什么呢？

建立"服务平台"的初衷是为了解决目前跨境电商行业的痛点，因为平台的意义就在于可以凭借其资源整合优势，提供单个个体不能提供或者无意愿提供的公共行业服务。

跨境电商服务平台分为两种——官方服务平台和企业服务平台。企业方面不同性质的服务商有很多，如国外货源方、中间贸易商、跨境供应链巨头、国内保税区供应链企业等。

官方服务平台主要是海关总署三大服务平台——跨境电商公共服务平台、跨境电商综合服务平台和跨境电商通关服务平台。

1. 跨境电商公共服务平台

跨境电商公共服务平台是公共信息平台，主要服务于外贸企业的纳税与退税、支付与结汇等。

跨境电商公共服务平台，"公共服务"的含义具有双向性：一方面为各地政府的职能部门之间搭建公共信息平台，另一方面服务大众企业（主要指外贸企业）。阳光化的外贸环节众多，涉及海关（检验检疫）、国税（纳税、退税）、外管局（支付结汇）、商务（企业备案、数据统计）等政府职能部门及银行结汇等，传统外贸企业需一一对接。

跨境电商行业的订单具有碎片化特征，如每笔订单都重复与职能部门对接将成为极其繁重的工作。另外，政府职能部门之间也需要一个公共区域，共享企业上传的数据，并进行数据采集、交换对比、监管等工作。

2. 跨境电商综合服务平台

跨境电商综合服务平台用于一站式解决中小外贸企业和个人商家遇到的外贸问题。

跨境电商综合服务平台，其"综合"的含义囊括金融、通关、物流、退税、外汇等代理服务。跨境贸易的链条很长，涉及的操作环节众多，对于传统中小外贸企业和个人商家来说，难以搞清且工作任务繁重。跨境电商综合服务平台可以一站式解决这部分人遇到的外贸问题，是真正服务于基层的平台。

值得一提的是，为了解决平台的持续运营问题，可以使用四方网络跨境贸易综合服务平台解决方案打造服务跨境进出口贸易的线上信息平台。该平台面向各地跨境贸易业务运营场地，提供通关、物流、退税、供应链、金融等综合性服务，并且服务外贸企业、进出口企业、电商、物流等企业，是集跨境电商通关服务、一般贸易通关服务、外贸综合服务、电商服务和物流服务于一体的综合平台。

3. 跨境电商通关服务平台

跨境电商通关服务平台主要是用于统一报关流程，提升通关效率。

跨境电商通关服务平台是为外贸企业进出口通关提供便利服务的系统平台。地方海关为鼓励跨境电商发展，各出其政，政策分散，导致通关流程各不相同。海关总署建设全国统一的通关服务平台，意为统一报关流程。该平台上传的数据可以直接对接海关总署内部的系统，节省报关时间，提升通关效率。

思考：

1. 跨境电商服务平台需要具有哪些功能？
2. 跨境电商服务平台的建设涉及哪些物流信息技术？

相关知识

8.1.1 条形码技术

1. 条形码

条形码是由一组宽度不同的黑条与空白，按一定的编码规则排列，用以表示一定的由字符、数字及符号组成的信息的图形标识符。条形码能够用光电扫描阅读设备识读。条形码如图 8-1 和图 8-2 所示。

图 8-1　UPC-A 码　　　　　图 8-2　EAN-13 码

条形码最早出现在 20 世纪 40 年代，得到实际应用和发展还是在 20 世纪 70 年代前后。条形码是由美国的乔·伍德兰德在 1949 年首先提出的。此后，许多团体也提出了各种条形码符号方案。1973 年，美国统一编码协会（简称"UCC"）建立了通用产品代码（UPC）系统，并实现了该码的标准化。1976 年，在美国和加拿大超级市场，通用产品代码得到成功应用。

从 20 世纪 80 年代中期开始，我国一些高等院校、科研部门及出口企业，把条形码技术的研究和推广应用逐步提到议事日程。有些行业，如图书、邮电，已开始使用条形码技术。

2. 条形码的编码规则

（1）唯一性。同一种规格的同一种产品对应同一个产品代码，同一种产品不同的规格对应不同的产品代码。根据产品的不同性质，如重量、包装、规格、气味、颜色、形状等，赋予其不同的产品代码。

（2）永久性。产品代码一经分配，就不再更改，并且是终身的。当某种产品不再生产时，其对应的产品代码只能搁置起来，不得重复使用再分配给其他的产品。

（3）无含义。为保证产品代码有足够的容量，以适应产品频繁更新换代，最好采用无含义的顺序码。

3. 条形码识别系统的组成及识别原理

条形码识别系统主要由条形码扫描和译码两部分组成。扫描是利用光束扫读条形码符号，并将光信号转换为电信号，这部分功能由扫描器完成。译码是将扫描器获得的电信号按一定的规则翻译成相应的数据代码，然后输入计算机（或存储器）。条形码识别系统的组成如图 8-3 所示。

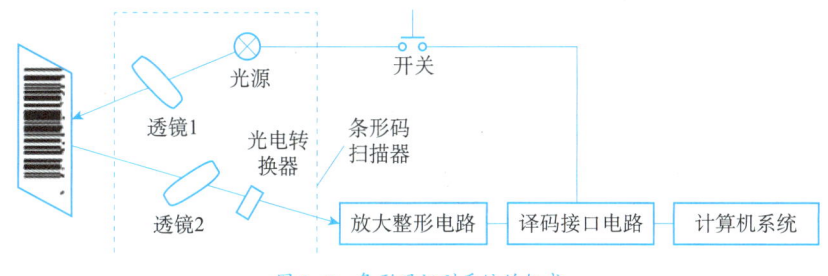

图 8-3 条形码识别系统的组成

扫描器扫读条形码符号时，光敏元件将扫描到的光信号转变为模拟电信号，模拟电信号经过放大、滤波、整形等信号处理，转变为数字信号。译码器按一定的译码逻辑对"数字脉冲"进行译码处理后，便可得到与条形码符号相应的数字代码。条形码识别原理如图 8-4 所示。

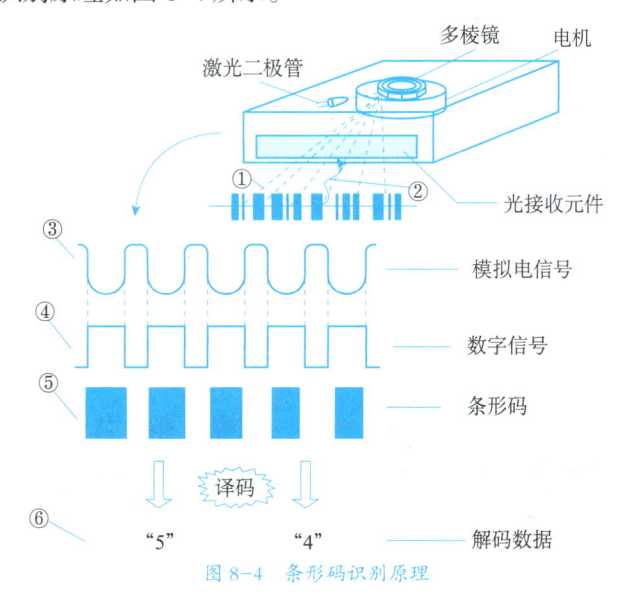

图 8-4 条形码识别原理

4. 条形码技术的特点

（1）简单。条形码制作容易，扫描操作简单易行。

（2）信息采集速度快。普通计算机的键盘录入速度是 200 字符/分钟，而利用条形码扫描录入信息的速度是键盘录入的 20 倍。

（3）采集信息量大。利用条形码扫描，一次可以采集几十位字符的信息，而且可以通过选择不同码制的条形码增加字符密度，使录入的信息量成倍增加。

（4）可靠性高。键盘录入数据，误码率为三百分之一，利用光学字符识别技术，误码率约为万分之一。而采用条形码扫描录入方式，误码率仅有百万分之一，首读率可达 98% 以上。

（5）灵活、实用。条形码符号作为一种识别手段，可以单独使用，也可以和有关设备组成识别系统，实现自动化识别，还可以和其他控制设备联系起来，实现对整个系统的自动化管理。同时，在没有自动识别设备时，也可以实现手工键盘输入。

（6）自由度大。识别装置与条形码标签相对位置的自由度比光学字符识别（OCR）大得多。条形码通常只在一维方向上表示信息，而同一条形码符号上表示的信息是连续的，这样即使标签上的条形码符号在条的方向上有部分残缺，仍可以从正常部分识读正确的信息。

（7）设备结构简单、成本低。条形码符号识别设备结构简单，容易操作，无须专门训练。与其他自动化识别技术相比，推广应用条形码技术，所需费用较低。

5. 条形码的分类

（1）通用产品代码：也称作 UPC 码，是由美国统一编码协会制定的一种商品条形码，如图 8-5 所示。

（2）国际商品编码：旧称欧洲商品编码，也称作 EAN 码，是由国际商品编码协会制定的一种商品条形码，通用于全世界。EAN 码符号有标准版（EAN-13 码）和缩短版（EAN-8 码）两种，我国的通用商品条形码与其等效，如图 8-6 和图 8-7 所示。

图 8-5　UPC-E 码

图 8-6　EAN-13 码

图 8-7　EAN-8 码

（3）交叉 25 码：也称作 ITF25 码，是一种黑条和空白都表示信息的条形码，采用长度可变的连续型自校验数字式码制，其字符集为数字 0~9，如图 8-8 所示。

（4）39 码：是一种可以表示数字、字母等信息的条形码，主要用于工业、图书及票证的自动化管理，目前使用极为广泛，如图 8-9 所示。

图 8-8　ITF25 码　　　　　　　图 8-9　39 码

（5）93 码：与 39 码具有相同的字符集，但密度比 39 码高，所以在面积不足的情况下，可以用 93 码代替 39 码，如图 8-10 所示。

（6）库德巴码（Code Bar）：出现于 1972 年，库德巴码也可表示数字和字母信息，主要用于医疗卫生、图书信息、物资等领域的自动识别，如图 8-11 所示。

图 8-10　93 码　　　　　　　图 8-11　库德巴码

（7）128 码：在 1981 年推出，是一种长度可变、连续性的字母数字条形码，如图 8-12 所示。

起始码　　　　　　　　　终止码

图 8-12　128 码

6. 条形码的编码方法

众所周知，计算机设备只能识读二进制数据（数据只有"0"和"1"两种逻辑表示）。条形码符号作为一种为计算机信息处理而提供的光电扫描信息图形符号，也应满足二进制要求。条形码的编码方法就是通过设计条形码中黑条与空白的排列组合来表示不同的二进制数据。一般来说，条形码的编码方法有两种——模块组合法和宽度调节法。

（1）模块组合法。

模块组合法是指条形码符号中，黑条与空白分别由若干模块组合而成。一个标准模块的黑条表示二进制的"1",另一个标准模块的空白表示二进制的"0",如图 8-13 所示。

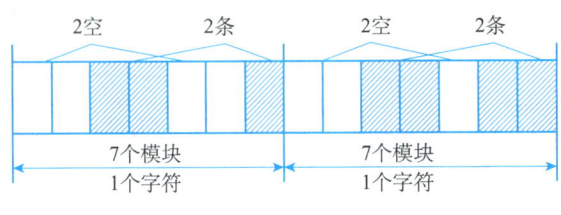

图 8-13 模块组合示意图

（2）宽度调节法。

宽度调节法是指条形码中,黑条（空白）的宽窄设置不同,宽单元表示二进制的"1",窄单元表示二进制的"0",宽单元的宽度通常是窄单元宽度的 2~3 倍,如图 8-14 所示。

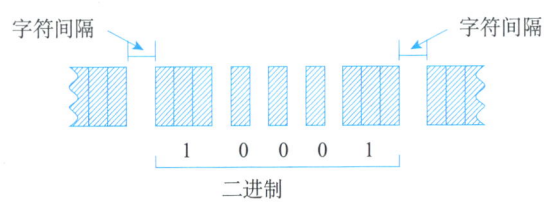

图 8-14 宽度调节示意图

7. 物流通用条形码解析

一个完整的条形码结构组成次序依次为：静空区（前）、起始符、数据符（中间分割符,主要用于 EAN 码）、校验符、终止符、静空区（后）,如图 8-15 所示。

图 8-15 条形码符号结构

（1）EAN-13 码的结构。

EAN-13 码是标准的 EAN 商品条形码,由 13 位数字组成,分别代表不同的意义,其代码结构有三种结构类型,如表 8-1 所示。

表8-1　EAN-13的代码结构表

结构种类	前缀码	厂商识别代码	商品项目代码	校验码
结构一	X13X12X11	X10X9X8X7	X6X5X4X3X2	X1
结构二	X13X12X11	X10X9X8X7X6	X5X4X3X2	X1
结构三	X13X12X11	X10X9X8X7X6X5	X4X3X2	X1

（2）内部条形码。

对未带通用商品条形码的商品，进货时根据商品编码生成内部条形码，采用EAN-13码结构，其结构如表8-2所示。

表8-2　EAN-13内部条形码代码编制结构表

内部标识码	商品分类码（大、中、小）	同类产品流水码	校验码
2	S1S2S3S4S5S6S7S8	L1L2L3	C

（3）贸易单元128码。

贸易单元128码是一种长度可变、连续性的字母数字条形码。在128码字符中，每3个黑条和3个空白组成一个字符，每个黑条、空白有4个宽度单位，可以从1个模块宽到4个模块宽。除终止码由13个模块组成外，其他字符均由11个模块组成。每个模块宽度为1毫米。

起始符标志128码的开始，由2个条形码字符组成；校验符用以校验128码的正误，条形码结构同数据符，校验符的值是根据起始符与数据符的值，取模数103并按一定方法计算而得的；终止符标志128码的结束，由13个模块组成，其中有4个黑条、3个空白；左右两侧空白区分别由10个模块组成。

（4）EAN-128码。

EAN-128码根据定义标准将资料转变成条形码符号，为识别所携带信息的意义，采用不同的应用识别码，如图8-16所示。编码时，应用识别码定义其后码的意义，而信息码则是固定的或可变长度的数字。EAN-128条形码结构内容如表8-3所示。

图8-16　EAN-128码符号

表8-3　EAN-128条形码结构内容

代号	条码内容	码长度	说　　明
A	应用识别码	18	00代表其后的资料内容为运送容器序号
B	包装性能指示码	1	3代表无定义的包装指示码
C	前置码与企业码	7	代表EAN前置码与企业码
D	自行编定序号	9	由企业指定序号
E	检查码	1	检查码
F	应用识别码		420代表其后的资料内容为配送邮政码
G	配送邮政码		代表配送邮政码

8．条形码在跨境电商物流中的应用

（1）挂号条形码。

挂号条形码是指邮政小包使用的跟踪号，分为粘贴和打印两种情况。个人去邮局寄国际挂号小包就会用到粘贴的挂号条形码，通过部分后台系统与邮局直接对接的货运代理企业发货时可以生成并打印挂号条形码。

挂号条形码通常是13位的，第一位和第二位是字母，其中第一位往往是R，第二位不固定；从第三位到第十一位是数字；最后两位是发件邮局所在国家或地区的缩写。挂号条形码如图8-17所示。

例如：

RF306874518CN，表示中国邮政挂号小包。

RB319589803HK，表示中国香港邮政挂号小包。

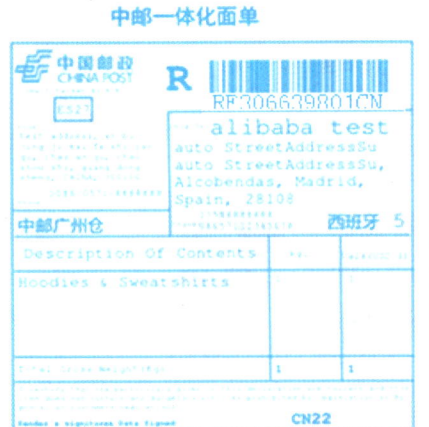

图8-17　挂号条形码示例

下面是挂号条形码使用的注意事项。

① 最好在挂号条形码上覆盖一层透明胶带，防止雨水浸湿影响扫描操作。

② 在挂号条形码上覆盖透明胶带时中间不要留有气泡，否则会影响扫描。

③ 挂号条形码是稀缺的一次性资源，不要随意浪费。

④ 在一般情况下，挂号条形码一经扫描上网，就算后续退回给发件人，也不能再次使用。

（2）面单原单号。

快递面单上的条形码不叫跟踪号，叫参考单号，又叫原单号。快递面单上的原单号不能直接用来查询跟踪信息，所以我们在填写发运单号的时候不要填这个单号，而要填货运代理企业或者物流企业提供的转单号。

货运代理企业从快递企业拿到最终跟踪号之后，再把跟踪号和客户填写的快递面单对应起来，再告诉客户最终的跟踪号，这个转换的过程就叫"转单号"。转单号并不是一个特定意义的单号，而是一个辗转生成跟踪号的行为，与转单号对应的是直接生成跟踪号。快递面单上的条形码可以作为参考单号在快递企业网站上进行跟踪查询。同时，快递面单作为发货底单，是一种发货证明，可以在必要时提供给平台作为证据。挂号跟踪如图 8-18 所示。

图 8-18 挂号跟踪

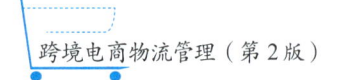

8.1.2 射频识别技术

1. 射频识别概念及构成

射频识别技术（RFID）是一种无线通信技术，可以利用无线电信号识别特定的物体并读取有关数据，不需要识别的工具和特定对象之间建立机械的或者光学的接触。射频识别基本原理是利用射频信号或空间耦合（电感或电磁耦合）的传输特性，实现对物体或商品的自动识别。

射频识别技术是对雷达技术的一种继承和扩展。从结构来看，射频识别是一种简单的无线识别系统，分别由两个基本器件、一个询问器和很多应答器构成。该系统一般用于检测、控制、跟踪物体。其中，应答器由天线、耦合元件与芯片组成。一般来说，标签被作为应答器，每个标签具有唯一的电子编码，附着在物体上标识目标对象。阅读器又叫读写器，由天线、耦合元件、芯片组成，用于读取（有时还可以写入）标签信息的设备，可设计为手持式读写器或固定式读写器。除以上两个部分之外，射频识别还需要应用软件系统作为支撑，应用软件系统的功能主要是把收集到的数据进一步加工和处理，以便被人们使用。

2. 射频识别的工作原理

射频识别的工作原理很简单，绝大多数是根据电感耦合的原理设计的，即读写器在数据管理系统的控制下发送出一定频率的射频信号，当标签进入磁场时产生感应电流，从而获得能量，并使用这些能量向读写器发送出自身的数据和信息。该信息被读写器接收并解码后送至中央信息管理系统进行处理，这一信息的收集和处理过程都是以无线射频通信方式进行的。

3. 射频识别的特点和优势

射频识别技术具有许多优势，主要有以下几点。

（1）非接触识别。

非接触识别是射频识别技术最主要的优点，它可以通过障碍物阅读标签，这一点是条形码技术无法做到的。在恶劣的环境下，射频识别技术依旧可以识别，而且阅读速度很快，大多数情况下不到 100 毫秒。

（2）可以重复读取。

条形码一旦印刷后就无法更改，而射频识别标签可以增加、修改、删除标签内储存的数据信息，有利于标签的重复利用，也可以提高效率。

（3）读取要求比较低。

射频识别设备体积小，形状多样化。射频识别不受标签尺寸大小与形状的限制，不需要为了提高读取精确度而使用固定尺寸和印刷品质的纸张。此外，射频识别标签可以应用于不同产品。

（4）数据记忆容量大。

一维条形码的数据容量是 50 字节，二维条形码可储存 2000～3000 个字符，射频识别标签存储的数据达数兆比特，并且随着记忆载体的发展，数据容量有不断扩大的趋势。

4. 射频识别技术在跨境电商物流中的应用

（1）射频识别技术在海外仓储和配送中的应用前景。

海外仓储主要是指在海外消费者或者零售商下订单前把货物储存在海外的仓储或者配送中心（仓库有可能是自建的，也可能是租赁的）。当从海外市场当地发货时，发货速度会大大提高，物流运输成本也会降低，从而使企业更容易获得消费者的信任，增加客户满意度，提高成交量。

海外仓储作业和国内的操作流程基本相同，主要包括入库、存储、出库三个基本环节。射频识别技术可以应用仓储管理系统，从而提高企业的反应速度，做到及时补货，及时更新库存信息。

射频识别技术在入库流程中的使用如图 8-19 所示。出库流程与入库流程相反。射频识别技术的应用大大提高了入库和出库工作的效率，使仓储的信息化程度进一步提高。

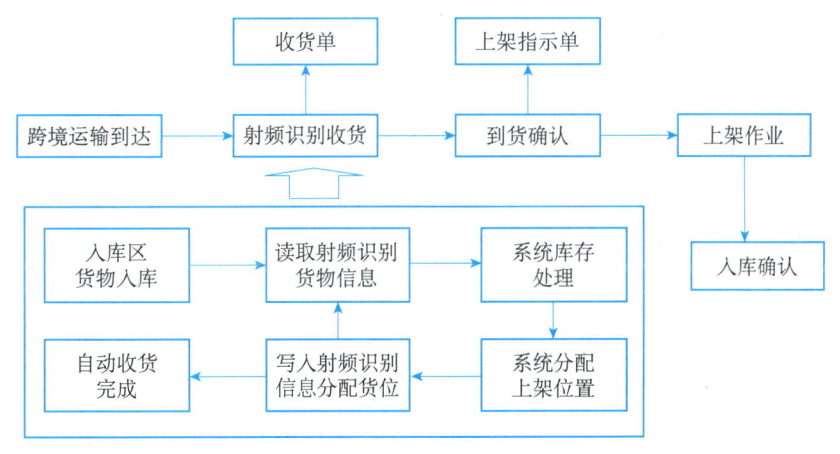

图 8-19　射频识别技术在入库流程中的使用

对于配送来说，射频识别技术可以降低出错率，使配送和库存衔接得更加紧密，从而可以使海外仓储实现一体化操作。

（2）射频识别技术在通关中的应用前景。

在跨境电商物流中，通关服务一般都是由物流企业提供的，所以可以把通关看作物流的一部分，这是跨境电商物流与一般电商物流的不同之处。对于跨境电商来说，交易基本是小批量、多批次的，而且金额比较小，所以报关和通关就变成比较麻烦的事。现在的跨境电商报关基本是以个人使用商品为目的的报关，报关手续比较烦琐，一件物品和一批物品需要的报关手续是一样的，所以物流企业需要不停地报关。

把射频识别技术应用到报关系统，可以使海关系统和物流企业同时减轻负担。具体来说，就是把货物信息和海关的报关系统连接起来。如果货物只是一件一件的，那么可以提前把货物的信息共享给海关，然后在货物上贴上射频识别标签。当货物比较多的时候就可以在海关集中报关。由于射频识别技术可以实现非接触扫描，所以会提高报关的效率。

（3）射频识别技术在物流服务整合中的应用前景。

无论是四大国际快递企业，还是中国邮政，都无法覆盖全世界的各个角落，所以当跨境电商在全世界普及的时候，跨境电商物流的发展必然会走向联盟和合作的形式。没有一个企业可以把自己的物流网络覆盖到世界各个角落，所以目前越来越多的国内跨境物流企业开始做跨境物流的整合者，通过与世界各地的物流服务提供商合作，更好地发挥自己的优势。

射频识别技术在物流各个环节的应用，可以加强供应链的可视化。产品从出厂、运输、储存、销售运输到配送到消费者手中，可以通过使用射频识别技术做到对货物的及时跟踪，也可以提供对货物溯源查询真伪等服务。这无疑可以使跨国消费者增加对产品的信任，满足消费者或者零售商对货物运输和配送的速度要求。

8.1.3 电子数据交换技术

1. 电子数据交换产生的背景

全球贸易额的上升带来了各种贸易单证、文件数量的激增。美国森林与纸张协会曾经做过统计，得出用纸量超速增长的规律，即年国内生产总值每增加10亿美元，用纸量就会增加 8 万吨。在各类商业贸易单证中，有相当大的一部分数据是重复出现的，需要反复地输入，导致出错的概率增加。据美国一家大型分销中心统计，有 5% 的单证存在错误。重复录入数据浪费人力，浪费时间，降低效率。与此同时，市场竞争也出现了新的特征，价格因素在竞争中所占的比重逐渐减少，而服务性因素所占比重增加。

2. 电子数据交换的定义

联合国欧洲经济委员会贸易程序简化工作组从技术上将电子数据交换定义为：采用一种使信息结构化的商定标准，将商务或行政交易事务的信息交流，通过计算机联网进行电子方式的传递。

联合国国际贸易法委员会电子数据交换工作组从法律上将电子数据交换定义为：电子数据交换是用户的计算机系统之间对结构化、标准化的信息进行的电子传输，而且使用某种商定的标准来处理信息结构。

联合国标准化组织将电子数据交换描述成，将商业或行政事务处理按照一个公认的标准，形成结构化的事务处理或报文数据格式，从计算机到计算机的电子传输方法。电子数据交换网络构成图如图 8-20 所示。

图 8-20　电子数据交换网络构成图

3. 电子数据交换的工作流程

电子数据交换强调在系统上传输的报文遵守一定的标准。因此，在发送报文之前，系统需要使用翻译程序将报文翻译成标准格式的报文。单证信息电子数据交换传播方式如图 8-21 所示。

（1）发送方计算机应用系统生成原始的用户数据。

（2）对发送报文的数据进行映射与翻译。

（3）发送标准的电子数据交换报文。通信软件将已转换成标准电子数据交换格式的文件，经计算机网络传送到电子数据交换网络中心。

（4）贸易伙伴获取标准的电子数据交换文件。根据电子数据交换网络软件的不同，电子数据交换网络中心既可以通过计算机网络自动通知发送方的贸易伙伴，又可以被动等待贸易伙伴通过计算机网络进行查询和下载。

（5）将接收文件的数据进行映射和翻译。

（6）接收方应用系统处理翻译后的文件。电子数据交换平台除提供用户之间的通信平台外，还可以根据业务需要，在提供格式转换和翻译软件的同时，提供密码管理、权限管理、通信管理、记账管理、数据存档、第三方认证等功能。

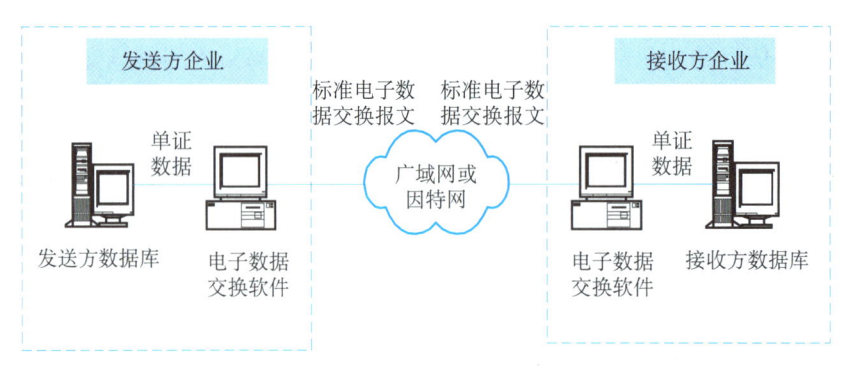

图 8-21　单证信息电子数据交换传播方式

4. 电子数据交换标准

由于电子数据交换是国际范围的计算机与计算机之间的通信，所以电子数据交换的核心是被处理业务数据格式的国际统一标准。

电子数据交换标准应遵循以下两个原则。

（1）提供一种发送数据与接收数据各方都可以使用的语言。

（2）这种标准不受计算机机型的影响，既适用于计算机间的数据交流，又独立于计算机之外。

5. 电子数据交换的分类和特点

（1）电子数据交换的分类。

① 贸易数据互换系统，也是最知名的电子数据交换系统，它用电子数据文件来传输订单、发货票和各类通知。

② 电子金融汇兑系统，在银行和其他组织之间实现电子费用汇兑。

③ 交互式应答系统。它可以应用于旅行社或航空企业，作为机票预订系统。

④ 带有图形资料自动传输的电子数据交换，最常见的是计算机辅助设计图形

的自动传输。

（2）电子数据交换的特点。

电子数据交换的对象是企业（制造厂、供应商、运输企业、银行等）单位之间传输的商业文件数据。传输的文件数据采用共同的标准并具有固定格式；数据通过计算机到计算机的自动传输不需要人工介入操作，由应用程序自动响应，实现事务处理与贸易自动化。

6. 电子数据交换在跨境电商物流中的应用

利用电子数据交换技术搭建信息平台，将运输企业（铁路、水运、航空、公路运输企业等）、货主（生产者、贸易商、批发商、销售商等）、海关、商检、金融企业、仓储企业、报关企业及承运业主有机地联系在一起；支持与电商平台的订单信息交互，支持与企业第三方系统数据的对接，支持与海关、商检系统数据的对接，支持与企业财务管理及办公自动化系统数据的对接。

8.1.4 大数据技术

1. 大数据技术的概念

大数据技术是指从各种类型的数据中快速获得有价值信息的技术。大数据领域已经涌现出了大量新的技术，它们已经成为对大数据采集、存储、处理和呈现的有力武器。

大数据处理关键技术一般包括大数据采集、大数据预处理、大数据存储与管理、大数据分析与挖掘、大数据展现与应用（大数据检索、大数据可视化、大数据应用、大数据安全等）。

（1）大数据采集技术。

大数据是指以射频识别数据、传感器数据、社交网络交互数据及移动互联网数据等方式获得的各种类型的结构化、半结构化（或称之为弱结构化）与非结构化的海量数据，是大数据知识服务模型的根本。

大数据采集一般分为大数据智能感知层与基础支撑层，大数据智能感知层主要包括数据传感体系、网络通信体系、传感适配体系、智能识别体系与软硬件资源接入系统，实现对结构化、半结构化、非结构化的海量数据的智能化识别、定位、跟踪、接入、传输、信号转换、监控、初步处理和管理等；基础支撑层主要提供大数据服务平台所需的虚拟服务器，结构化、半结构化与非结构化数据的数

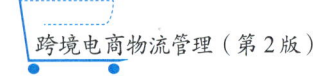

据库,以及物联网资源等基础支撑环境。

(2)大数据预处理技术。

大数据预处理技术主要完成对已接收数据的辨析、抽取、清洗等操作。

已获取的数据可能具有多种结构和类型,数据抽取过程可以将这些复杂的数据转化为单一的或者便于处理的结构和类型,以达到快速分析处理的目的。

数据并不全是有价值的,有些数据并不是我们关心的内容,有些数据则是完全错误的干扰项,因此要对数据进行过滤,从而提取出有效的数据。

(3)大数据存储与管理技术。

大数据存储与管理要用存储器把采集到的数据存储起来,建立相应的数据库,并进行管理和调用,主要解决大数据的可存储、可表示、可处理、可靠性,以及有效传输等几个关键问题。

① 开发新型数据库技术。数据库分为关系型数据库、非关系型数据库与数据库缓存系统。其中,关系型数据库包含传统关系数据库系统与NewSQL数据库;非关系型数据库主要指NoSQL数据库,分为键值数据库、列存数据库、图存数据库与文档数据库等类型。

② 开发大数据安全技术。大数据安全技术包括数据销毁、透明加密与解密、分布式访问控制、数据审计等技术,以及突破隐私保护和推理控制、数据真伪识别和取证、数据持有完整性验证等技术。

(4)大数据分析与挖掘技术。

大数据分析技术是指改进已有的数据挖掘和机器学习技术,开发数据网络挖掘、特异群组挖掘、图挖掘等新型的数据挖掘技术,突破基于对象的数据链接、相似性链接等大数据融合技术,突破用户兴趣分析、网络行为分析、情感语义分析等面向领域的大数据挖掘技术。

数据挖掘就是从大量的、不完全的、有噪声的、模糊的、随机的实际应用数据中,提取隐含在其中的、人们事先不知道的、潜在的有用信息和知识的过程。

数据挖掘的方法很多,根据挖掘任务,可以分为分类或预测模型发现、数据总结、聚类、关联规则发现、序列模式发现、依赖关系或依赖模型发现、异常和趋势发现等方法。

数据挖掘的对象可分以为关系数据库、面向对象数据库、空间数据库、时态数据库、文本数据源、多媒体数据库、异质数据库、遗产数据库等。

从挖掘任务和挖掘方法的角度,数据挖掘着重突破以下方面。

① 可视化分析。数据可视化对于普通用户还是数据分析专家,都是最基本的

功能。数据可视化可以让数据自己说话，让用户直观地感受到结果。

② 数据挖掘算法。图像化是将机器语言翻译给人看，而数据挖掘使用的语言就是机器的母语。分割、集群、孤立点分析，还有各种各样的算法，可以让我们精炼数据，挖掘数据的价值。这些算法要能够应对大数据的量，还要具有很高的处理速度。

③ 预测性分析。预测性分析可以让分析师根据可视化分析和数据挖掘的结果做出一些前瞻性判断。

④ 语义引擎。语义引擎需要有足够的人工智能，从而可以从数据中主动提取信息。语言处理包括机器翻译、情感分析、舆情分析、智能输入、问答系统等。

⑤ 数据质量和数据管理。数据质量和数据管理是管理的最佳实践，通过标准化流程和机器对数据进行处理，可以确保获得一个具有预设质量的分析结果。

（5）大数据展现与应用技术。

大数据技术能够将隐藏于海量数据中的信息和知识挖掘出来，为人类社会的经济活动提供依据，从而提高各个领域的运行效率，大大提高整个社会经济的集约化程度。在我国，大数据将重点应用于三大领域——商业智能、政府决策、公共服务。其中应用的技术有商业智能技术、政府决策技术、电信数据信息处理与挖掘技术、电网数据信息处理与挖掘技术、气象信息分析技术、环境监测技术、警务云应用系统（道路监控、视频监控、网络监控、智能交通、反电信诈骗、指挥调度等公安信息系统）技术、大规模基因序列分析比对技术、Web 信息挖掘技术、多媒体数据并行化处理技术、影视制作渲染技术，以及其他各种行业的云计算和海量数据处理应用技术等。

2. 大数据对跨境电商物流的作用

跨境电商必然有庞大的数据信息，如消费者信息、商家运营数据、商品数据等，跨境电商企业应该合理地运用数据分析技术对这些信息进行整理、分析及运用。企业可以针对数据反映的特征，加大对热销商品的备货，调整货物存储的比例，加快物流配送速度，进而打造数据化的跨境电商物流。跨境电商企业还可以记录客户浏览商品的足迹，并对所有的消费行为进行统计，得出消费者偏好，进行个性化的商品推送，让企业获得更多的宣传和展示机会。同时，跨境电商企业可以根据客户填写的收货地址，通过数据分析，为其推荐最优的运费搭配方案，为客户提供优质的物流服务。

在大数据时代，数据给物流企业信息化带来了很大的挑战，物流产业与产品制造商、批发零售商、消费者都有紧密的联系，其涉及的数据量也是非常庞大的。应用大数据分析技术能对这些数据进行快速高效的识别、处理及分析，进而得到准确的有价值的信息，这对海外仓模式物流的推进有着巨大的作用。目前，有很多跨境电商企业都在研究大数据技术，希望通过技术创新得到准确、有价值的信息，进而构建一套可行、可靠的信息管理系统，使跨境电商与大数据时代物流共同发展。

通过将大数据技术和跨境电商海外仓相结合，构建一套属于跨境电商的信息管理运营系统，不仅可以降低海外仓的管理成本，还可以提高跨境电商的效率。其中最重要的是，采用大数据分析技术，可以缩短货物的物流时间，提高消费者的购物体验，加大消费者对跨境电商企业的信任，这对企业以后的经营发展有很大的帮助。

8.2 跨境电商物流信息系统应用

引导案例

中国邮政速递跨境物流信息化解决方案

中国邮政速递通过建设跨境电商服务平台项目，实现与电商平台、支付平台、海关商检、运输渠道及仓储企业系统的对接，多方协同作业、信息共享，利用企业、商品、用户等备案信息，自动合成清单，集中向海关申报，将跨境电商业务的全程信息向政府与海关展现，实现全程信息可视、可溯、可控，同时取得结汇联和退税联，为广大跨境电商企业零售进出口提供一站式操作和服务便利。

该平台为出口中小型企业提供端到端的解决方案，整合了中国邮政速递多个国际业务创新产品，如以中国邮政在线发运系统为统一客户订单接入模块，提供e邮宝、e速宝、e特快及香港快递等多种时效和线路的产品，以"中邮海外仓"为统一海外仓储服务模块，为客户提供美国、澳大利亚、英国等境外远程仓储管理服务，以"中邮集货转运"模块为客户提供境外包裹集货"一票到底"进口运输+配送、境内包裹集货出口运输+境外落地配，以及基于海关"监管保税仓"进口的仓储+配送。

1. 系统总体方案

跨境电商服务平台，以信息系统为载体，连接跨境贸易电商企业和通关监管各相关监管机构和物流企业，实现对跨境物流的全程监管，并通过物流服务全流程无缝衔接"客户到用户"的交付。该系统集成了多方数据，为客户和物流作业提供进口、出口业务管理功能，为海关商检提供直接的审批、间接的系统集成监管等功能，并对外提供多方面的标准接口，允许接入订单、物流状态、支付信息、外汇、国税等跨境电商相关数据信息，为客户提供海外仓、运输及配送等国际物流服务。平台采用全国大集中的方式，依托互联网和邮政综合网，构建功能齐全、架构先进、统一化的信息系统。

2. 项目建设方案

中国邮政速递跨境电商服务平台项目建设方案主要包括以下内容。

（1）备案。构建集中开放的公共信息备案数据库，企业信息备案与商品备案，所有备案信息都需通过海关审核。电商企业将订单信息提交海关进行申报，海关对符合条件的商品放行。境内购物用户身份备案，便于海关、商检及安全部门查验，掌握个人配额。

（2）订单管理。与境内、境外电商平台的订单数据对接；搭建与电商客户、供应商、合作伙伴协同作业的平台，实时将客户基于公共电商平台或网店的订单转为运输过程，并及时将其提供给后续的监管环节，满足查询、统计、监控、结算、分析等各方面一体化管理需求。

（3）申报通关。实现进口、出口跨境电商货物（商品）的通关业务处理；企业信息与商品信息备案，通过海关审核，提供订单信息进行相关商品的申报，海关对订单信息、订单支付信息、物流信息及用户身份信息进行比对，对符合条件的商品予以放行。

（4）仓储服务。电商企业将商品批量存入保税仓，根据实际订单信息再逐件出仓、封装邮件，以及进行入境申报。仓配一体的系统为进出口跨境电商业务提供完整的一站式解决方案。针对海外仓，远程在线仓储管理系统，为客户提供从订单、仓储、分拣、包装到派送的一站式服务，与落地配送无缝集成。

（5）功能协同。系统集成丰富的进出口电商平台接口，支持多种物流承运商、企业的第三方接入；电商业务信息透明集成，操作简易；打通并建立与邮政速递生产和管理系统、仓储管理系统、海关相关系统的数据对接，实现对数据的关联与整合。内部系统包括速递统一版系统、电子数据交换报关系统、各省速递报关辅助系统；外部系统包括海关总署系统、各海关报关辅助系统，以及出口电商平台、进口电商平台、各资金平台、银行、政府、保税仓运营商等相关系统。在电商平台方面，海运在线发运与境外其他电商平台的订单数据对接。打通多个环节与多个系统的数据通道，实现数据共享，规避数据孤岛现象。

（6）多态业务模式。支持多种典型的业务流程和扩展流程，在标准业务处理流程的基础上，支持多种业务模式。多种典型业务流程灵活地支持海关监控不同的处理模式，提供全面的过程数据供海关参考；支持一种标准业务流程，通过配置实现支持多种典型业务流程；在统一平台的基础上支持个性化开发，提供系统标准接口；按属地原则，对标准流程不能支持的业务流程通过标准接口进行开发实现（业务流程接口及外部系统接入接口）；出口跨境电商业务（B2C）的订单数据接入、货物报关处理、税务处理与结汇处理，支持退换货业务；进口跨境电商业务（B2C，B2B2C）的订单数据接入、货物入仓与入境报关处理、税务处理，支持退换货及转口业务。

思考：

1. 中国邮政速递发展物流信息系统的目的是什么？
2. 中国邮政速递跨境物流信息平台是如何构建的？

相关知识

8.2.1 国际物流信息系统管理

国际物流信息系统是一个复杂系统，各种物流活动的相互衔接与资源调度都是通过信息共享来实现的。因此，国际物流系统的组成必须以信息和信息技术为基础。

国际物流信息系统管理是对物流信息进行采集、处理、分析、应用、存储和传播的过程。在这个过程中，通过设计物流信息活动的各种要素（人工、技术、工具等）进行管理。对跨境电商企业来说，物流信息系统管理实现的是对订单包裹转运、妥投等一系列物流跟踪数据的管理，以及对商品物流成本的财务报表的分析，是进行物流绩效考核的重要参考。

物流信息系统管理强调以系统化和集成化来处理企业在经营活动中的问题，以国际物流信息系统整体最优为目的，既要求信息处理及时、准确和灵活，又要求信息处理的安全和经济。

8.2.2 跨境电商企业资源计划系统

跨境电商企业资源计划系统能够提供多渠道的电子商务管理解决方案，支持多仓库、多品牌管理，为广大零售商户提供一站式信息系统服务。其功能包括采购管理、销售管理、接单管理、物流计划、仓储管理、价格体系管理、结算管理、发票管理、客户关系管理、报表管理。企业资源计划成功的案例目前已经涵盖钟表、鞋服、医疗器械等行业品类。

图 8-22 为跨境电商企业资源计划系统订单管理示意图。

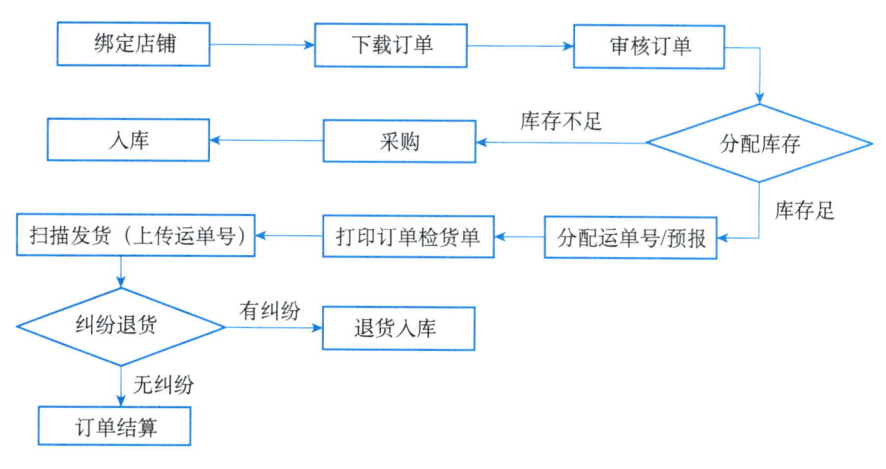

图 8-22　跨境电商企业资源计划系统订单管理示意图

8.2.3 国际物流信息系统管理的作用

国际物流信息系统对跨境电商的发展具有至关重要的作用，从国际物流信息系统对提高企业高效管理的目的来看，其作用主要体现在以下几个方面。

（1）改善物流企业内部流程和信息沟通方式，满足跨境电商客户与业务部门对信息处理和共享的需求。

（2）提高办公自动化水平，提高工作效率，降低管理成本，实现成本优先的竞争优势。

（3）通过国际物流信息系统对货物的跟踪和监控，物流企业的各层管理者可以及时掌握货物运输的情况，增加对业务的控制，为决策提供数据支持。

（4）为客户提供实时的货物跟踪，提供个性化服务，提高服务水平。

8.2.4　国际物流信息系统管理应用与发展

市场是变化的，用户对物流企业的要求，以及企业自身发展的需求也在不断地发生变化，而信息技术本身也在不断地发生变化。因此，国际物流信息系统应该不断地在用户需求的基础上进行改进，不断完善，在完善的基础上再不断地改进。

跨境电商飞速发展，物流信息技术不断提高，两者相辅相成。跨境电商利用物流信息系统实现企业管理的高效化、流程化和成本最优化；物流信息系统根据不断改变的市场需求调整自己的功能，改善跨境电商企业的物流流程。

综合发展趋势，未来国际物流信息系统的发展和应用体现在以下几个方面。

1. 物流信息综合性更强

随着跨境电商全球化进程的推进，国际物流信息系统综合服务能力更加显著。国际物流信息系统不仅要满足物流企业内部的作业需求，还要同时满足跨境电商企业对区域性仓库库存管理、订单处理的需求。

2. 专业性更强，接口趋于透明

随着跨境电商国际物流的发展，跨境电商国际物流的运输方式更加完善和成熟，体现在跨境电商国际物流企业对跨境电商企业的物流需求定制上，满足了跨境电商对物流碎片化管理的需求。相比传统物流服务商"大而全"的一体化物流解决方案，跨境电商物流信息系统更加专业地提供了满足跨境电商企业B2B、B2C的业务需求，并且可对接专业的物流数据跟踪网站。

3. 决策支持功能加强

国际物流信息系统提高了物流企业内部的运营效率，其库存数据、包裹跟踪数据、物流成本财务数据也在很大程度上为跨境电商企业提供了企业管理的决策依据。

4. 自动化程度不断提高

国际物流信息系统的自动化程度不断提高，体现在仓储设施和配送作业的自动化、智能立体库的建设，甚至机器人分拣作业方面。

8.3 "互联网+"跨境电商物流平台应用

引导案例

中国首个跨境物流电商平台

中国首个跨境物流电商平台在清华大学推出，意味着"物流电商"时代的到来。

这一平台实际上是将"物流"作为一项基础服务产品，与电商结合，面向众多货主及货运代理商，为物流服务的需求方提供多种物流服务选择及一站式服务所需的各项功能。

对有跨境货运需求的货主来说，通过这一平台能够方便、快捷地查询与跨境货运相关的具体信息，如不同城市间的标准运价、各条航线的情况，最重要的是能够全程跟踪货物，实时掌握货物是否报关及进出港等环节的情况。

以往同一单货物从北京送到巴黎，同一家货运企业的不同代理商报价差距可能在10%以上，而且在送递过程中，货物是否入舱、在途情况等用户完全不知情。这种因供需双方信息不对称导致的"不透明"，让跨境物流业的客户满意度始终不高。

电商业和物流业从来都是孪生兄弟，无论京东耗资数亿元自建仓储物流，还是阿里巴巴投资3000亿元打造专注于物流的菜鸟网络，都显示出电商行业对物流的高度依赖性和两者的共生性，物流电商和电商物流都是行业大佬的必然选择。

由国内综合物流旗舰企业中国外运股份有限公司推出的这一平台整合了全球超过200多个网点的数据信息，覆盖包括台湾在内的我国所有省份，海外网点通达近百个国家和地区，而且打通了包括海关在内的上下游数据通路，初步实现了跨境物流作业流程的可视化和在线化，是对传统跨境物流业的一次改造，也有利于我国物流业参与国际竞争。

思考：

1. 案例中的跨境电商物流平台具有什么优势？
2. 此案例给我们构建跨境电商物流平台带来哪些启示？

相关知识

8.3.1 "互联网+"与互联网云计算

"互联网+"代表一种新的经济形态，即充分发挥互联网在生产要素配置中的优化和集成作用，将互联网的创新成果深度融合于经济社会各领域之中，提升实体经济的创新力和生产力，形成更广泛的以互联网为基础设施和实现工具的经济发展新形态。

"互联网+"就是以云计算、物联网、大数据为代表的新一代信息技术与现代制造业、生产性服务业等的融合创新，发展壮大新兴业态，打造新的产业增长点，为大众创业、万众创新提供环境，为产业智能化提供支撑，增强新的经济发展动力，促进国民经济提质增效升级。

互联网结合云计算，即"互联网+计算"，是指用互联网提供智能化计算资源的服务模式。这里的云指的是网络；计算资源包括应用程序、计算能力、存储空间、通信服务等；智能化指的是虚拟化和动态管理；服务模式是将软件作为服务、将平台作为服务和将基础设施作为服务等。

云计算，通俗地说，云是对网络的一种比喻说法，用户不用购买服务器，直接去云数据中心购买计算和存储服务；云是一个庞大的资源池，按需购买；云可以像自来水、电和煤气那样计费。

从专业角度来说，云计算是一种基于互联网的、通过虚拟化方式共享资源的计算模式，存储和计算资源可以按需动态部署、动态优化、动态收回。

云计算平台也称云平台，可以划分为三类——以数据存储为主的存储型云平台、以数据处理为主的计算型云平台，以及计算和数据存储处理兼顾的综合云计算平台。

互联网是技术手段，更是一种思维方式，深刻地影响着物流业。物流业与互联网深度融合，"互联网+物流"开辟了物流业发展的新路径。

在国际物流中，只有借助"互联网+"搭建覆盖港口、航空站、航线、供应商等节点的平台，才能够构建一套标准化、规模化的优质物流服务体系，才能够制定出一套标准化的步骤并固化在后台操作系统中。

8.3.2 跨境电商物流平台的构建

1. 跨境电商物流平台构建思路

跨境电商物流平台以信息系统为载体，连接跨境电商企业和相关监管机构与物流企业，实现对跨境物流的全程监管，并通过物流服务全流程无缝衔接"从客户到用户"的交付。平台需要集成多方数据，为客户和物流作业提供进口、出口业务管理功能，为海关商检提供直接的审批、间接的系统集成监管等功能，并对外提供多方面的标准接口，允许接入订单、物流状态、支付信息、外汇和国税等跨境电商数据信息，为客户提供海外仓、运输及配送等国际物流服务。

2. 跨境电商物流平台构建要素关系

跨境电商物流平台需要与各地海关系统进行接口数据互换，主要接口有备案接口、清单接口、报关接口、放行接口、进仓接口、进境接口、装载接口、账册接口，与税务、外汇管理局等进行完税信息的接口数据互换。平台需要与按海关属地建设的部分报关辅助系统（如出口邮件查验辅助系统、进口快件查验辅助系统、进口邮件征税系统等）进行连接，取得报关辅助信息。

跨境电商物流平台通过接口可以取得境内电商、境外电商的订单信息、物流信息及支付信息；直接与电商订单数据接口平台进行数据交换，取得订单信息、物流信息及支付信息。如果通过代理货运企业转入业务的话，平台也可以与代理货运企业进行接口数据交换，以取得订单信息、物流信息及支付信息。

从内部系统的角度来看，跨境电商物流平台需要从速递系统取得邮件收寄信息，从海运发运系统取得运单信息及报关信息；对接仓储系统，监管仓库内部，使用仓储系统的实时仓储数据，用于报表及相关申报活动。平台需要实现对进出口邮件的全程查询，因此需要与境内外合作企业的邮件投递处理系统进行对接，取得境外邮件投递信息及境内邮件的投递信息。

3. 跨境电商物流平台功能架构

跨境电商物流平台主要用于支持跨境电商业务，涵盖跨境电商出口B2C业务、进口 B2C 业务、保税 B2B2C 进出口及仓储和发运等服务。平台用户包括物流企业、海关、电商企业、消费者及第三方物流和服务机构，打造企业内外作业环节高度协同的供应链物流服务体系，为客户提供全面的、可定制的物流和海关方面的服务。

8.3.3 跨境电商物流平台的作用

跨境电商物流平台将在技术支撑和引领业务发展上进一步促进国际快递、贸易及物流信息化水平的发展，为降低社会物流总成本、促进外贸发展做出贡献，其作用具体表现在以下几个方面。

（1）源头可溯、风险可控、质量可靠、责任可究，通过开展清单（详情单）放行和集中报关（纳税）、市场采购等试点业务，实现对跨境电商 B2B、B2C 业务进出口商品的便利监管，并对试点平台及企业实施通关、退税、结汇的配套措施，达到"管得住、管得好、通得快"的通关便利化目标。

（2）在公共服务平台上建立身份认证、安全交易、便利通关、税费支付、信用担保、全程物流等基础应用模式，推动"阳光纳税"及集约化物流，降低流通成本，提高通关效率，促进行业健康、规范发展。

（3）利用信息化手段，创新监管模式，优化通关流程，实现事前备案、过程监管和事后追溯相结合的管理要求。

（4）实现海关、国税、外汇管理部门，以及电商、物流、支付企业之间的标准化信息流通，为国家相关管理部门提供原始、真实、实时的跨境电商贸易、资金、物流的数据支持及决策参考。

（5）实现业务过程可视化。信息系统将管理内容集约化，不仅拓宽了管理者的管理范围，增加了管理深度，提高了管理的及时性，还增加了数据的透明度，确保数据的真实性和准确性。企业管理和客户服务，都可以直观的方式进行，实施有效的管理，从而提高业务运行的质量。

8.3.4 构建跨境电商物流平台的途径

1. 企业之间的网络对接

跨境供应链核心企业引导跨境物流企业、电商平台、国际承运商、国内承运商等构建战略同盟,利用大数据、云计算、"互联网+物流"等建立集成电子商务、跨境仓储、物流实时信息、金融政策、市场营销等所有服务环节的跨境综合性信息服务平台,解决不同企业应用系统、数据格式、通信协议等层面的数据对接、多平台协作及数据交换问题。

2. 发挥移动端的优势

移动跨境电商的发展情况与各国的互联网发展情况相关。美国市场等发达市场,互联网发展完备,跨境电商从桌面端到移动端有很大的存量空间。在一些新兴市场,电商发展水平落后,如俄罗斯、东南亚和非洲市场,大量用户不需要进入桌面端跨境电商市场,而是直接进入移动跨境电商市场,这是移动跨境电商发展的巨大的增量市场。跨境电商企业利用移动端拓展自身的物流信息平台,用户随时随地可以享受到跨境电商的物流服务,增加客户的满意度。

3. 国家公共信息平台的支持

以政府主导开发的公共平台为基础,根据源头可追溯、过程可监控、流向可追踪的原则建立质量安全信息流,根据前端放开、中间可控、后续抽检的原则建立质量安全监管流。通过公共平台,扩展检验检疫的监督管理功能。跨境电商检验检疫监管系统与其他公共信息平台上线,将为我国的跨境电商业务提供更加便捷的服务。其作为跨境电商物流信息系统的辅助系统,有助于提高跨境电商物流的效率,促进我国跨境电商的发展。

实践项目操作

1. 实践项目

跨境电商物流平台调研。

2. 实践目的

通过实地调研、资料收集、文献阅读,加强对跨境电商物流平台的认识,明确构建跨境电商物流平台对跨境电商发展的作用。

3. 实践要求

调研顺丰、中国邮政、京东等物流电商企业,分析它们的国际物流与跨境电商的融合模式、特征、发展趋势,形成调研报告。

4. 实践环节

(1)选择一家企业。

(2)提出调研方案。

(3)分工执行。

(4)讨论分析其跨境电商物流平台。

(5)形成调研报告。

(6)用PPT汇报交流。

5. 实践结果

以小组为单位,建议3~5人为1组,分工合作,共同完成调研报告与汇报交流。

专业知识测试

一、选择题

1. 条形码最早是由谁提出来的?(　　)

　　A. 乔·伍德兰德　　　　　　B. 戴维·阿利尔

　　C. 阿·阿利尔　　　　　　　D. 阿奇萧

2. UPC码在什么领域得到了成功应用?(　　)

　　A. 军事领域　　　　　　　　B. 超级市场

　　C. 生产加工　　　　　　　　D. 国际贸易

3. 下列哪一项不属于条形码的编码规则?(　　)

　　A. 唯一性　　　　　　　　　B. 永久性

　　C. 无含义　　　　　　　　　D. 随机排列

4. 挂号条码"RA123456789CN"表示什么意思?(　　)

　　A. 中国邮政的挂号小包　　　B. 中国邮政的挂号大包

　　C. 中国香港邮政的挂号小包　D. 英国邮政的挂号小包

5. 在现代物流领域，可以利用无线电信号识别特定的物体并读取有关数据的识别技术是（　　）。

　　A.条形码　　　　　　　　　B.语音识别

　　C.射频识别　　　　　　　　D.雷达

6. 电子数据交换技术的核心是（　　）。

　　A.电子数据交换标准　　　　B.电子数据交换网络

　　C.计算机技术　　　　　　　D.数据库

7. 下列哪一项不属于跨境电商企业资源计划系统的功能？（　　）

　　A.采购管理　　　　　　　　B.接单管理

　　C.结算管理　　　　　　　　D.车辆管理

8. "互联网+"就是以（　　）、物联网、大数据为代表的新一代信息技术与现代制造业、生产性服务业等的融合创新。

　　A.云计算　　　　　　　　　B.软件技术

　　C.识别技术　　　　　　　　D.网络安全技术

9. 跨境电商物流平台以（　　）为载体，连接跨境贸易电商企业和通关监管各相关机构和物流企业，实现对跨境物流的全程监管，并通过物流服务全流程无缝衔接"从客户到用户"的交付。

　　A.计算机　　　　　　　　　B.信息系统

　　C.网络　　　　　　　　　　D.接口

10. 将商业或行政事务按照公认的标准形成结构化的事务处理或报文数据格式，从计算机到计算机的电子传输方法，指的是（　　）。

　　A.互联网　　　　　　　　　B.电子数据交换

　　C.射频识别　　　　　　　　D.条形码

二、判断题（对的在括号中打"√"，错的在括号中打"×"）

1. 快递面单上的条形码就是转单号。（　　）

2. 同一种规格的同一种产品对应同一个产品代码，同一种产品的不同规格可以对应同一个产品代码。（　　）

3. 产品代码一经分配，就不再更改，并且是终身的。（　　）

4. 通过扫描条形码，一次可以采集几十位字符的信息，而且可以通过选择不同码制的条形码增加字符密度，使录入的信息量成倍增加。（　　）

5. 条形码识别系统主要由条形码扫描和译码两部分组成。（　　）

6.使用射频识别技术,不可以通过障碍物阅读标签,但在恶劣的环境下依旧可以识别。(　　)

7.可以重复增加、修改、删除射频识别标签内储存的数据信息。(　　)

8.由于电子数据交换是国际范围的计算机与计算机之间的通信,所以电子数据交换的核心是处理业务数据格式的国际统一标准。(　　)

9.大数据可以实现物流活动的可视化。(　　)

10.国际物流信息系统管理是对物流信息进行采集、处理、分析、应用、存储和传播的过程,通过设计物流信息活动的各种要素(人工、技术、工具等)进行管理。(　　)

三、简答题

1.分析条形码在跨境电商物流中的应用。

2.分析射频识别技术在海外仓储和配送中的应用。

3.简述射频识别技术的优点。

4.简述电子数据交换的特点。

5.分析大数据技术对跨境物流发展的作用。

6.简述国际物流信息系统管理的作用。

7.阐述跨境电商物流平台的构建思路。

8.简述跨境电商物流平台的作用。

参考文献

[1] 中国电子商务研究中心. 2015—2016 年中国出口跨境电子商务发展报告 [R]. 2016-08.

[2] 阿里研究院. 贸易的未来：跨境电商连接世界——2016 年中国跨境电商发展报告 [R]. 2016-09.

[3] 速卖通大学. 跨境电商物流 [M]. 北京：电子工业出版社，2015.

[4] 孙韬. 跨境电商与国际物流：机遇、模式及运作 [M]. 北京：电子工业出版社，2017.

[5] 王正明. 面向互联网＋的跨境电商物流模式选择及应用研究 [D]. 贵阳：贵州财经大学，2017.

[6] 潘意志. 海外仓建设与跨境电商物流新模式探索 [J]. 物流技术与应用，2015，20(9):130-133.

[7] 刘小军，张滨. 我国与"一带一路"沿线国家跨境电商物流的协作发展 [J]. 中国流通经济，2016，30(5):115-120.

[8] 丁琪. 简析制约跨境电商物流发展的几种因素 [J]. 中国市场，2015(24):70-71，73.

[9] 钟雪灵. 基于 SWOT 分析的中国跨境电商物流研究 [J]. 物流工程与管理，2016，38(3):7-9.

[10] 李佳婷，樊重俊，王宇莎. 我国跨境电商物流模式分析与市场研究 [J]. 物流科技，2016，39(8):49-51.

[11] 杜莉杰，尹春华. 我国跨境电商物流发展现状研究 [J]. 物流工程与管理，2015，37(8):68-70.

[12] 彭学成. 基于供应链管理的跨境电商物流一体化研究 [D]. 天津：中国民航大学，2017.

[13] 沈丹阳，黄金利，何仕奇. 我国跨境电商物流模式研究 [J]. 价格月刊，2015(8):39-42.

[14] 窦絮灿，吴会芳. 跨境电商物流存在的问题与对策研究 [J]. 物流工程与

管理．2015，37(9):155-156.

[15] 何江，钱慧敏．我国跨境电商物流研究：述评与展望 [J]．技术与创新管理，2017，38(5):535-541.

[16] 张夏恒．跨境电商物流协同模型构建与实现路径研究 [D]．西安：长安大学，2016.

[17] 蔡礼辉，饶光明．跨境电商供应链绩效评价 [J]．财会月刊，2016(27):78-81.

[18] 吴丽芳．跨境电商物流攻略 [J]．企业研究．2015(10):46-47.

[19] 吴光明．基于供应链整合的跨境电商海外仓发展策略研究 [J]．中国商论，2016(29):23-24.

[20] 严行方．跨境电商业务一本通 [M]．北京：人民邮电出版社，2016.

[21] 米志强，邓子云．物流信息技术与应用 [M]．北京：电子工业出版社，2011.

[22] 彭扬，傅培华，陈杰．信息技术与物流管理 [M]．北京：中国物资出版社，2016.

[23] 刘小花．我国出口跨境电商物流服务能力评价研究 [D]．南昌：江西财经大学，2023.

[24] 侯冰倩．跨境电商政策对跨境物流企业绩效的影响 [D]．郑州：河南财经政法大学，2023.

[25] 杨颖．跨境电商对企业出口产品转换的影响分析 [J]．商业经济研究，2023(24):161-164.

[26] 李泽坤．数字经济对跨境电商与物流协同性影响研究 [D]．郑州：河南财经政法大学，2023.

[27] 胡平珍．跨境电商视角下的物流运作模式研究 [D]．南昌：江西财经大学，2018.

[28] 武亚男．菜鸟网络跨境物流发展中的问题及对策研究 [D]．哈尔滨：哈尔滨商业大学，2020.

[29] 郑权．BF 公司跨境电商物流模式研究 [D]．石家庄：河北科技大学，2022.

[30] 齐玉洁．跨境电商物流模式研究 [D]．天津：天津大学，2022.

[31] 胡可．亚马逊 FBA 卖家端客户满意度研究 [D]．北京：华北电力大学，

2023.

［32］鄢荣娇. 我国跨境电商物流中的海外仓建设模式研究［D］. 合肥：安徽大学，2016.

［33］刘冰. B2C 跨境电商平台海外仓建设模式选择研究［D］. 天津：天津商业大学，2020.

［34］李杨纯子. 跨境物流新模式：海外仓选址研究［D］. 杭州：浙江大学，2017.

［35］刘露. 跨境电商海外仓发展模式研究［D］. 长春：吉林大学，2020.

［36］刘翠萍. 我国跨境电商海外仓建设研究［D］. 南昌：江西财经大学，2018.

［37］刘洺洲. 我国跨境电商海外仓建设的发展前景和对策研究［D］. 南京：东南大学，2020.

［38］苏静雅. 我国综合保税区监管法律制度完善研究［D］. 郑州：河南财经政法大学，2023.

［39］王灵. 中国综合保税区的布局特征与经济影响［D］. 广州：华南理工大学，2020.

［40］王聪玲. 温州综合保税区管理体制与对策研究［D］. 咸阳：西北农林科技大学，2023.

［41］姚增辉. 跨境电子商务供应链需求信息共享机制研究［D］. 哈尔滨：哈尔滨商业大学，2023.

［42］周赵. 温州 HK 跨境电商供应链管理公司发展战略研究［D］. 桂林：桂林理工大学，2023.

［43］苏漪涓. 京东国际跨境电商供应链金融风险防范研究［D］. 广州：广东工业大学，2023.

［44］冯雅情. 跨境电商供应链绩效的影响因素研究［D］. 郑州：河南财经政法大学，2023.

［45］刘宪立. 跨境电商供应链弹性形成机理及动态仿真研究［D］. 昆明：云南财经大学，2022.

［46］戴琦琪. 青岛保税港区仓储物流信息管理系统绩效提升策略研究［D］. 青岛：山东科技大学，2021.

反侵权盗版声明

电子工业出版社依法对本作品享有专有出版权。任何未经权利人书面许可,复制、销售或通过信息网络传播本作品的行为,歪曲、篡改、剽窃本作品的行为,均违反《中华人民共和国著作权法》,其行为人应承担相应的民事责任和行政责任,构成犯罪的,将被依法追究刑事责任。

为了维护市场秩序,保护权利人的合法权益,我社将依法查处和打击侵权盗版的单位和个人。欢迎社会各界人士积极举报侵权盗版行为,本社将奖励举报有功人员,并保证举报人的信息不被泄露。

举报电话:(010)88254396;(010)88258888
传　　真:(010)88254397
E-mail:　　dbqq@phei.com.cn
通信地址:北京市海淀区万寿路 173 信箱
　　　　　电子工业出版社总编办公室
邮　　编:100036